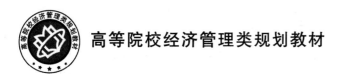高等院校经济管理类规划教材

营销策划理论与实训

胡 春 王 颂 编著

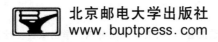
北京邮电大学出版社
www.buptpress.com

内 容 简 介

网络经济的发展使新媒体营销策划成为营销策划的前沿。本书旨在为双创教育服务,给学生参与创新创业创赛项目的营销策划提供指导和帮助,内容设计突出创业营销策划和新媒体营销策划两类主题。本书共分 3 个部分。第 1 部分(即第 1 章)是营销策划导论,介绍营销策划的概念、内容及营销策划中的创意与创新。第 2 部分(即第 2~4 章)是创业营销策划,包括创业项目策划、创业项目营销策划、创业产品推广与品牌形象策划。第 3 部分(即第 5~9 章)是新媒体营销策划,包括网络广告策划、社会化媒体营销策划、微营销策划(微博与微信)、网络视频营销策划和直播营销策划。

本书既可作为本科生"市场营销策划""营销策划实训""创业项目营销策划"等课程的教材,也可作为各层次经营管理人员培训及自学的参考用书。

图书在版编目(CIP)数据

营销策划理论与实训 / 胡春,王颂编著. -- 北京:北京邮电大学出版社,2022.7
ISBN 978-7-5635-6656-3

Ⅰ. ①营… Ⅱ. ①胡… ②王… Ⅲ. ①营销策划—研究 Ⅳ. ①F713.50

中国版本图书馆 CIP 数据核字(2022)第 097766 号

策划编辑:彭 楠　　责任编辑:刘春棠　　责任校对:张会良　　封面设计:七星博纳

出版发行:北京邮电大学出版社
社　　址:北京市海淀区西土城路 10 号
邮政编码:100876
发 行 部:电话:010-62282185　传真:010-62283578
E-mail:publish@bupt.edu.cn
经　　销:各地新华书店
印　　刷:唐山玺诚印务有限公司
开　　本:787 mm×1 092 mm　1/16
印　　张:13.25
字　　数:348 千字
版　　次:2022 年 7 月第 1 版
印　　次:2022 年 7 月第 1 次印刷

ISBN 978-7-5635-6656-3　　　　　　　　　　　　　　　　　　　　定价:32.00 元

・如有印装质量问题,请与北京邮电大学出版社发行部联系・

前　言

　　完善的营销策划是企业实现营销目标的关键。在繁荣的商业时代，企业不仅需要提供高质量的产品和服务，还需要制订高质量、有创造性的营销策划方案，只有这样才能使产品和服务获得顾客的关注、好感和认可，赢得市场。

　　随着网络经济的发展，以新媒体为载体的营销策划成为企业营销策划的重点工作。在当下的社会化媒体中，企业叫好又叫座的营销策划创意方案层出不穷，体现出策划人的创新思维和智慧。

　　创业者面临如何策划和推广创业项目、如何实现增长、如何使传播主题引爆社交网络、如何开展低成本的新媒体营销等问题，创业成功的前提是创业者需具备解决上述诸多问题的能力。在高校大力发展创新创业教育的背景下，培养学生的创新策划能力是双创教育的重要组成部分，一些高校将"营销策划实训"课程纳入双创课程或实践课程的建设范围，为策划类双创课程提供一本实用性强的营销策划教材是本书撰写的初心。

　　本书是双创精品课程建设成果，作为双创课程"营销策划实训"的教材，通过理论、案例、实训等方面的内容设计达成目标。具体而言，本书具有以下特点。

　　(1) 内容聚焦双创，主题前卫，知识实用

　　多数营销策划教材的内容体系以市场营销学的内容为主线，运用STP-4P框架设计相应的营销策划主题，此类教材内容全面，有利于学习者系统学习营销策划课程。但双创教育更强调实战性和创造性，在传统体系中一些更倾向于营销"管理"行为而"策划"特色不显著的主题实用性和吸引力稍逊。本书为双创教育服务，内容设计突出创业营销策划和新媒体营销策划两类主题。第1章是营销策划导论；第2~4章是创业营销策划，包括创业项目策划、创业项目营销策划、创业产品推广与品牌形象策划；第5~9章是新媒体营销策划，包括网络广告策划、社会化媒体营销策划、微营销策划(微博与微信)、网络视频营销策划和直播营销策划。这些主题都是营销策划的前沿，契合社会需求以及学生兴趣，为学生参与创新创业创赛项目提供指导和帮助，实用性强。

　　(2) 体现实战性，突出案例和实训

　　在每章的体例安排上，以知识理论—综合案例—策划书—实训作业的逻辑贯穿全章。知识理论部分包括策划内容、策划过程和步骤、细节策划等，介绍该章主题策划的核心内容，为学习者的策划实践准备知识。综合案例部分是对该章理论知识的创造性运用，学习者通过案例学习复盘理论知识，加深理解，并在如何运用知识方面受到启迪。策划书部分

为如何撰写策划书提供指导，包括内容、结构和模板等。实训作业部分一般会有2~4个循序渐进的实训任务，通过完成实训任务，学习者将理论运用于实践中，训练自己的创业项目策划和营销策划的实践能力、策划方案的输出能力和创造性思维能力。

（3）形式新颖，附加的教学资源丰富

本书是立体化新形态教材的一次尝试。每章提供小案例、延伸阅读、拓展资源等板块，立体化呈现教学内容。本书提供35个小案例，帮助学习者理解相应的理论知识；22个延伸阅读呈现与各章内容相关、有启发性的前沿理论或最新商业实践；拓展资源板块提供二维码视频资源（第1章除外）和其他类型的拓展资源。通过扫码观看视频，学习者可以加深对相应知识和方法的理解，通过对获奖策划作品、行业报告或策划指导网站等拓展资源的学习，学习者可以拓宽视野，了解优秀赛事和优秀作品，提升该主题的策划水平。

本书是集体工作的成果，胡春教授制订了写作大纲和写作规划，集体讨论确定教材体例。具体章节写作分工情况是：第1章、第4章、第7~9章由胡春编写，第2章、第3章、第5章、第6章由王颂编写，北京邮电大学经济管理学院工商管理硕士生王晗默、李帆、王云舒、王艺璇、刘琦、陈怡欣、何佳威、王路远、赵子澄、刘传、李佳颐参与了资料收集和文字整理工作。

在本书付梓之际，感谢北京邮电大学教务处、北京邮电大学经济管理学院、北京邮电大学出版社的支持。在本书编写过程中，借鉴了大量专家学者的研究成果和资料，我们已在参考文献中列出，在此谨向相关作者致以诚挚的谢意！

目　　录

第 1 章　营销策划导论 ··· 1

1.1　营销策划概述 ··· 1
1.1.1　营销策划的含义 ·· 1
1.1.2　营销策划的原则 ·· 2
1.1.3　营销策划的作用 ·· 2
1.1.4　营销策划流程 ··· 3

1.2　营销策划的内容 ·· 5
1.2.1　营销策划的内容体系 ·· 5
1.2.2　营销策划书的基本结构 ··· 6

1.3　营销策划中的创意与创新 ·· 7
1.3.1　营销策划中的创新思维 ··· 7
1.3.2　营销策划中的创意 ··· 9
1.3.3　营销策划创新 ·· 12

1.4　本书内容选择与框架结构 ·· 14
拓展资源 ·· 16
实训作业 ·· 16

第 2 章　创业项目策划 ·· 18

2.1　创业项目启动 ·· 18
2.1.1　创业项目启动的类型 ·· 18
2.1.2　创业项目启动的实施 ·· 19

2.2　创业项目模式 ·· 20
2.2.1　创业技术模式 ·· 21
2.2.2　创业商业模式 ·· 21
2.2.3　创业合作模式 ·· 23
2.2.4　创新商业模式 ·· 23

2.3　创业项目孵化 ·· 25
2.3.1　创业项目孵化的定义 ·· 25
2.3.2　企业孵化器 ··· 26

  2.3.3 创业项目孵化的步骤 ……………………………………………… 29
 2.4 案例分析——拼多多项目策划 ……………………………………………… 30
  2.4.1 拼多多的发展历程 ……………………………………………… 30
  2.4.2 拼多多项目分析 ………………………………………………… 30
  2.4.3 拼多多的技术模式 ……………………………………………… 32
  2.4.4 拼多多的经营模式 ……………………………………………… 33
  2.4.5 拼多多的合作模式 ……………………………………………… 34
 2.5 商业计划书 ………………………………………………………………… 34
  2.5.1 商业计划书的内容结构 ………………………………………… 34
  2.5.2 商业计划书的撰写要求 ………………………………………… 36
  2.5.3 商业计划书示例 ………………………………………………… 37
拓展资源 …………………………………………………………………………… 39
实训作业 …………………………………………………………………………… 39

第 3 章 创业项目营销策划 40

 3.1 创业营销概述 ……………………………………………………………… 40
  3.1.1 创业营销的定义、特点、基本要求 …………………………… 40
  3.1.2 创业营销与传统营销 …………………………………………… 42
  3.1.3 创业营销战略 …………………………………………………… 43
 3.2 创业项目营销策划流程 …………………………………………………… 44
  3.2.1 创业市场调研 …………………………………………………… 44
  3.2.2 市场机会寻找 …………………………………………………… 45
  3.2.3 目标市场选择 …………………………………………………… 45
  3.2.4 策划方案设计、实施与评估 …………………………………… 46
 3.3 创业项目营销策划内容 …………………………………………………… 46
  3.3.1 创业产品策划 …………………………………………………… 46
  3.3.2 创业用户获取策划 ……………………………………………… 49
  3.3.3 创业项目包装策划 ……………………………………………… 53
 3.4 案例分析——Airbnb 创业营销 ………………………………………… 55
  3.4.1 Airbnb 项目的创业过程 ………………………………………… 55
  3.4.2 Airbnb 项目的包装方式 ………………………………………… 57
 3.5 创业项目营销策划书 ……………………………………………………… 59
  3.5.1 营销策划书的内容结构 ………………………………………… 59
  3.5.2 营销策划书的撰写原则与技巧 ………………………………… 60
  3.5.3 营销策划书模版 ………………………………………………… 61
拓展资源 …………………………………………………………………………… 63
实训作业 …………………………………………………………………………… 63

第 4 章　创业产品推广与品牌形象策划·································· 64

4.1　创业品类选择·· 64
4.1.1　品类概述·· 64
4.1.2　开创新品类·· 65
4.1.3　在已有品类里寻找差异化·· 67

4.2　创业品牌形象策划··· 68
4.2.1　品牌与品牌形象·· 68
4.2.2　创业品牌的机会·· 69
4.2.3　创业品牌定位策划··· 70
4.2.4　创业品牌元素策划··· 71
4.2.5　创业品牌个性··· 73

4.3　创业产品与品牌推广策划·· 74
4.3.1　创业企业的推广重点·· 74
4.3.2　产品与品牌推广的步骤··· 75
4.3.3　创业产品与品牌推广策略·· 76
4.3.4　创业产品与品牌推广策划·· 77

4.4　案例分析——抖音的品牌形象策划与推广······························ 81
4.4.1　抖音创业品类选择与命名·· 81
4.4.2　抖音品牌形象设计··· 82
4.4.3　抖音的产品创新·· 83
4.4.4　抖音品牌推广——以"抖 inCity"品牌 IP 的打造为例········ 83

4.5　创业品牌及产品推广策划书··· 86

拓展资源··· 87
实训作业··· 87

第 5 章　网络广告策划·· 88

5.1　网络广告与网络广告策划·· 88
5.1.1　网络广告概述··· 88
5.1.2　网络广告策划概述··· 90

5.2　网络广告策划的内容·· 93
5.2.1　网络广告的目标策划·· 93
5.2.2　网络广告的定位策划·· 94
5.2.3　网络广告的目标受众策划·· 96
5.2.4　网络广告的主题策划·· 97
5.2.5　网络广告的创意策划·· 97
5.2.6　网络广告的媒体策划·· 99

5.2.7 网络广告的地区和时间策划 ·· 100
　　5.2.8 网络广告的预算策划 ·· 102
5.3 网络广告效果测评 ··· 103
　　5.3.1 网络广告效果测评的定义 ·· 103
　　5.3.2 网络广告效果的分类 ·· 104
　　5.3.3 网络广告效果测评的指标 ·· 104
　　5.3.4 网络广告效果测评的方法 ·· 105
5.4 案例分析——星巴克"猫爪杯"网络广告策划 ······························ 105
　　5.4.1 星巴克猫爪杯的主题策划 ·· 106
　　5.4.2 星巴克猫爪杯的目标受众策划 ·· 106
　　5.4.3 星巴克猫爪杯的定位策划 ·· 107
　　5.4.4 星巴克猫爪杯的创意策划 ·· 107
　　5.4.5 星巴克猫爪杯的媒体策划 ·· 107
5.5 网络广告策划书 ·· 108
拓展资源 ·· 109
实训作业 ·· 109

第6章 社会化媒体营销策划 ·· 111

6.1 社会化媒体及社会化媒体营销 ·· 111
　　6.1.1 社会化媒体概述 ·· 111
　　6.1.2 社会化媒体营销概述 ·· 113
　　6.1.3 社会化媒体营销与传统媒体营销的区别 ······························ 115
6.2 社会化媒体营销策划流程 ··· 115
　　6.2.1 确定目标 ··· 116
　　6.2.2 分析环境 ··· 116
　　6.2.3 制订营销策划方案 ··· 117
　　6.2.4 撰写营销策划书 ·· 118
　　6.2.5 方案实施及效果评估 ·· 118
6.3 社会化媒体营销策划方式 ··· 118
　　6.3.1 互动营销策划 ··· 118
　　6.3.2 内容营销策划 ··· 121
　　6.3.3 关系营销策划 ··· 123
　　6.3.4 口碑营销策划 ··· 124
　　6.3.5 病毒营销策划 ··· 125
6.4 案例分析——得物App社会化媒体营销策划 ······························· 126
　　6.4.1 得物App发展现状 ··· 127
　　6.4.2 得物App社会化媒体营销 ·· 127

6.5 社会化媒体营销策划书 ································· 129
拓展资源 ··· 130
实训作业 ··· 130

第7章 微营销策划(微博与微信) ························· 131

7.1 微博与微信营销的基本概念 ························· 131
   7.1.1 微博与微信 ································ 131
   7.1.2 微博营销与微信营销 ························ 132
7.2 微博与微信营销策划的内容 ························· 134
   7.2.1 微博营销的策略 ···························· 134
   7.2.2 微博营销的特点 ···························· 135
   7.2.3 微信营销的模式 ···························· 136
   7.2.4 微信营销的特点 ···························· 137
7.3 微博与微信营销策划的步骤 ························· 138
   7.3.1 微博营销策划 ······························ 138
   7.3.2 微信公众号营销策划 ························ 144
   7.3.3 微信小程序营销策划 ························ 148
7.4 案例分析 ··· 150
   7.4.1 微博营销案例——小米 ······················ 150
   7.4.2 微信公众号营销案例——丁香医生 ············ 154
7.5 微博与微信营销策划书 ····························· 156
拓展资源 ··· 156
实训作业 ··· 157

第8章 网络视频营销策划 ································· 158

8.1 网络视频营销概述 ································· 158
   8.1.1 网络视频营销的定义 ························ 158
   8.1.2 网络视频营销的背景 ························ 158
   8.1.3 网络视频营销的模式 ························ 159
   8.1.4 网络视频营销的优势 ························ 162
8.2 网络视频营销策划的内容 ··························· 163
   8.2.1 前期调研定位 ······························ 163
   8.2.2 网络视频制作过程的设计 ···················· 163
   8.2.3 视频内容的策划和制作 ······················ 163
   8.2.4 网络视频营销的运营模式 ···················· 165
   8.2.5 网络视频营销平台的选择 ···················· 167
   8.2.6 视频数据分析 ······························ 170

8.3 网络视频营销传播的策划 ·· 170
   8.3.1 用户参与营销策划 ·· 170
   8.3.2 事件营销策划 ·· 171
   8.3.3 整合营销传播策划 ·· 173
8.4 案例分析——李子柒的视频策划与传播 ·· 174
8.5 网络视频营销策划书 ·· 175
拓展资源 ··· 176
实训作业 ··· 176

第 9 章 直播营销策划

9.1 直播营销概述 ·· 177
   9.1.1 直播营销的概念和特点 ·· 177
   9.1.2 直播营销的优势和风险 ·· 178
   9.1.3 直播的类型 ·· 180
   9.1.4 直播平台 ·· 180
   9.1.5 主播 ·· 182
9.2 直播营销策划的整体思路 ·· 183
   9.2.1 直播营销目标分析 ·· 183
   9.2.2 直播营销策略组合 ·· 184
   9.2.3 直播营销模式策划 ·· 185
   9.2.4 利用新 4C 法则提升直播营销效果 ··· 187
9.3 直播营销的策划细节 ·· 188
   9.3.1 平台与主播选择 ·· 188
   9.3.2 内容策划 ·· 189
   9.3.3 场景打造 ·· 190
   9.3.4 宣传与引流 ·· 193
   9.3.5 跟进后续传播 ·· 193
   9.3.6 直播复盘及数据分析 ·· 194
   9.3.7 粉丝维护 ·· 194
9.4 案例分析——斗鱼 TV 的营销模式分析 ·· 195
9.5 直播营销策划书 ·· 196
拓展资源 ··· 197
实训作业 ··· 197

参考文献 ··· 198

第1章 营销策划导论

市场营销是连接用户、市场与企业的纽带,其任务是通过提供产品和服务满足顾客需求,实现企业盈利目标。市场营销首先要明确目标市场,以消费者需求为中心,通过调研精准定位消费者需求,选择价值,找准企业的服务方向。其次要制订科学、合理、个性化的营销方案,提供价值和传播价值,最终满足消费者需求。企业市场营销环节如麦肯锡的价值传递系统(VDS)模型所示,选择价值是战略营销,提供价值和传播价值是战术营销。VDS 模型如图 1-1 所示。

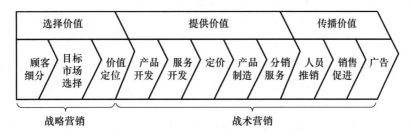

图 1-1 麦肯锡的价值传递系统模型

无论是战略营销还是战术营销,都需要通过营销策划,制订科学、合理的营销方案,通过方案的落地实施,完成营销任务。营销策划活动是企业营销从理念到落实的关键工作。

1.1 营销策划概述

多数企业将营销策划放在企业战略发展的重要位置上,希望能借助于高质量的市场营销策划工作推进企业整体发展。在企业营销部门内,策划工作的中心地位也越来越突出。

1.1.1 营销策划的含义

1. 策划

按照《现代汉语词典》(第7版)中的解释,"策划"即为筹划、谋划。策划是为实现特定目标进行的策略谋划,是事先决定做什么、如何做、何时做、由谁来做的系统方案,包括分析情况、发现问题、确定目标、运用策略、构思设计和优化方案等一整套的活动过程。

2. 营销策划

营销策划是理论与实践相结合的创造性思维活动。营销策划是企业为达到一定的市场营销目标,运用创新的营销思维和方法,对整体市场营销活动或某方面市场营销活动进行分析、判断、推理、预测、构思、设计和制订营销方案的活动过程。

3. 营销策划与营销计划

营销策划是为特定目标实现进行的策略谋划,是智慧创造过程。营销计划是企业营销活动的常规安排,是营销策划的结果,是在营销策划方案制订之后展开的具体工作,是将策划的构思一步步落实到营销行动中去的具体可操作性方案。

1.1.2 营销策划的原则

营销策划作为企业的一项常规工作,受企业的内外环境和资源等的限制,因此,企业营销策划有效开展应遵守以下原则。

第一,目标性原则。企业的一切行为都是围绕着利润最大化这一目标展开的,这也是营销策划的根本所在。营销目标确定后,将目标层层分解、步步实施,从而设计和制订出营销方案。

第二,计划性原则。计划是指实现预定目标的具体步骤和安排。策划者在确立目标后要根据目标设计任务,将目标和任务分解,制订行动计划。

第三,客观性原则。营销策划是人们创造性的思维活动,本身具有主观性,但信息是策划的基础,营销策划要以客观条件为基础、以客观规律为准绳。

第四,系统性原则。营销策划是一项系统工程,强调对现有资源和可利用资源的整合,是对整个营销活动的运筹谋划,要有全局观。系统性原则要求策划人员把策划对象视为整体,用系统的方法处理策划对象各要素之间的关系。营销策划的具体目标必须与企业整体的营销战略目标相一致,整个过程必须前后连贯,企业的人、财、物等资源调动要平衡合理,自成一个完整的体系。

第五,创新性原则。创新性是营销策划的灵魂,也是对营销策划的本质性要求。市场竞争激烈,同行或者对手都拥有同样的环境和资源,想要在竞争中取胜,必须依靠创新。做策划时,前人或别人的经验仅可作为参考,策划的主题思想、实施方案、具体计划等要立意新、内容新、方法新。

第六,可行性原则。营销策划必须可执行、有可操作性。营销策划必须因地制宜、量力而行,既不能作过高的估计,也不能作过低的判断,否则再好的策划也只是纸上谈兵。考察策划方案的可行性,一般有3种方法:①预演法,在策划案大规模推广前期,先在小范围内演练,在总结经验的基础上,再大范围推开;②模拟法,先依照原型的主要特征创设一个相似的模型,通过模拟演练,发现问题和不足,及时改进;③分析法,通过对各环节之间的关联分析,厘清其内在逻辑线索,得出缜密细致的可行性判断。总之,策划方案必须经过可行性论证或试验才可付诸实施。

第七,灵活性原则。企业营销环境不断变化,营销策划应具有可调节性和一定的弹性,能够应对突发事件和状况。任何一个营销策划方案都不可能是一成不变的,从客观上看,营销环境的真相、假象纵横交错,十分复杂;从主观上看,策划者的自身素质、经验和知识结构有限,未必能全面地把握营销客体的各种情况。

1.1.3 营销策划的作用

第一,整合企业资源。高质量的营销策划需要整合并合理使用企业有限的资源,以最小的投入获得最佳的效果,实现企业营销目标。在科技发展得越发成熟、市场竞争变得越发激烈的大环境下,竞争靠的是理念、产品和服务等的全方位创新,各类创新都依赖有创造力的营销策划来实现。

第二,强化企业市场营销目标。通过企业营销策划确立明确的营销目标。有了目标,企业的营销活动就有了方向,就可以进行人力、物力、财力的优化配置,采取措施调动员工的积极性和创造性,朝着目标努力。

第三,明确企业及产品的市场定位,增强企业营销的针对性。营销策划要明确企业及产品的市场定位,为企业寻找生存和发展空间。根据竞争者现有产品的市场现状,针对消费者或用户对该产品某种特征或属性的重视程度,为企业产品塑造出与众不同、个性鲜明的形象,并把产品形象生动地传递给顾客,使本企业产品能在市场上立足。明确定位后,企业围绕定位展开定向营销,争取目标市场内的现有顾客和潜在顾客,建立顾客网络,这样可使企业营销更具针对性。

第四,提高企业营销活动的计划性。营销策划确立未来营销的行动方案,成为未来营销的行动指南,未来的各项营销操作都将依照计划执行,使企业的各项工作有章可循、有条不紊。

1.1.4 营销策划流程

营销策划是为完成营销目标而进行的一套程序,包括从构思、分析、归纳、判断到策划方案拟订、实施与评估等几个阶段。营销策划的流程如图1-2所示。

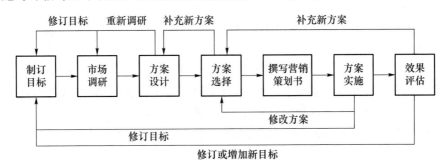

图1-2 营销策划的流程

1. 制订目标

根据实际情况制订合理、合适的目标是营销策划过程的起点,制订了目标也就明确了策划任务,而制订目标本身也是一个策划过程。

策划目标的制订是一个思维创造的过程。

① 界定策划问题。将企业发展中的问题进行梳理、提炼,提出真正迫切需要解决的问题。营销策划不可能解决所有的问题,需要专注于最重要的问题,即界定营销策划要解决的问题。

② 明确策划主题。根据营销策划需要解决的问题,抓住重点、关键的问题层面进行充分的考虑,使问题明确、浅显、突出,确定相应的策划主题。

③ 确定策划目标。从勾勒策划轮廓开始,逐渐量化策划目标。

2. 市场调研

市场调研是围绕策划目标展开的资料及各方面信息的收集和研究工作,是营销策划的基础。

市场调研的内容包括以下两个方面。

① 宏观环境的调研与分析。结合营销策划的内容,调研分析与之相关的宏观环境、行业

环境和企业环境。在营销策划实战中,外部营销环境分析中对顾客和竞争对手的调查分析是重点,要做到细致和准确;内部环境的调查分析重点是企业总体战略和企业的优劣势,突出优势分析,作为营销策划的依据。

② 与主题直接相关的资料和信息的收集,为策划方案提供充分的素材。

市场调研从资料来源看分一手资料的调研和二手资料的调研两类,前者是策划项目组直接调研获得的资料,后者是从现存资料中收集整理获得的资料。由于二手资料的收集简单方便,如果能够满足需要,优先采用二手资料。

一手资料的调研方法主要有询问法、问卷法、观察法和实验法等。

随着市场调研的深入,有可能会发现策划目标制订中存在的问题,这时需重新修订目标。策划目标的制订和信息调研工作可交替进行。

3. 方案设计

策划方案的设计是营销策划中的重要工作。在策划中应围绕策划主题,根据策划目标,寻求策划切入点,产生策划创意,制订策划方案。

创意的产生过程是信息的收集、整理、加工、组合的过程,分为产生灵感的启示或线索、产生灵感、产生创意构想三个阶段。每个阶段信息的收集、整理、加工、组合方法的优劣都会影响最终创意甚至最终策划的优劣。因此,出色的营销策划人员一定是信息收集和整理的高手,同时对信息具有高度的敏感性。

在方案设计过程中,如果发现资料不足,则应重回调研阶段,继续收集资料。

4. 方案选择

针对同一营销策划目标,一般制订多种策划方案,从中选择较好的一种付诸实施。方案选择是在对多个方案进行评估的基础上进行的,方案评估遵循价值原则(投入产出比最佳)和可行性最优原则,通过评估,最终选择创意新、方向明确、可实施的最佳方案。

在方案选择过程中,如果发现方案重组会形成更优方案,则应重回方案设计阶段,补充新的方案。

5. 撰写营销策划书

营销策划书是整个营销策划内容的载体,是营销策划活动的成果,也是营销活动的行动计划。一份好的营销策划书能够完整地表达策划人员的创意和真实意图,也能够帮助营销决策人员和组织实施人员更好地理解策划思想。因此,营销策划书既要有丰富的创意内涵,也要有生动和引人注目的表达形式。

6. 方案实施

营销策划方案的实施是把营销策划方案转化为具体行动的过程。企业必须根据营销策划方案的要求,处理好资源、组织、人员等方面的关系,提高执行力,把方案落到实处。

在方案实施过程中,有可能根据环境的新变化或新情况等,对方案或目标提出修改,促进策划创意与实践的结合。

7. 效果评估

营销策划方案执行完成后,要对整个营销策划活动从目标达成度、预算执行情况、进度、协作、信息等方面进行综合评估。

策划方案实施后,也需要对策划方案本身进行归纳、总结,书写报告书,总结策划中的成与败,对策划方案进行客观、公正的评估,为下一次营销策划提供经验。

通过效果评估与总结,可以补充新方案,也可以提出更新或更高的设计目标,进行新一轮的营销策划。以实操结果作为反馈信息,迭代优化营销策划,使其无限接近最优。

1.2 营销策划的内容

1.2.1 营销策划的内容体系

从市场营销价值环节看,市场营销策划的内容体系包括市场调研策划、STP战略营销策划、战术营销策划和网络营销策划。

1. 市场调研策划

市场调研是指个人或组织为了给市场营销决策提供依据,针对某特定的营销问题,运用科学的方法和手段,系统地收集、整理和分析有关市场的各种资料,反映市场的客观状况和发展趋势。

市场调研是营销活动的起点,也是营销策划的首要工作。市场调研的策划工作如下。

① 界定调研的问题与目标。

② 根据目标确定调研范围和信息资料的来源,即明确所需信息资料的内容和数量以及获得的途径。

③ 设计调研方法和工具。

④ 设计调研方案,包括人员、经费、时间安排等,完成调研策划书。

⑤ 实施与反馈。

2. STP战略营销策划

STP战略营销决定着市场营销的方向,其核心要素包括市场细分(market segmenting)、目标市场(market targeting)以及市场定位(market positioning),是为特定顾客选择价值的过程。

市场细分策划的任务是选择合适的细分变量来细分市场。细分市场的变量很多,策划人员通过对整个市场进行研究和分析,明确选择什么样的变量细分市场最有效,这是策划的关键环节。

目标市场策划的任务是为企业找到其能够有效服务、对其有吸引力的一个或几个细分市场。策划人员通过研究细分市场的规模、增长率、竞争状况、市场吸引力以及企业资源、能力和优势等要素,选择目标市场。

市场定位策划的任务是为企业解决如何进入目标市场、以什么样的形象占领目标市场的问题。市场定位策划的重点是对产品和形象进行设计,使其在目标顾客心目中占据独特位置,突出产品的特色和个性,突出产品给客户带来的价值。

3. 战术营销策划

战术营销策划指产品策划、价格策划、渠道策划、促销策划和服务策略的策划等营销策略组合的策划,帮助企业完成提供价值和传播价值的任务。

产品策划要解决的问题是企业提供什么样的产品和服务才能满足目标市场的顾客需求。产品策划是营销组合策划的基础。产品策划包括产品组合策划、品牌策划、包装策划、不同产品生命周期阶段的产品营销策划、新产品开发策划、服务策划等内容。

价格策划的任务是对企业面临的市场结构、市场供求、消费者心理及竞争状况等因素做出分析和判断,同时对企业的成本进行核算、分析、控制和预测,为企业选择、策划恰当的价格策略。价格策划包括不同类型产品的定价策划和竞争性价格调整策划等。

渠道策划的任务是根据企业、产品、市场状况,为企业选择合适的渠道销售产品,主要的策划内容有分销渠道结构策划、分销渠道设计策划和分销渠道管理策划。

促销策划的任务是选择企业与消费者的沟通渠道和沟通方式,主要的策划内容包括广告策划、公共关系策划、营业推广策划和人员推销策划等。

服务策略是产品策略的延伸,任何企业为客户提供产品都包含了服务,都需要对服务的内容、流程、质量、体验等方面做系统的规划。对于服务型企业而言,服务营销策划是其核心业务策划,服务营销策划的目标是帮助企业进行服务设计,满足顾客服务需求,提高服务效率和客户满意度。服务营销策划的流程包括细分市场、服务需求调研、确定策划目标、设计服务流程、调节服务能力、管理服务质量、确定服务渠道等。

4. 网络营销策划

网络营销策划是企业在特定的网络营销环境下,为达到一定的营销目标而制订的综合性、具体的网络营销策略和活动计划,包括网络媒体运营策划、网络传播策划、网络推广策划、网络销售策划、网络营销工具策划等。

1.2.2　营销策划书的基本结构

营销策划工作成果的体现是营销策划书。营销策划书的构成要素和内容在本书后续各章中有结合具体策划主题的专门论述,本节从略。

营销策划书的基本结构如表1-1所示。

表1-1　营销策划书的基本结构

构成		内容	作用
封面		策划案名称、公司名称、策划人、日期、适用时间段、保密级别及编号	策划书名片
概要		主要内容概要	方案精髓
目录		策划案提纲	构成框架
前言		策划目的、方法、意义等	背景与过程
正文	界定问题	明确策划主体与目标	策划任务
	环境分析	重要环境因素分析	策划依据
	SWOT分析	分析优势、劣势、机会、威胁,并组合考虑	提出问题
	营销目标	市场目标、财务目标等	明确营销目标
	营销战略	STP	总体布局
	营销组合	4P等	具体对策
	行动方案	人员安排、道具设备、时间计划、地点选择	执行蓝本
	财务分析	费用预算、效益分析	可行性分析
	控制方案	执行控制、风险预测、应急方案	保障功能
结束语		总结、突出、强化策划人意见	总结主张
附录		数据资料、问卷样本及其他背景材料	提高可信度

1.3 营销策划中的创意与创新

营销策划是思维创造过程,创新是其本质内涵。本节从创新思维、创意和营销策划创新三方面诠释营销策划中的创意与创新。

1.3.1 营销策划中的创新思维

策划人员在构思营销策划时,为达到紧跟甚至引领市场发展趋势的目标,会在思维层面进行一定程度的创造性突破。研究创新思维的特征、推广和应用规律,对于提高企业人员的创造能力,有十分重要的意义。

1. 发散思维

发散思维是一种从不同角度、不同方向、不同途径设想、探求多种答案,最终力图使问题获得圆满解决的思维方法,它具有大胆独创、不受现有知识和传统观念局限和束缚的特征。发散思维的核心是:某一个问题可能有很多种答案,以这个问题为中心,思维向周围空间发散,找出的答案越多越好。

策划人员在构思营销策划时,应遵从发散思维的指引,开放思维寻找多种答案,这些答案可能都对,只是层次不同;这些答案中可能只有部分具有创造性,其创造性也有高低之分;也可能经过综合,能够较理想地解决问题。策划人员在创造性构思时,既可以研发出全新的营销策划方法,也可以重新进行行业与营销策划方法的匹配,擦出不一样的火花,实现变通性、独特性的最终目标。

2. 聚合思维

聚合思维是以某个思考对象为中心,在一定条件下,与该对象相关的思维统合成一条思维线。在营销策划构思中,策划思维宜先散再聚,在前一步运用发散思维思考之后,遵循已有的逻辑经验,将构思的内容统合于整体框架之中。

在营销策划中应用聚合思维,就是将发散思维所得的多种策划设想进行整理、分析、选择、综合,选出其中最可能实现的部分设想,也就是对多种设想进行可行性分析、价值分析,最终聚合成一条符合逻辑、条理清晰的策划路线。

3. 类比思维

类比思维是从两个或两个以上对象之间某些方面的相同或相似关系中得到启发,推理出它们在其他方面也可能相同或相似,从而使主体问题获得解决的一种方法。当企业在进行营销策划,尤其是创业企业或新产品的营销策划时,策划人员可优先考虑类比思维的运用,快速在消费者头脑中产生与印象深刻区域的某种联系,进而让消费者自发地举一反三、触类旁通。例如,一款迪奥粉底液的别名"小奶瓶"就是在消费者印象中将迪奥粉底液与小婴儿娇嫩、白皙的肌肤快速产生了营销关联。再如,《经济学家》杂志的一则广告(如图1-3所示)用智慧类比能量。

4. 联想思维

世界上的事物总是广泛联系的。由一事物的表象、语词、动作和内涵可联想到另一事物的表象、语词、动作和内涵。客观事物间的联系反映在人脑中,会形成相应的、暂时的神经联系,以后一些事物的重现会使人想起另一些有关的事物,这种心理过程称为联想思维。

图 1-3 《经济学家》杂志广告

联想思维在营销策划过程中应用广泛,消费者想到某一事物,很容易联想起与它紧密相关的其他事物。

5. 逆向思维

正向思维是在对事物的过去、现在进行分析的基础上,推知事物的未知部分,提出解决方案。正向思维与时间的方向一致,随时间推进,符合事物的自然发展过程和人类的认识过程。

逆向思维也称求异思维,是从事物反方向进行推断,寻找常规的岔道,并沿着岔道继续思考,运用逻辑推理去寻找新的方案和方法。逆向思维不是主张人们在思考时违背常规,而是训练一种小概率的思维模式,在思维活动中关注小概率、可能性的思维。

逆向思维主张从事物的一方面想到与之对立的另一方面,对司空见惯、似乎已成定论的事物或观点反过来思考,反其道而行之,让思维向对立面发展,从问题的相反面深入探索,实现创新。例如,微博的兴起是逆向思维的成果。微博不同于博客,博客对字数没有限制,博主想写多长就写多长,而微博限制字数为 140 个,迫使使用者写出短小精悍的文字。微博也不同于微信,微信是封闭的人际关系,微博是开放的人际关系。因此,微博的兴起是社交媒体的一次基于逆向思维的颠覆性创新。

6. 形象思维

形象思维是以具体的形象或图像为思维内容的思维形态,通过独具个性的特殊形象来表现事物的本质。形象思维的过程包括形象感受、形象储存、形象判断、形象创造和形象表达等,其中形象创造是关键过程,是指通过想象、联想、组合、模拟等方法,舍去不表达创造者意图的形象,创造出新的艺术或科学的形象。形象思维是文学艺术创作过程中所运用的主要的思维活动和思维方式。形象思维在广告策划中被广泛运用,图 1-4 所示是可口可乐公司的吸管形象广告。

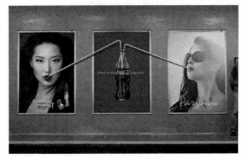

图 1-4　可口可乐公司的吸管形象广告

7. 逻辑思维

逻辑思维是人脑的理性活动,人们将感性阶段获得的对于事物的认识的信息材料抽象成概念,运用概念进行判断,按一定的逻辑关系进行推理,从而产生新认识。营销策划需要逻辑思维,尤其是策划书的撰写需要一定的逻辑线索。

8. 系统思维

系统是指由两个或两个以上元素相结合的有机整体,系统整体不是其局部的简单相加。系统论作为一种普遍的方法论,成为人类的一种高级的思维模式。

根据系统论的观点,系统由多个子系统组成,并通过子系统间的相互作用实现一定的功能。系统之外的高层次系统为超系统,系统之内的低层次系统为子系统,当前所要研究的系统为当前系统(简称系统)。例如,把汽车作为系统,轮胎、发动机、方向盘是子系统,交通系统是超系统。营销策划人员掌握系统思维的方法,能够从整体角度看问题,研究子系统、系统、超系统的过去、现在和将来,使策划方案具有可实施性和超前性。

系统思维是以系统论为基本思维模式的思维形态,它简化了人们对事物的认知,给人们带来整体观。系统思维的方法有以下 4 种。

① 整体法。在分析和处理问题时,始终从整体来考虑,把整体放在第一位,不让部分凌驾于整体之上。

② 要素法。系统由单个因素构成,只有发挥各要素的作用,才能使整个系统最佳运行。

③ 结构法。注意系统内部结构的合理性。

④ 功能法。考察和调整系统内部各部分的功能和作用,使整个系统发挥最大作用。

1.3.2　营销策划中的创意

1. 创意及其来源

创意是思维的产物,是创造性思维的成果,是一种创造新事物、新形象的思维过程和成果。创意是策划人在特定环境下,以知识、经验、判断为基础,通过切身感受和直观体验而闪现的智慧之光,可以是一个点、一条线、一个面、一个体。创意来源于独特的心智,竞争者无法模仿。

创意产生过程是用新方法组合旧要素的过程。只有不断寻找各种事物之间存在的一般的或不一般的关系,并把这些关系重新组合、搭配,才能产生奇妙、变幻的创意。

创意是否成功是营销策划成败的关键。营销策划中的创意必须以企业整体营销战略为依据,充分考虑企业所处的市场营销环境,以及目标市场消费者需求特点。营销策划人员要不断去尝试、去发现如何重新进行各种资源、各种营销要素之间的组合、搭配,以便产生好的营销创意。

2. 营销策划中创意产生的方法

营销策划主题不同,创意产生的方法也不同。实践中产生创意的方法有很多,列举如下几种方法。

(1) 吉卜林的检查清单

1902 年,鲁德亚德·吉卜林在其著作《原来如此》中提出 6 个疑问词:"什么""为何""何时""怎样""何地""谁"。利用这 6 个疑问词制作清单,能够以一种系统的方法来研究产品、品牌、广告等方方面面,成为形成营销策划创意的基本指针。吉卜林的检查清单如表 1-2 所示。

表 1-2 吉卜林的检查清单

检查项目	含义
什么	我们真正销售的是什么?我们到底能给予消费者什么? 我们的目标人群真正想要的是什么? 我们的客户面临哪些问题?他们还有哪些需求尚未得到满足? 人们对于品牌抱有怎样的看法? 我们想让他们对于品牌抱有怎样的看法? 我们想通过这则广告达到什么效果? 竞争品牌的做法是怎样的?我们采取什么方法才能做到别出心裁? 我们通过什么样的方法才能让消费者讨论这个品牌并形成舆论?
为何	人们为什么会选择这个品牌? 人们为什么不选择其他品牌? 对于我们想要传达的信息,对方为什么要耐着性子听完?
何时	我们什么时候推出这则广告? 我们展示使用产品的情景、时间应该怎么设置?是过去、现在、将来,还是某些特别的场合或重大事件? 什么时候人们最需要这个产品?什么时候人们缺了这个产品就不行? 什么时候人们最不想看到这个产品?
怎样	目标人群对该产品有怎样的看法?对于该品牌有怎样的看法? 竞争对手对我们有怎样的看法? 我们怎样才能以最好的方式展现出品牌的优势? 我们怎样才能以一种出人意料的方式使用媒体? 我们怎样才能以一种与众不同的方式来展现该产品?
何地	我们可以把广告投放在什么地方? 我们可以选择何地作为展示品牌或介绍品牌的场所? 人们认为最没有可能看到这种产品广告的地方是哪里? 人们认为最没有可能看到这种产品的地方是哪里? 产品在哪个地区会有惊人的表现? 大家认为在哪些地方产品的功能会受到影响或根本不会发挥作用?
谁	我们真正要把产品信息传递给谁? 我们的竞争对手有哪些? 到底哪些人真正喜欢这个品牌?又有哪些人对该品牌有负面印象? 我们在广告中可以设定哪些人物或角色? 如果将这个品牌比作人,那么这个人会是谁?

(2) 奥斯本的检查清单

亚历克斯·F.奥斯本原是一位广告创意人员,后来成为头脑风暴技巧研究方面的专家。奥斯本创建了一个问题清单,目的是在已有想法中产生新想法,创意人员可借助于一个又一个问题,一步一步地深化自己的想法。奥斯本的检查清单如表 1-3 所示。

表 1-3 奥斯本的检查清单

检查项目	含义
能否他用	现有产品有无其他用法?保持不变能否扩大用途?稍加改变有无其他用途?对产品进行加工还是保持原样?
能否借用	能否引入其他创造性设想?能否模仿别的产品?能否从其他领域、产品、方案中引入新的元素、材料、造型、原理、工艺、思路?
能否改变	现有产品的颜色、声音、味道、样式、花色、品种、印象、制造方法等能否改变?改变后效果如何?
能否扩大	能否扩大适用范围?能否增加使用功能?能否添加零部件,延长使用寿命,增加长度、厚度、强度、频率、速度、数量、价值?
能否缩小	能否使体积变小、长度变短、重量变轻、厚度变薄,以及能否拆分或移除某些部件(简单化)?
能否替代	能否使用其他的人或事物?是否可以使用其他元素、流程、方法?能否用其他材料、元件、结构、动力、设备、符号、声音等替代?
能否调整	能否变换排列顺序、位置、时间、速度、计划、型号?内部元件能否交换?
能否颠倒	能否从里外、上下、左右、前后、横竖、主次、正负、因果等相反角度颠倒来用?
能否组合	能否进行原理组合、材料组合、部件组合、形状组合、功能组合、目的组合?

(3) 视觉化-共情化-概念构思

在新产品开发过程中,在调研阶段获得了大量信息,包括技术信息、用户信息和市场信息等,怎样把调研成果应用到新想法和创新中,形成与用户呼应的新产品创新和创意呢?视觉化-共情化-概念构思方法能够帮助设计人员在概念生成阶段设计出以用户为中心的产品解决方案。具体步骤如图 1-5 所示。

图 1-5 视觉化-共情化-概念构思

第一步是用户视觉化。根据调研资料,设计出一幅视觉化的用户地图,让策划人员先"看到"用户。用户地图展示了用户生活的相关信息,如用户的外形、居住的房屋类型、重视的事物等。制作用户地图能够引导策划团队成员共同确定用户形象和用户价值观。

第二步是共情化。策划团队成员应真实详细地感受用户的痛点。让团队成员想象自己就是地图中描述的用户,思考这样一些问题:如果你是这名用户的话,你在使用现有产品时会遇到哪些问题?你在进行调研时,是否观察到用户在使用该产品时遇到的问题?根据大家的回答,用列表的方式列出用户痛点。

第三步是概念构思。针对用户痛点,提出解决方案,形成创意,并从其他产品线的现有产品中寻找灵感,完善创意,使策划人员从概念阶段就能够从其他产品功能中汲取灵感,形成产品概念。

该方法的目的是获得以用户为中心的创意,用这些创意来实现创新。这些创意不是由个人的喜好决定的,也不是由团队或组织的喜好决定的。该方法能够生成大量以用户为中心的创意,这些创意良莠不齐,需要对其排序分级,以获得最优创意。

3. 营销策划创意的形成过程

营销策划工作的核心是创意,在营销策划中,创意的形成过程包括以下4个阶段。

(1)创意的准备

好的营销创意从调研开始,策划人员围绕策划的目标和主题,利用不同方法收集整理大量资料和信息。在收集资料的过程中,策划人员带着问题思考,针对获得的资料,运用检查清单或视觉化等方法,整理资料,其过程中会涌现很多想法、灵感。这是一个思维发散的过程,可以发现新的见解和新的视角。

(2)创意线索的寻找

有了诸多灵感,如何寻找创意线索呢?这就要回到营销策划的主题上来,思考这样的问题:本次策划关键要解决什么问题?哪方面的创意能够支撑策划目标的实现?先把答案用列表的方式列出,然后评估优劣,选出最佳创意线索。这是一个思维汇聚的过程。

(3)创意的产生

根据创意线索,进一步汇聚资料、灵感等,结合策划主题,进行全面的思考评价,分析取舍,最终形成完善的策划创意。

(4)创意说明书的撰写

创意产生后,要撰写创意说明书,将创意表达出来,确定下来。一般创意说明书包括名称、目标、内容、落实预期、预算、参考资料、创意者、完成时间等内容。

1.3.3 营销策划创新

1. 从创意到创新策划

将创意落地,形成可实施的方案,就是将创意说明书转化为创新的营销策划书。例如,对于一个新产品项目策划,如果将创意成功地商业化就是创新,这个过程也是需要策划的。

策划的主题不同,完善创意、形成创新方案的过程中所要做的工作也不同。这里以新产品项目策划为例来阐述从创意到落实创新策划的过程。

创意的形成回答了"什么",但没有回答"谁""为何"及商业模式是什么的问题。而完整的营销策划既包括创意的形成、概念构思的完成,也包括如何将创意商业化的策划。一个新产品项目策划从创意到创新落地至少还需要完成如下工作。

① 阐述商业化理念中的所有要素,包括产品、技术、品牌是什么,谁是受益者和目标客户,如何进入市场、获取价值、提升竞争能力等。

② 阐述客户价值主张(CVP)。细化客户的价值主张,从不同角度思考能为客户提供哪些潜在价值,是创新成功的前提。价值主张的分解与重组如图1-6所示。

③ 开发支撑性的商业模式。明确客户价值主张后,就要设计完善的商业模式以支持创新的实现。运用商业模式画布可以完成商业模式的设计。亚历山大·奥斯特瓦德和伊夫·皮尼

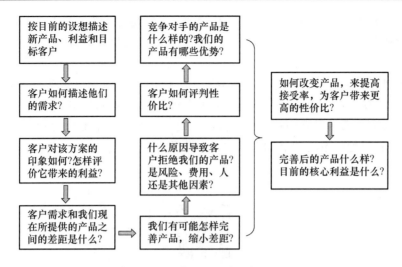

图1-6 价值主张的分解与重组

厄开发的商业模式画布使商业模式可视化。商业模式画布由9个基本构造块构成,涵盖了客户、提供物(产品/服务)、基础设施和财务生存能力4个方面。商业模式画布如图1-7所示。

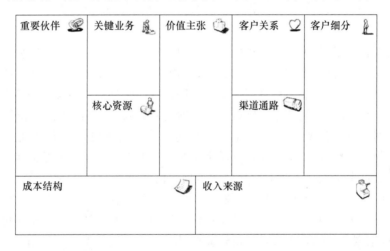

图1-7 商业模式画布

2. 当前企业营销策划的创新应用

创造性的思维能够为策划人员带来开放、可延伸的思考方式。而在具体应用层面,企业发展有赖于创新,市场取胜有赖于创新性的营销策划。营销成功的企业都离不开创新性的营销策划,当前企业营销策划的创新性应用重点体现在以下方面。

(1) 以消费者需求为核心的产品与服务创新引领市场开发

企业借助于市场细分,探索和发现新的尚未满足消费者需求的市场空白点,通过研发和技术创新,开发出新产品和新服务完成对新市场的拓展。同时,借助于研发和技术创新,企业实现产品的优化升级,推进新旧产品的更新换代,以最大限度地满足消费者个性化需求,完成对原有市场的拓展和开发。

(2) 精确制订营销组合方案

制订以消费便利度为导向的市场营销组合方案。复杂的企业市场营销组合方案必然拉长消费者从接触商品到作出消费决策的时间,有可能导致消费者放弃购买。因此,企业必须从方便消费者购买的角度出发,制订简单、快捷、精确的企业市场营销策略组合方案,缩减企业产品到达消费者手中的渠道与时间长度,以增强消费者对企业产品的价值认同,促进消费者购买。

(3) 精准市场营销传播创新

一是合理利用移动互联网进行精准传播营销。使用 App 并将其视为一种正式的消费渠道;通过关注用户使用度,增加客我互动,增强客户对企业的黏性;加强平台统一运营准则的规范性。二是合理利用移动互联网精确创新营销模式。只有真正精准地找到客户,吸引客户的注意力,进行有针对性的市场营销,不断创新市场营销模式,才能提高市场营销的精准性。

延伸阅读

策划设计质量要素

1.4 本书内容选择与框架结构

营销策划内容广泛,作为双创课程的营销策划教材,本书侧重对学习者创新创业活动的服务和能力培养,主题选择力求实用、新颖、有趣,对创业创赛活动有指导意义。按此标准,本书选择以下 8 个策划主题:创业项目策划、创业项目营销策划、创业产品推广与品牌形象策划、网络广告策划、社会化媒体营销策划、微营销策划、网络视频营销策划、直播营销策划。

从营销策划课程逻辑体系看,本书前两个主题对应的是战略营销策划,是把 STP 战略营销策划具体到创业项目策划中,以更契合学生需求。后 6 个主题的策划是战术营销策划,对应的是 4P 营销策划、服务营销策划和网络营销策划。网络电商时代,除产品策划具有相对独立性外,渠道策划、促销策划、价格策划、服务营销策划和网络营销策划都充分融合到某个特定电商场景的策划设计中。例如,直播营销既是销售渠道,也是推广方式和服务方式,且有其定价策略,直播营销策划就是综合了渠道、价格、促销、服务营销、网络营销的策划。因此,本书的战术营销策划重点是呈现互联网不同场景下的网络营销策划。

从服务于双创教育的营销策划角度看,本书内容分为 3 个模块:营销策划导论、创业营销策划和新媒体营销策划。第 1 章是营销策划导论,第 2~4 章是创业营销策划,第 5~9 章是新媒体营销策划。对于创业企业而言,新媒体营销策划是营销策划的主要应用,不仅仅因其是当下的主流应用,更因其契合创业类企业小成本、大传播的营销诉求。

本书内容框架如图 1-8 所示。

本书共 9 章,第 1 章是营销策划导论,论述营销策划的含义、内容、营销策划中的创意与创新,规划本书内容和篇章结构,对双创课程的教学提出建议。第 2~9 章是 8 个主题营销策划的具体内容,简述如下。

1. 创业项目策划

创业项目策划包含的核心内容是创业项目的启动、模式与孵化。对于初创型项目而言,策划工作主要是通过不断地挖掘和研究顾客需求,帮助创业企业准确且敏锐地捕捉市场机会,瞄准目标市场,制订营销策略,开展营销活动,实现价值创造,使创业项目获得成功。本章案例分析是拼多多项目策划。

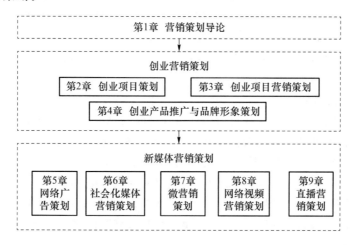

图 1-8 本书内容框架

2. 创业项目营销策划

创业项目营销策划属于创造性思维活动。对于初创型企业而言，为了实现创业项目的销售目标，需要针对创业市场特点，提出新颖的思路和方法，并制订出具体可行的策划方案，从而才能实现既定目标。本章案例分析是 Airbnb 创业营销。

3. 创业产品推广与品牌形象策划

其包含创业产品营销策划和创业品牌形象策划。创业企业的首要任务是选择产品并为顾客提供价值，以及对创业产品和品牌进行推广，对品牌知名度进行提升等。当项目初创时期以冷启动形式进入市场时，应以产品内容的营销策划为重点吸引第一批蓝海用户，通过带给用户不一样的产品体验快速打开市场，树立坚实可靠的品牌形象。本章内容包括创业品类选择、创业品牌形象策划、创业产品与品牌推广策划。本章案例分析是抖音的品牌形象策划与推广。

4. 网络广告策划

在网络及媒体技术快速发展的大背景下，网络广告逐渐发展成为一种多样且形象的主要传播手段。按照其具体形式，网络广告可分为网幅广告、搜索引擎广告、文本链接广告、电子邮件广告、富媒体广告等。企业人员在进行网络广告类别选择时，应当根据企业、产品、服务的特征进行综合评估，选定契合的一种或多种形式后，开展相应的网络广告策划活动。策划的主要内容包括目标策划、定位策划、目标受众策划、主题策划、创意策划、媒体策划、地区和时间策划以及预算策划。本章案例分析是星巴克"猫爪杯"网络广告策划。

5. 社会化媒体营销策划

社会环境及规则对于人们的思想、行为都会产生一定的影响，在科技网络铺设范围逐渐实现全面化、高效化的今天，社会化媒体产生的巨大影响力使其成为营销策划的一大侧重点。社会化媒体营销策划包括社会化媒体、社会化媒体营销概述，社会化媒体营销的特征、应遵循的原则，社会化媒体营销策划流程、方式等。社会化媒体营销策划方式包括 5 类：互动营销、内容营销、关系营销、口碑营销以及病毒营销。企业应当根据自身的发展状况以及产品服务的特性进行营销方式的选择，在撰写社会化媒体营销策划书时也应注重营销方式的精准选择。本章案例分析是得物 App 社会化媒体营销策划。

6. 微营销策划

微营销指微信与微博"两微"营销。作为每月活跃用户数量排名前列的社交平台，微博与微信在网络营销中占据重要地位。根据两大平台的特色核心功能，确定"两微"营销策划的内容：微博营销策划包括建立微博矩阵、举办微博活动等；微信营销策划包括广告植入营销、二维码营销、口碑营销、H5营销、微信公众号营销、微信小程序营销等。本章论述微博与微信营销的基本概念、微博与微信营销策划的内容和步骤。本章案例分析是小米的微博营销和丁香医生的微信营销。

7. 网络视频营销策划

按照视频内容的长短，网络视频可分为网络长视频与网络短视频；网络长视频除传统的网剧平台外，主要依托哔哩哔哩等综合性视频平台；而网络短视频主要依托抖音、快手等短视频平台。相较于其他类型的营销策划，网络视频营销策划的内容丰富，可后期制作渲染，企业人员可发挥的空间大，其主要流程包括调研与定位、目标受众匹配、视频内容制作、流量平台宣传与推广。本章论述网络视频营销的定义、背景、模式和优势，网络视频营销策划的内容和网络视频营销传播的策划。本章案例分析是李子柒的视频策划与传播。

8. 直播营销策划

直播是近几年兴起的一种娱乐和营销方式，实时互动性强、目标受众明确、弹幕文化是其核心优势。直播营销的主体为消费者、直播平台、网络主播、企业，不同主体之间的关联有效性是衡量直播营销效果的核心因素，企业人员在进行直播营销策划时，需着重打通四大主体的高效关系网。本章内容是概述直播营销的含义、类型、直播平台和主播，论述直播营销策划的整体思路和直播营销的策划细节。本章案例分析是斗鱼TV的营销模式分析。

拓 展 资 源

实 训 作 业

1. 破除思维定式训练

尽可能多地找出一些思维定式，将这些思维定式翻转过来，颠覆一个个想当然的想法，看看发生了什么？

例如：女人爱花；男人喜欢看球；计算机让我们的生活变得简单；所有的小狗都非常可爱。

翻转以后的陈述句可能无逻辑或荒谬，但这些想法会给我们怎样的启示？它们能成为刺激我们想法的工具，从这些想法出发，能产生解决问题的办法吗？

2. 头脑风暴法训练

头脑风暴法是一种创造能力的集体训练方法。同学们自学头脑风暴法的操作方法，尝试用头脑风暴法给某妇婴网站起名。

3. 工作分析创新训练

请以网易云音乐为例，完成表1-4所示的工作分析表。

表 1-4　工作分析

1. 简要描述现有产品、服务或体验：	
2a. 它为客户履行了什么职能？ • 情感性的 • 社会性的 • 功能性的	2b. 客户可能会怎样描述它带来的益处？ • • •
3b. 是否存在相同或相似益处的其他备选方案？ • • •	3a. 在实际操作方面，是什么技术或特征让它有这些优势？ • • •
4. 有什么新的、潜在的理念可能颠覆现有的产品？ • •	

第2章 创业项目策划

在"大众创业,万众创新"的市场环境下,成功的创业需要针对创业项目开展有效的策划活动。创业项目策划既包含了创业的思维、内涵,又包含了策划的理论、方法和手段,是创业管理和策划交互融合的产物。创业企业通过不断地挖掘和研究顾客需求,主动识别和捕捉市场机会,进行市场细分并确定目标市场,制订行之有效的营销策略,开展策划活动,实现价值创造,最终使创业项目获得成功。本章将围绕创业项目启动、创业项目模式、创业项目孵化、案例分析——拼多多项目策划、商业计划书等内容展开。

2.1 创业项目启动

创业项目启动的主要目的在于通过项目的实施情况来检测创业项目的可行性,项目的顺利启动能增强投资者对项目的价值感知,为项目未来的融资争取更多的机会。

当创业者做好了充分的心理准备,筹到了启动资金,能够识别和把握创业机会,以及做好技术匹配等工作后,项目就可以启动了。

2.1.1 创业项目启动的类型

创业项目如何启动是创业者在创业初期设计项目时就应考虑的问题,这关系到后续的成本核算和战略决策问题。创业项目启动类型有4种:单点启动、单边启动、双边启动、多边启动,其实施难度、成本和竞争门槛依次递增。

1. 单点启动

单点启动是指个体用户为了满足自己的某一个需求来使用产品或服务。该类产品如工具类产品"美颜相机"、企业自助服务产品"网上银行"等,用户在执行一系列操作后,需求得到满足即可。企业需要关注用户反馈的信息,对产品或服务及时进行更新迭代。单点启动适用于资金、经验不足的创业者,所需投入的资金量不大,产品逐步更新,不必过于担心用户流失,一步步地慢慢培育和发展这个领域的市场。

2. 单边启动

单边启动是指需要一定数量的用户同时使用才可以启动,一旦用户量不足,现有用户就会迅速流失,如社交类产品"微信"、在线游戏产品"王者荣耀"等。对于该类产品,创业者要批量发起用户,用户量在短时间内需要达到一定规模才可以运行下去。对于资金不足却对用户规模有要求的创业项目,创业者会设置一些系统机器人来维持用户活跃度。随着技术的不断成熟,一些论坛中的AI机器人通过不断训练,能够完成与人类的正常对话。

3. 双边启动

双边启动是指供需双方都需要一定的参与度才可以启动,否则项目无法正常运行,难以实现稳定发展。这类产品如电商类平台产品"淘宝"、出行类平台产品"滴滴出行"等,商家和用户的数量需要达到一定的平衡,且参与频率也要足够多和稳定,才能正常有效运转。这种类型的启动成本高、难度大,最终形成的竞争门槛更高。

4. 多边启动

多边启动除了需要供需双方频繁参与外,还要求第三方甚至第四方参与,项目才能实现稳定发展。由于此类型项目所涉及的角色对象繁多,因此难度也是最高的,目前基本没有多边启动的创业项目成功的例子。淘宝等电商平台在发展过程中,是需要物流服务提供商这类第三方机构参与的,但由于平台在项目启动之时并未考虑第三方平台,因此严格来说并不属于多边启动。

2.1.2 创业项目启动的实施

1. 挖掘市场需求,设计产品服务

识别与捕获市场中的需求,巧妙设计产品以解决问题是项目成功实施的基础。创业者挖掘市场痛点、明确用户需求的方法有以下几类。

(1) 寻找并填补细分市场空白

首先要针对现有的目标市场进行细分,然后确定所有细分业务市场的竞合情况,最后推出产品或服务以填补细分市场的需求空白。

小案例 2-1

考拉海购平台填补电商市场海淘业务的空白

考拉海购以自营模式为主,由专业采购团队深入海外商品原产地,直接对接海外品牌商和优质经销商。借助于保税进口模式,考拉海购先将海外商品提前备货到国内保税区,用户下单后,通过与海关电子系统的对接,能够实现快速清关,让用户迅速收到海外商品。考拉海购拥有专业的国际物流团队负责仓库提货、装箱并安排航空、航务等国际物流操作。同时,考拉海购与业内知名的国际物流公司达成战略合作,进一步提升考拉海购国际货运的效率,节约物流成本。

(2) 调研目标用户需求

确定目标用户群体,并收集目标用户特征信息,面向用户需求设计产品。

小案例 2-2

Keep 健身软件是如何收集目标用户信息并满足其需求的?

当用户登录 Keep 的时候,需要先填写个人情况信息。App 会根据用户实际情况推荐合适的健身方案和健身计划,既不会让用户半途而废,又能让用户感受到效果并对下一次健身充满期望。用户选择训练项目之前,Keep 会先询问用户的健身目标,是减脂、增肌还是塑形,还会详细地告诉用户训练项目的作用,强调目标导向。

(3) 发掘用户对现有产品功能的延伸需求

针对目前市场上已有的产品,对它们进行全面分析,找到产品功能的可拓展点。

小案例 2-3

新浪微博推出社交产品"绿洲"

新浪微博参考美国社交应用 Instagram 推出的新产品绿洲是一个以图片作为主信息流推送的社交平台,它的一些功能弥补了 Instagram 的缺陷;绿洲的输入框只有在用户停留的时候才会出现,浏览时不会影响观看、不会带来误触;绿洲的目标用户定位是中国的年轻人,所以它还推出了一些符合中国年轻人文化背景的功能,例如,点击屏幕下方的"WOW!",会自动生成一段赞美的语句,用户可以使用该语句实现快速回复。

2. 制作创业产品原型

在成熟行业的项目策划中,基于当前市场所做的调查问卷是帮助项目启动的便捷方式。然而对于大多数创业项目来说,这种方法并不适用,因为客户可能对设计者的意图和使用的技术并不清楚和理解,基于此收回的问卷不具有参考价值。创业项目一般采用的方法是制作一个产品原型,站在客户角度判断该产品是否达到设计者的预期,从而进行快速的更新迭代。

根据创业的想法,对设想的产品(服务)进行的原型制作产物称为产品原型。这个原型只是一个将功能轮廓涵盖进去的初代产品,是后续完善、升级产品(服务)的基础。对于该产品原型,创业团队将从苛刻的目标用户角度,分析其是否会被大众接受。通过设计产品原型,撰写原型文档,并模拟产品功能,创业团队能获得更有效、更高质量的产品评价,在确定某个产品设计方向之前,及时发现现阶段存在的问题,避免走弯路。

3. 邀请用户试用

首先邀请具有创新意识且主观上愿意参与到产品改进中的"极端用户"对产品原型进行试用。这类非典型用户提出的建议是极其宝贵的,创业者通过对这些建议进行剖析与挖掘,可以发现很多产品新卖点和用户新需求。

创业团队根据非典型用户反馈的信息,进行改进、完善产品,直到确认产品基本功能已经稳定,完成排除缺陷任务后,可将产品发布给公众进行大范围的测试,以验证产品可行性以及是否能够真正解决用户需求。

4. 理解真正需求,对反馈信息进行取舍

广泛用户测试中得到的反馈信息通常是个性化、细微化的,此时对项目进行改进会花费昂贵的成本与大量的时间,因此创业者不但需要对大众反馈回来的需求进行取舍,还需要站在消费者的角度设身处地理解客户需求。

2.2 创业项目模式

创业项目顺利启动后,就可以开始进行项目的策划设计。首先要考虑创业项目模式,具体包括技术模式、商业模式与合作模式。技术模式是最先要确定的,只有企业选择好技术路线之后,才会涉及后续工作的跟进。商业模式策划的宗旨是赚钱、盈利,这可以说是一个创业项目的立足之本。而合作模式则是 3 种模式中相对最复杂、影响面最广的,如果说技术模式和商业模式更多关注的是项目本身权益的产生,那么合作模式则更多关注权益的分配不仅取决于项目公司本身的决策,也取决于合作方的决策,是多方博弈的过程和结果。

2.2.1 创业技术模式

技术模式的核心是性价比,技术模式会影响商业模式和合作模式,新的技术突破和多种技术的重新组合都会带来新的创业机会。很多项目不一定需要使用原创的技术和尖端技术,只要拥有最佳的技术组合即可。

选择技术模式,首先要考虑以下 3 个基本指标。

(1) 适用性

任何技术方案首先要具备最基本的功能,然后才能在此基础上考虑拓展新的功能。例如,智能手表首先要具备查看时间、接听电话的功能,然后才要实现检查心率、计算卡路里消耗量的功能。

(2) 稳定性

项目技术的稳定性要优先于尖端性,项目既要适用性高又要稳定性高才称为可行性高。例如,大型游戏在正式发售之前往往要开放一部分内测版,以检查游戏里暂时未知的漏洞以及稳定负载。

(3) 经济性

评估技术的经济性指标有投资成本和运营成本,且两个指标往往成反比:投资成本高的,通常运营成本低;运营成本低的,投资成本可能会很高。

除此之外,选择技术模式还需要考虑 3 个动态指标。

(1) 前瞻性

技术是不断发展和进步的,选择新技术要基于对技术发展方向的判断,设计产品要考虑技术的未来发展路径。例如,新研发的汽车为了适应消费者的需求,增加了自动泊车、自动驾驶等新技术以方便人们的生活。

(2) 兼容性

当创业者无法确定技术发展方向时,就需要考虑兼容性问题。利用技术的兼容性,不论技术如何发展,都可以游刃有余。例如,随着移动互联网的发展,现在手机软件大多兼顾两种版本:一种适配安卓系统,另一种适配苹果系统。在"王者荣耀"这款热门游戏中,早期存在同一账号在两个不同系统上登录数据不能互通的问题,随着游戏玩家呼声越来越高,腾讯旗下的天美 L1 工作室开发出跨系统角色转移工具,实现了安卓系统和苹果系统间一些数据的互通,给玩家带来了极大的方便。

(3) 扩展性

其适用于产品发展方向可以确定的情况,提前预留扩展接口。共享充电宝从苹果版接口、安卓版接口、type-C 版接口 3 种类型发展成一个充电宝中包含 3 种数据线接口,大大方便了用户使用。

2.2.2 创业商业模式

商业模式涉及的内容广泛,伴随着在企业中的应用,商业模式的定义经历着从经济类向运营类,再向战略类,最后向整合类转变的过程。整合层面上的商业模式被认为是对经济、运营、战略方向进行整合提升后,如何使企业商业系统良好运行的一种本质描述。商业模式是一个整体、系统的概念,整合了企业良好运行的要素,要素之间相互支持,共同作用,形成企业具有独特核心竞争力的运行系统。2014年,研究者刘林艳与宋华提出了整合类商业模式的定义:"商业模式本质在于企业构造一个完整的商品、服务和信息流体系,使企业以适当成本向消费者传递最大价值。"创业者应该如何设计项目的商业模式呢?

1. 创造利润

毫无疑问,利润是衡量创业项目优劣的最重要指标。创业者首先要明确自己的产品在市场中的核心优势是什么,企业能提供的独有价值是什么;其次要明确这些优势和价值是否能够保证产品在市场中获得利润;最后要考虑通过什么样的途径实施,即设计盈利模式,这样才能为企业真正地创造利润。

2. 确定战略定位

明确产品或服务的购买人群,确认目标用户画像。战略定位有利于企业及产品在市场中形成自己的特色,在竞争中占据有利位置。战略定位需要关注3个问题:产品如何创造价值;企业的竞争对手是谁;哪些客户对于企业是至关重要的,哪些是可以放弃的。

3. 流程设计与评估

项目流程设计一般由项目融资方设计,也是创业企业资源整合的过程。项目流程设计必须围绕着一个目标进行,把分散的资源和步骤根据科学的原则进行取舍、排序、组合与配置,并评估其可行性,使企业资源发挥出最大的效能,使企业资金流实现不断循环,发挥项目的盈利作用。

通常,从以下4个方面评估商业模式的流程是否可行:可操作性、可控制性、可复制性、可变现性。

① 可操作性是指项目团队有能力走通流程中的每一个环节,且在实现过程中能满足相关法律法规,符合政策条件。

② 可控制性是指项目内外部要素皆可控,如项目外部货源、客户源要稳定;内部经营活动有序与产出稳定,每一节点都有量化的标准。

③ 可复制性是指经营活动的流程设计不能只满足于一两次成功运转,这样成本会很高,要保证程序化的设计,为后续流程设计服务。

④ 项目完成后,企业能否把钱收回来称为可变现性。

4. 考虑不同的商业模式

不同类型的企业往往采用的商业模式不尽相同,企业的商业模式也会随着时间的变化而变化。如果不及时对商业模式进行更新换代,就很容易被时代淘汰。常见的商业模式有以下7种。

① 网络电商商业模式:如B2B电子商务模式(阿里巴巴)、C2C电子商务模式(淘宝)、O2O线上线下电子商务模式(美团外卖)。

② 新直销模式:如安利公司,生产商直接与顾客沟通,保持全部统一的价格、销售模式。正是由于其特殊的销售模式,"安利"一词在网络用语中被引申为推销、强烈推荐的意思。

③ 会员制商业模式:如山姆会员超市,只有办理会员卡的客户才可以在该超市消费,可享受所有高性价比的蔬菜、水果等。

④ 试用商业模式:如天猫U先,商家不定时提供给有效用户一些免费试用品或低价试用品,通常是要求用户关注收藏店铺,以此来扩大店铺的曝光率和后期的变现率。

⑤ 网络游戏模式:如腾讯互娱旗下的天美工作室群,其开发的"王者荣耀""和平精英"等手机游戏受到广大玩家的好评。

⑥ 网络搜索模式:如百度搜索,作为全球最大的中文搜索引擎,采用优良算法致力于提高用户体验,为用户提供可信赖的信息来源。

⑦ 附加商业模式:如携程、去哪儿等旅行网站在销售景点门票时,往往会给游客提供一些含有附加产品的更加优惠的选择,如景点观光车、特殊通道等。

2.2.3 创业合作模式

合作模式主要涉及解决权益分配问题,团队内部明确各个合作成员的角色,明确不同角色的权利、责任、风险、利益。既要保证分配方案公平合理,贡献、承受风险与获得收益成正比,又要保证操作过程公开透明,正确赋予团队成员知情权,合作各方情报信息对称,同时还要确保信息沟通的安全性。合作模式所追求的核心点是共赢,要吸引合作方持续为项目投入。

合适的合作伙伴是合作成功的关键。作为创业项目,进行合伙制创业是最优选择,这样能够集中人力、物力、财力与智力,合作共赢。创业公司在寻找合伙人的过程中,为项目设计一个核心理念,帮助协调组织关系,凝聚成员力量,这类拥有清晰远景规划的公司最能吸引志趣相投的合伙人。在共赢思维的基础上,合作博弈的各方充分沟通、弥合分歧、求同存异、达成共识。

> **小案例 2-4**
>
> **怪兽充电的合作之路**
>
> 2021年4月1日,"共享充电第一股"怪兽充电在美国上市。此前一直被唱衰的共享充电宝行业宣布崛起,以新姿态重回公众视野,其背后的合作模式值得探究。共享充电宝主要依赖与线下商家的合作,几大充电宝公司为了扩大规模而争抢独家线下店铺资源,入场合作费用水涨船高。怪兽充电进驻一些客流量较大的娱乐场所、饭店需要缴纳的入场费从几万元到几十万元不等,有的商家入场费甚至高达百万元。除入场费外,怪兽充电还要向部分客流量巨大的商家支付收入分成,在一些客流量大的店铺,企业给到商家的分成甚至能达到70%。合适的合作伙伴与共赢的合作模式给企业带来了巨大的利润,据欧睿国际发布的《共享充电行业发展报告》显示,2019年怪兽充电以36.4%的市场份额跃居市场第一,成为行业首家年交易总额迈入20亿元大关的企业。

延伸阅读 2-1

初创公司新发展——与成熟企业的合作模式

2.2.4 创新商业模式

互联网经济时代下,消费思维的转变导致更多的创新商业模式被开发出来,速度经济、免费经济、共享经济成为当今时代的重要经济现象。

1. 速度经济

速度经济（Speed Economy）一词最早由美国经济学家小艾尔弗雷德·D. 钱德勒提出，是指企业因为快速满足顾客的各种需求，从而带来超额利润的经济。他认为现代化企业的经济性来自速度而非规模，人类社会来到了"快鱼吃慢鱼"而不是"大鱼吃小鱼"的时代。企业要生存，保持一定的发展速度是必要条件，而实现和维持适当的速度需要有足够的资金资源、有效的管理沟通、强大的执行力和准确的用户痛点等要素支撑。初创公司和成熟企业之间的区别在于：前者把用户获取和保留用户看得比什么都重要。初创公司最关注的是付费用户，可以让企业在不烧钱的情况下拥有这些用户。而一个成熟的企业可能更愿意烧钱去提升品牌知名度、美誉度，来留住用户。在当今竞争空前激烈的情况下，迅速找到"增速"方法对于初创企业至关重要。

互联网时代，需求呈现市场碎片化特征且更新速度快，传统营销的成本增加而回报却不尽如人意，企业与团队需要采用更灵活、快捷的方法来适应不断变化的需求，加快推进产品更新、功能更新，加速制订能够吸引新客户、获取新客户的营销方法。Facebook 副总裁亚历克斯·舒尔茨说过："如果你每两周推送一次代码，而你的竞争对手每周推送一次，这意味着在短短两个月之后，你的竞争对手将会完成 10 倍于你的试验量。他们学习到的与产品相关的东西也将是你的 10 倍。"

2. 免费经济

免费经济（Free Economy）是指企业向社会大众免费提供产品或服务，并由此赢得庞大的消费群体，再通过配套的增值服务、广告费、交叉补贴、劳务交换等方式建立起其他获利途径的经济现象。免费经济的核心就是"设置隐形利润"，通过免费的项目来吸引客户，在接下来的阶段实现盈利。免费经济的实质是将免费项目的成本转移到另一个项目的盈利上，或者极大地降低免费项目的成本，直至该成本趋于零。

免费经济下的盈利方式一般有以下 4 种。

（1）增值服务收费

先将免费产品或服务作为营销工具，让尽可能多的用户使用产品，然后将其中少数用户转化为付费用户，向他们提供更高级的功能。例如，新浪微博产品本身是免费下载和使用的，但也为付费用户微博会员提供了额外功能，如"悄悄关注""屏蔽用户""提升关注上限"等。

（2）广告模式

用户可以免费使用网站，但是必须接受其中穿插的广告，网站通过广告收入盈利。例如，腾讯视频、优酷等视频网站用户可以免费收看一些视频，但在视频正片开始前，必须接受 60～90 秒强行插入的广告，时至今日还有些视频在播放期间也会突然插入广告，但广告本身并不影响视频观看的完整性。

（3）交叉补贴

网站本身免费，但是相关的其他商品或服务收费，通过收费产品补贴免费产品。例如，哔哩哔哩网站本身是免费的，由于该网站的用户忠诚度很高，哔哩哔哩网站后来开始通过售卖各种周边产品来获取利润。

（4）劳务交换

用户以提供自己的劳务作为代价来换取免费服务。例如，扇贝单词可以让用户每天通过完成背单词的任务换取贝壳，用户使用贝壳可以获取额外服务，如柯林斯词典的额外使用。

免费经济对创业企业发展模式提出了更高质量的要求。一是深入思考创业企业在获得利润之前,如何获取足够的资金来支撑免费模式运行,在强大资本的帮助下为创业项目的生存与发展赢得时间;二是清晰构建免费模式背后创业企业可持续的发展方式,既要增强用户黏性,又要明确盈利模式,确保现金流足够强大。当然,免费模式有明显的两面性,一方面可以在短期内快速扩展用户,而另一方面在短期内必然对企业利润产生冲击。

许多新淘客平台都有"首单免费"这样的活动,通过免费经济来降低用户使用门槛,这是一个尝鲜的噱头,同时可以降低团队拉新裂变门槛。例如,在某生鲜平台邀请好友注册,好友能免费得到6个鸡蛋,这不仅极大地降低了团队拉新裂变的难度,还可以提升用户对平台的体验感。除了线上平台,线下也有许多使用免费经济拉新的现象,如健身房、课程培训班采取首节课免费、每邀请一位新用户便可获得大额优惠券在消费时使用等做法。

3. 共享经济

共享经济(Sharing Economy)是指个人、组织或者企业,通过社会化平台分享闲置实物资源或认知盈余,以低于专业性组织者的边际成本提供服务并获得收入的经济现象,是一种借助于互联网共享平台而形成的新型经济组织方式。其本质是以租代买,使资源的支配权与使用权分离。其核心理念是解放社会闲置生产力,提升商品的使用价值。

共享经济的最大特征就是需求和供给都存在,只是需要一个平台提供信息的对接和高效率的匹配。创业者可以将所遇到的问题以任务的方式发布到平台,平台会进行匹配,将任务推送至符合条件的一方,若其感兴趣并且双方通过沟通彼此认可,则这个外部合伙关系从签署平台提供的三方协议之后正式生效。此外,平台还会提供包括交易担保、第三方监管、全程法律支持等多重保障,降低争议,让合作双方没有后顾之忧。

小案例 2-5

西贝餐饮与盒马鲜生的员工共享

2020年2月2日,西贝餐饮董事长贾国龙在接受媒体专访时表示,新冠肺炎疫情导致2万多名员工待业,即使贷款发工资也只能坚持3个月。面临停业窘境,很多企业在积极自救。2月3日,盒马鲜生隔空喊话云海肴、青年餐厅,邀请他们的员工"临时"到盒马上班。一时之间,"员工共享"广为人知。从企业端来看,在互联网、共享经济环境下,企业边界被打破,企业不再需要100%的人员完成100%的工作。从员工端来看,个人价值得到无限放大,个体不再仅为一家公司服务,仅获得一份收入。尤其是近几年"斜杠青年"盛行,预示着传统的雇佣模式、年轻人的求职观念在发生改变。

2.3 创业项目孵化

创业进入黄金时代,技术创新活动中面临着投资风险增加、竞争压力过大的多重挑战,企业的有限资源不足以满足项目发展中对资金、技术、人力的要求,因此选择正确的孵化器是企业成长的关键一步。什么是创业项目孵化呢?

2.3.1 创业项目孵化的定义

创业项目孵化是指某个创业项目在完成启动准备后所处的状态,即项目从策划阶段逐渐向实践阶段转变。它能够完善创业项目的内容,进一步验证创业项目的可行性,提高创业项目撬动资源的筹码。从某种意义上讲,创业项目孵化是创业项目启动的一部分,通过对技术、创意等培育孵化来检视创业项目本身的可行性,增加项目的价值,给未来的创业活动争取更多的资金、智力等资源。通常情况下,接受孵化的项目更容易获得成功。

创业项目的孵化包括两项内容,第一项内容是核心项目的孵化,第二项内容是衍生项目的孵化。核心项目是初创企业生存与发展的根本,衍生项目是初创企业多元化、集团化发展的驱动因素。

2.3.2 企业孵化器

1. 企业孵化器概述

扶持创业企业的机构被形象地称为"孵化器"。企业孵化器是指一种社会服务机构,其能够在创业企业起步阶段,提供资金、管理等方面的支持,目标是经过若干年孵化后的企业能够自主经营、自负盈亏,增强经济发展的活力。高新技术成果、科技型创业企业经过孵化器孵化后,几乎不需要其他的助力就可以将他们的产品打入市场。企业孵化器通常具备4个特征:有孵化场地、有公共设施、能够提供孵化服务、面向的对象是初创中小企业。接受孵化器的服务有助于初创企业在创业路上避免陷阱,降低创业风险和创业成本,大大提高创业的成功率和高技术成果转化率。

企业孵化器提供的服务类型主要有4种。

① 硬件服务:主要提供场地、必要设施等。

② 综合性软服务:制订战略、市场分析、专业知识培训等。

③ 投融资服务:协助获得政府资金、申请贷款等。

④ 政策优惠服务:入驻企业在政府税收、资金政策上享受优待。

2. 我国企业孵化器的主要形式

在我国,企业孵化器主要按照孵化的基本目标来分类,包括以下5种类型。

(1) 综合企业孵化器

我国早期建设的企业孵化器多为经典型综合企业孵化器,如各个城市的创业服务中心,主要帮助创业者解决在创业过程中遇到的一些基本问题,提供低租金的孵化场地,共享设施与资源等。经典型综合企业孵化器着眼于降低创业成本,推动初创企业正常运转,一般企业经过3~4年的孵化都可以依靠自身努力从孵化器毕业。

投资方由政府部门、教育研究部门、企业界和社会各界共同参与组成的孵化器称为现代综合企业孵化器。现代综合企业孵化器着眼于挖掘初创企业的发展潜力,追求企业的快速发展。因此,该类孵化器除了提供基本服务外,更注重通过自身拥有或可利用的中介服务网络为孵化企业配置各种资源,特别是建立种子资金,推动企业上市。

(2) 专业技术企业孵化器

综合企业孵化器发展到一定规模后,为便于某一主导专业技术商品化,一般设立专业技术企业孵化器。此类孵化器不由政府投资为主导,一般由当地具有专业优势的高校、有先进资源技术的企业或研究机构直接创办,孵化优势突出。目前我国拥有软件技术、新材料、生物医药等专业技术企业孵化器,尤其是软件技术类孵化器——"软件园",由于获得国家的大力支持,近年来发展势头迅猛。

(3) 专门人才企业孵化器

专门人才企业孵化器是专为某一类人才设立的孵化器，这类孵化器一般由政府投资，为创业者提供除综合企业孵化器之外的专业化服务和特殊人才优待政策。例如，分布在我国各地的留学人员创业园依托当地政策、环境与条件，创造良好的创业聚集环境，扶持留学人员创业。为吸引留学人员归国创业，国家在一定程度上给予了政策上的倾斜，留学人员创业园的发展速度逐年加快。

(4) 大学生企业孵化器和大学科技园

为加速高等院校科技成果商业化，鼓励青年学子和大学教师创业，我国设立大学生企业孵化器和大学科技园。该类孵化器以高等院校的智力资源、信息资源和创新能力等方面的优势为依托，为高校教师和学生的创业提供支持与保障。

(5) 国际企业孵化器

国际企业孵化器向国内外的中小企业提供孵化服务，一方面引进国外中小企业来中国发展并与国内企业进行合作，另一方面为国内中小企业进入国际市场、拓展国际市场提供服务，帮助外国企业成长的同时促进本地经济繁荣，如陕西省的西安国际孵化器。

延伸阅读 2-2

如何选择合适的创业孵化器？

3. 孵化企业与孵化器之间的关系

创业者按照一定的要求选择企业孵化器，企业孵化器对孵化企业也有一定的要求，两者相互选择，彼此满足时就签订孵化协议，确立孵化关系。

如果创业者认为企业孵化器适合创业，就向其提出孵化申请，提交孵化项目的技术经济可行性文件、相关证明材料、拟创办企业的基本情况、创业团队成员及其履历等材料。企业孵化器对照入驻标准，对申请项目进行技术、经营、市场、环保、创业团队等方面的评估，签订房屋租赁合同，协助创业者办理工商、税务、企业代码等注册登记手续。孵化企业取得法人资格后，企业孵化器与孵化企业签订孵化协议，建立正式的孵化关系。不过也有企业孵化器直接与创业者签订孵化协议的情况。除此之外，一些企业为获得企业孵化器的孵化服务，即使不入驻企业孵化器，也与企业孵化器建立孵化关系，这被称为基地外孵化或者虚拟孵化。

当孵化期满时，企业孵化器根据孵化企业的技术和经营情况，对孵化企业做出毕业、续孵、育成或者无效等处理。

(1) 毕业

对达到成果商品化、占有相当稳定的市场、管理完善、资金充裕等毕业条件的孵化企业，颁发毕业证书，给予毕业待遇，并继续进行跟踪管理。

(2) 续孵

虽未达到毕业条件但有较大发展潜力的孵化企业需要继续孵化的，或者有新的项目需要孵化的，可以续签孵化协议，继续留在孵化器内孵化。

（3）育成

孵化企业虽未达到毕业条件，但也有一定的进展，基本能维持运作。孵化器应当对孵化企业未能毕业的原因进行分析，并确定是否有继续孵化的需要。如果继续孵化也未必能达到毕业条件，则按育成处理。

（4）无效

孵化过程中没有发展，孵化企业无力支撑下去，则对其作无效处理。孵化无效的原因可能是技术不成熟、市场狭小、经营者没有开拓创新能力、管理混乱、市场发生变化、资金缺乏等。企业孵化器要对孵化无效的原因进行认真的分析与总结，尽量避免孵化无效的情形出现。

4. 企业孵化器的道德风险

道德风险是经济外部性的形式之一，它的存在将破坏市场均衡或者导致经济活动低效率。企业孵化器同样也存在一定的道德风险。

（1）信息不对称带来的道德风险

企业向孵化器投递入孵请求时，孵化器就要对其提交信息的真实性和可靠性进行分析和判断。同时，企业不可能将所有信息都完全、及时地提交给孵化器，这样就有可能导致关键信息不对称的情况出现，即企业已知而孵化器未知，孵化器对企业的判断可能会出现偏差，乃至做出错误的决定。

（2）不完全契约带来的道德风险

在订立契约过程中，由于人的"有限理性"的存在，受信息传递、认知能力等因素限制，契约双方很难对未来长期发展情况做出全面的计划和安排，签订契约时的遗漏和考虑不周很难避免。孵化器在与企业签约过程中，为了扶持企业往往会给予大力支持与优惠，而忽略了对自身的保护，在契约执行的长期过程中，可能会出现企业为实现自身利益而损害孵化器利益的情况。

（3）考核过程存在的道德风险

企业在接受孵化器提供的服务时，孵化器也经常要对孵化企业进行考核评估，以判定企业是否符合相应的要求，如果孵化器在这个过程中做出了错误的判断，为企业配置了不合适的资源，产生了严重的后果，就有可能导致孵化失败。同时我国孵化器发展时间较短，其中的规章制度不健全，部分人员不够专业，也会给审核过程带来风险。如果让不合格的企业进入孵化器，不仅损耗了孵化器的有限资源，达不到预期效果，还可能浪费了另一个入孵企业的发展机会。

5. 待孵企业价值评估方法

企业提交入孵申请后，孵化器要对其进行估值，以决定项目是否适配于孵化模式以及是否值得孵化。孵化器评估企业价值的方法一般有3种：成本法、比较法和收益法。

（1）成本法

对被评估企业的各项资产按照成本法单独评估后，将各项资产的评估值相加得到企业总价值。在我国成本法应用较广，主要用于评估国有企业的整体价值。一些科技企业因其有形资产比重小、无形资产比重较大，一般不适合采用成本法。

（2）比较法

比较法又称为市场法，将被评估企业与已知企业进行比较，根据已知企业的整体价值得出被评估企业的整体价值。

（3）收益法

收益法是将企业的未来收益进行折现的评估方法，评估值是企业的潜在价值，而不是实际价值。使用收益法,容易受到评估者主观因素的影响,所得出的评估值可能偏高。

6. 企业孵化器绩效评价方法

建立确定的企业孵化器评价因素,有利于加强企业孵化器的管理。同时评价因素也作为一种标准,引领企业持续健康发展。自 20 世纪 80 年代以来,国内外研究者通过分析与研究,从组织论和战略管理两方面探索出一些评价孵化器绩效的方法。

① 目标法:从设定的组织目标评估。

② 系统法:考虑多种业绩,包括是否创造新的就业机会、是否实现利润增长以及毕业的企业自我成长及后续发展。

③ 与业绩指标相结合法:将财务业绩与一些非财务指标相结合进行评价等。

2.3.3 创业项目孵化的步骤

创业项目孵化器中对创业项目的孵化可分为 5 个步骤。

1. 团队组建与细化成果拟定

组建专业的创业团队,并在团队内部进行分析与迭代后,初步拟定创业的细化成果。对于项目孵化来说,多数项目仅仅具有初级产品原型,少数甚至只有技术研究。将停留在设想层面上的创业想法转化成可能有市场、又可能产品化的成果,需要多方面的专业人士来完成。

创业团队在进行多次深入交流和产品的快速迭代之后,在成果筛选这个环节可以高效地确定一个更加细化的拟定成果,这一过程使得接下来的项目组建方向更加清晰。例如,拼多多平台在进行项目孵化时,第一步就是组建一个集合了各个领域,包括市场、产品、开发、UI、技术、财务等专业人才的团队,团队的所有成员都依据自己的专业知识,从成果的市场化、产品化方面展开交流,在对产品原型进行多次迭代后,初步拟定一个细化成果——用户通过拼团来购物的电商平台,并确定细化成果,细化成果主要涉及功能、界面、数据维护等方面。

2. 需求匹配

初创企业在组建专业的创业团队之后,还需要收集与拟定的创业细化成果应用相关的需求,将二者进行匹配,并进行可行性分析。通过需求发掘,初创企业会对市场痛点有一定的了解,对于项目成果要解决的问题有了更加深刻的体会,对解决需求的方式和用到的技术也会有初步的想法,这样初创企业在做需求与成果的匹配工作时就可以更具直接性和针对性。同时,这一环节还可以帮助初创企业明确目标客户和潜在市场合作方。

3. 孵化项目团队组建

在组建孵化项目团队的过程中,创业企业需要注重以下 3 点:首先,创业企业需要征求合作机构的意见,做好界定科研成果的归属和日后收益的分配等工作;其次,征求成员的意见,并制订权益分配原则;最后,从创业企业团队中选择专家作为孵化项目的协调者和市场负责人,推动项目进行。

组建好孵化项目团队后,这个项目的参与机构共同提供启动资金和其他资源,帮助项目启动。创业企业的融资渠道一般有以下几个:银行贷款、特许加盟、合伙入股等。

4. 技术产品化

创业企业完成成果筛选和需求匹配后,实际上并不确定什么样的产品会受欢迎,因为这涉及产品功能设计、外观设计、使用体验等很多细节。技术产品化是把技术和市场进行有机结合的过程,也是消除技术和市场之间的隔阂和信息不对称的过程。创业企业可以首先邀请市场专家参与产品化过程,专家丰富的经验可以大大缩减后期产品市场化的试错时间和成本。其次可以在目标用户中进行小范围尝试,如提供用户内测版,试探用户接受程度,获得反馈信息并及时更新完善产品。这一步的成败将决定创业项目的发展走向。

5. 产品市场化

在经过第四步工作后,孵化项目已经具有市场化的条件,可以作为孵化成功的项目推向市场,这个过程称为产品市场化。在推向市场后,企业需要通过各种营销手段的整合实施来吸引用户。

上述创业项目孵化步骤的每一个环节都由行内专家参与和协调,始终坚持市场主导、多方把关、共担风险。

2.4 案例分析——拼多多项目策划

拼多多是国内移动互联网的主流电子商务应用,成立于2015年9月,是一家专注于C2B拼团购物的第三方社交电商平台。用户通过发起和朋友、家人、邻居等的拼团,可以以更低的价格,拼团购买优质商品,通过沟通分享形成的社交理念,形成了其独特的新社交电商思维。拼多多自上线以来经过几年的沉淀,截至2021年3月,用户数量超过8亿,成为国内最大的电商平台,可见其增长速度之快。

2.4.1 拼多多的发展历程

2015年9月,主打拼团购物模式的全品类商品购买平台"拼多多"正式上线。拼多多在运营模式上采用了电商平台模式,吸引商家入驻,与第三方物流企业合作,其自身只是作为桥梁将商家与用户连接起来。2016年2月,上线不到半年,拼多多的单月成交额突破1 000万元,付费用户突破2 000万人;2016年7月,用户突破1亿人;2016年10月10日,周年庆单日交易额超过1亿元。2018年7月26日,拼多多正式登陆美国资本市场,市值达到240亿美元;2018年12月,拼多多年度活跃用户达到3.855亿人,超过京东成为中国第二大电商平台。2019年6月、12月,拼多多先后入选"2019福布斯中国最具创新力企业榜""2019中国品牌强国盛典榜样100品牌";截至2019年年底,拼多多年活跃买家达5.852亿人,营收达301.4亿元,其随处可见的宣传口号也从"3亿人都在拼"凭实力演变成"5亿人都在买",从拼到买,除了数字的上涨外,其中的内涵也发生了本质变化,说明用户内心对拼多多的认可度在上升。2020年5月,拼多多股价涨幅超过4%,报60.32美元,市值达到722亿美元。2021年第一季度营收达221.7亿元,同比增长239%;截至2021年3月,其年度活跃买家达到8.238亿人。在短短几年时间内拼多多的付费用户数增长之快,新颖的社交电商思维功不可没。

2.4.2 拼多多项目分析

按照消费满足居民生活消费的层次,可以将消费结构划分为生存型消费、发展型消费和享受型消费。拼多多目前将消费大致放置于生存型消费之上、发展型消费之中的位置。由此选择的目标消费市场是国内三到六线小城市的居民市场,即下沉市场,这是一个曾经被各大电商巨头忽视、非常关注性价比的市场,这部分市场的消费者数量占据拼多多全部市场的70%以上。通过对目标用户的准确定位,并调研相关用户需求,拼多多采用注重性价比的社交电商模式,使得用户并非在明确购物目标的情景下搜索商品,而是通过社交关系中的推荐进行非目的性购物消费。一般来说，用户社交圈内的消费水平和习惯极为相似，大家都想用低价买到质优的商品，加上对熟人推荐的信任感的加持，用户成团率非常高，拼多多平台也在无形之中完成了用户拉新的目标。

拼多多营销战略取得了巨大成功也源于其精准的用户画像与产品增长逻辑。

1. 精准的用户画像

艾瑞咨询 2018 年发布的《拼多多产品体验报告》显示，从性别方面看，拼多多女性用户占比为 74.57%，大于男性用户 25.43% 的占比。产生这种现象的原因在于：相比于男性，女性更愿意在网购上花费时间，她们更有耐心通过产品间一系列的比较选出高性价比、更合心意的商品。女性用户也更愿意在社交圈中分享自己购买的东西。拼多多的社交电商购物模式在一定程度上满足了女性消费者的消费心理和需求，因此女性用户占比大于男性用户。

从年龄方面看，拼多多用户中，25~30 岁用户占比为 28.75%，31~35 岁用户与 24 岁及以下用户紧随其后，二者相差不多，占比分别为 25.75%、25.34%。36~40 岁与 41 岁及以上用户占比较少，分别为 15.09%、5.07%。由此可见，80 后、90 后、00 后接受新鲜事物较快，更热爱网购；同时，他们在线上的社交范围更广，喜欢尝试去推荐或被推荐产品。

从学历方面看，拼多多用户中专科及以下学历占比较其他电商平台高，为 68.2%。

从职业方面看，拼多多用户中工人、农民、自由职业者、公司职员的占比均高于淘宝。

通过上述分析，可绘制出拼多多用户画像。

① 学生，女性为主，消费能力不强但热衷于网购，比起质量更注重价格。

② 小镇女青年，文化水平较低，喜欢网购，周边网络及市场环境不成熟。

③ 已婚中年妇女，多为自由职业者或公司职员，空闲时间多，追求商品性价比，希望质量与低价兼得。

2. 产品增长逻辑

"增长黑客是一群以数据驱动营销，以市场指导产品，以技术贯彻增长的人。"近年来，增长黑客风潮在国内外互联网公司兴起。拼多多为实现用户增长也采用了增长黑客理论中的 AARRR 用户增长转化漏斗模型（图 2-1）。

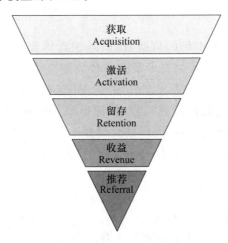

图 2-1　用户增长转化漏斗模型

（1）获取

拼多多主要依靠社交平台进行引流与拉新。用户邀请好友帮助砍价，好友点进链接就完成了引流工作；若好友是新用户且自己也参与到活动中来，则实现了拉新，由此方法获取的用户短时间便可以实现指数级增长。为了吸引更多用户下载 App，微信内的链接还会提示用户"下载 App 可立砍××元"。平台在发展初期与很多综艺、视频网站都有过合作，如成为《极限挑战》的冠名商，"拼多多，拼多多，拼得多，省得多"这段在视频播放前插入的洗脑旋律也让更多人知道了这个平台。

（2）激活

引导用户执行某个指定动作、新用户首次体会到产品价值的时刻就是用户激活的时刻。对于电商平台来说，用户完成登录注册、用户完成一次购买都可以作为用户激活行为。相比于很多 App 强制用户在进入时登录，拼多多采用发起拼团时才需要注册登录的形式进行用户激活，此时用户对于应用中的内容已有了一定的了解，对于新事物的防范心理大大减弱，为了售后服务方便，用户愿意进行注册登录。

（3）留存

社交电商获取到的用户本身具有高黏性，同时拼多多经常为用户发放无门槛优惠券，吸引用户继续购买，以此提高用户留存率。

（4）收益

拼团的购物模式是刺激用户付费的最好方法，同时社交电商也刺激更多用户冲动消费，以此获得更大的收益。

（5）推荐

为了刺激用户的推荐欲望，拼多多将推荐行为与用户本身获利联系起来，从而使用户推荐的主动性更强。"砍价免费得""现金大转盘"等活动都以免费经济为基础，刺激用户将商品推荐给他人，以帮助自己获得免费的商品。

2.4.3 拼多多的技术模式

拼多多能够对平台消费者购买场景进行准确刻画，源于其强有力的技术背景支持。拼多多现有的技术模式有以下几个特点。

1. 结构简单，操作方便

拼多多的目标用户是下沉市场的消费者群体，该群体普遍具备的特征是：文化水平不高、空闲时间较多、社交能力强，所以拼多多的平台界面操作简单，很容易上手，用户若对某一个商品产生了购买意愿，点击商品下方的"去拼单"选项，填好收货信息即可。在社会化消费中，人们的很多需求都是被刺激触发的，传统电商平台的搜索式购物难以承载新的消费趋势，特别是下沉市场的消费，他们大多数时候并不知道需要买什么，因此让货找人变得格外关键。拼多多也在不断加强模糊目的和无目的购物场景，通过用户的无目的闲逛来带动消费。

2. 无购物车模式

与其他购物平台的购物车功能不同，拼多多点击一次"去拼单"就是购买当前页面的一类商品，这一设计大大减少了用户在选择上花费的时间，简化了购买流程。如果用户犹豫而不付款的话，24 小时内拼多多会频繁给用户推送付款的通知，无形中又增加了用户购买的概率。

3. 针对不同内存，开发小程序

通过与微信进行战略合作，拼多多可以方便、快捷地获取大量用户；此外，拼多多在微信上也有自己的小程序,当用户因手机内存不足,难以支持下载 App 时,也可以通过小程序完成注册、购买等行为。

2.4.4 拼多多的经营模式

拼团购物并不是一个新兴的概念,但拼多多是第一家将拼团购物大规模运用,并能精准定位目标消费者的第三方社交电商平台。其利用的原理是"多购买、多优惠",商家薄利多销,用户在低价时获得更多的优惠。不同于阿里巴巴等其他平台在享受低价时却要承担高运费、高起批件数的模式,拼多多的限制非常少,主要是由一人发起拼团,其他人参与成团即可。由于拼多多的快速发展,目前用户基数已经达到相当多的数量,为了提高成团速度与简化用户操作,现在用户在商品预览界面还可以看到其他用户在等待拼单同一件商品的信息,这样用户就可以不用自己去分享、等待成团,而是直接付款成团。

1. 低价成团吸引裂变式社交

拼多多的拼团购物模式基于裂变式社交,若用户想通过拼团获得某种大额优惠,就必须主动邀请其亲朋好友帮其砍价,从而由一人参与迅速扩大到多人共同参与。

拼多多能将拼团购物做得如此成熟,原因有两个。

① 拼多多借助于社交平台的用户资源,能够在短时间内聚集大量用户。

② 在初步获得大量用户后,拼多多将每一个用户都看作社交拼团的裂变原点,每一个用户都可以是流量的入口和流量扩散的渠道,用户的朋友圈和社交网络都是可二次利用的用户资源。

除了低拼团价格的优势之外,拼多多还采用"砍价免费得""获得红包满100元可提现""现金大转盘"等活动刺激用户分享链接,维持活跃用户量。这些活动使得注册用户即便日常不使用拼多多购物,也会经常参与到活动的开团与助力中来,而极低的中奖率使得大多数的拼团成为无效拼团,但这些利用消费者获利心理吸引人们眼球的低成本活动为拼多多维持了大量的活跃用户。

2. 经营模式盈利点

低价拼团促销并不能带来盈利点,拼多多经营模式的盈利主要来自广告收入、佣金收入和未来的用户收入。

(1) 广告收入

拼多多充分利用大数据、云计算技术进行精准营销,采用智能化技术进行产品投放,采用数字化技术实现精准的预测。而广告通过数字化计算后,设定了额度限定和价格限定,依据设置好的限定条件进行全面投放,在精彩的广告创意和精准的广告投放下,其营销效果也更加显著。

(2) 佣金收入

拼多多的佣金收入主要来自平台对商户每笔交易的抽成,每当一笔交易完成后,拼多多平台就会从商家那里收取一定的佣金,一般是按照商品价值0.6%的费率来收取。如果该商家的交易量特别大,平台还会给予折扣和叠加返点。2020年第一季度拼多多佣金收入超过10亿元。

(3) 未来的用户收入

截至2021年3月31日,拼多多年度活跃买家达到8.238亿人,成为国内最大的电商平台。拼多多发起数次大规模融资就是为了扩展自己的用户资源,这些用户流量资源未来会为拼多多带来更多的收入。2020年,平台年活跃用户数量达国内第一,用户增速已经放缓,提升消费者消费频次同时减少获客单价成本是拼多多未来收入增长的关键。

2.4.5 拼多多的合作模式

拼多多的合作伙伴主要分为以微信、QQ为代表的社交平台和以快手为代表的内容平台。

1. 与社交平台合作

现阶段拼多多已与腾讯达成战略合作,这是因为拼多多拼团购买的商业模式与社交平台的特质是相同的,所以拼多多在获得腾讯的融资后,用户可以在微信和QQ上分享拼多多商品链接或活动链接,其他用户可以直接点击链接或跳转到小程序中进行浏览、注册、助力等操作,而无须切换App。以微信朋友圈链接的社群形成了消费者和商家之间的无形传送带,这种去中间化的消费品流通方式省略了冗杂的营销环节,降低了获客成本,获取流量并传播转化。用户在使用拼多多时可以看到,分享的渠道要么是腾讯旗下的QQ聊天、QQ空间,要么是微信聊天、朋友圈。

2. 与内容平台合作

现阶段拼多多已经与快手合作开启"内容平台+电商平台"的合作新模式,目前双方已完成后台系统打通。拼多多商家将可接入快手主播资源进行商品直播推广,快手内容主页上也出现了拼多多的购物通道。双方合作后拼多多会在其官方购物返现平台"多多进宝"的招商广场引进部分主播资源,商家可直接选择适合自己的主播合作。同时拼多多也允许商家自己找外部主播合作。

作为内容平台,快手需要商品销售利润的分成;而作为电商平台,拼多多需要用户流量和带货能力。此外两个平台的用户定位非常相似,拼多多和快手主要定位的用户都是下沉市场的消费者,购物实用划算是这类用户的首要考虑因素。对于快手主播来说,快手和拼多多合作之后,无疑为他们提供了一个可以直接对接大量商家的平台,帮助他们更好地变现。而对于拼多多来说,无须再去招主播、引入多频道网络(MCN)机构,既可以依靠快手进行带货,也可以给平台和商家带去新的流量增长入口。

2.5 商业计划书

商业计划书是一份全方位的项目计划,主要作用是获得外部投资及统一团队目标与步调,其读者主要是投资者与创业团队成员。一份内容具体、数据丰富、体系完整的商业计划书可以迅速在投资机构每天收到的海量商业计划书中脱颖而出,打动投资者,获取投资者的信任与支持。因此在创业项目策划过程中,商业计划书起到了至关重要的作用。

2.5.1 商业计划书的内容结构

1. 商业计划书的框架结构

一份完整的商业计划书主要包括封面与目录、项目概要、计划书主体和附件4个部分。

(1) 封面与目录

封面页要包含项目基本信息,使读者一目了然,包括项目 Logo、公司名称、项目名称、项目编号、项目密级、项目负责人和撰写时间。逻辑清晰、结构完整的目录有效地组织了各种资料,目录的详细程度和排列顺序需要根据项目的具体情况确定。

(2) 项目概要

需要用简洁的文字概括出项目最重要的信息,包括项目的基本信息、核心竞争力和投资建议等。

(3) 计划书主体

主体部分主要围绕提出问题、解决问题的方法、结论及观点这几个方面阐述,使投资者阅读后对整个项目有一个全面的了解和把握。

(4) 附件

将所有的数据和论据整理好做成表格并编号,为商业计划书的主体内容提供论据和支撑。

2. 商业计划书的主体内容

(1) 公司简介

公司简介主要包括以下内容。

① 公司发展历程与现状,如公司成立时间、成立地点、产权变更、注册资金、办公地址、现有资产和经营规模等。

② 经营业绩和发展规划。围绕公司近三年的经营业绩进行介绍、分析,并展望公司未来的发展趋势,对每年的发展进行规划、确定目标。

③ 创业团队介绍。团队内的关键成员需要各有所长、优势互补,这样才能达到投资人最想要的效果。

(2) 项目模式

项目模式主要包括以下内容。

① 技术模式及解决方案。介绍项目使用的技术及实现的功能,论述选择该技术的优势和核心竞争力。

② 经营模式及运作流程。阐述项目的盈利点和商机,描绘项目的运作流程,对流程中每一个环节的可行性进行论证。

③ 合作模式及分配方案。论述投资者如何参与到项目中,提出风险责任分担及权利利益分配方案。

(3) 项目的市场分析

项目的市场分析主要包括以下内容。

① 市场规模与市场需求。规模的大小取决于产品或服务的设计,初创企业可以先将视野缩小瞄准到一类自己最熟知、最了解的目标人群,方便准确做出分析与决策;然后根据已有的数据,运用科学的方法推算出市场规模的发展趋势,预测市场未来的需求。

② 市场地位与竞争情况。对项目产品、服务在行业中的地位进行评估,明确市场中竞争对手的主要特点。可以用 SWOT 分析工具来分析竞争优劣势问题,强调项目本身所具备的相对竞争优势和核心竞争力。

③ 制订市场营销策略。针对目标用户的需求特点和消费行为模式,选择确定目标市场,

策划制订可行的产品、价格、渠道、促销等营销策略,以期达到预计的市场目标份额。

(4) 项目的财务计划

项目的财务计划主要包括以下内容。

① 项目投资预算和资金来源。总投资预算由固定资产与流动资产投资额相加得出;结合公司本身的营销战略和公司现金流预测,来模拟企业的运营情况得出合理的资金来源。

② 成本估算和收入预测。对项目中的固定成本与变动成本进行估算,结合公司营销策略与未来需求增长率进行收入预测。

③ 效益指标和数据说明。衡量企业效益的指标包含在企业实际损益表、资产负债表和现金流量表中;投资者通过对企业数据的分析,可以了解企业的整体经营情况,掌握企业的盈利水平、偿债能力、发展潜力等。

(5) 项目的风险分析

项目的风险分析主要包括以下内容。

① 风险识别和形成原因。初创企业在发展初期与成长阶段面临的风险种类较多,企业应当罗列可能遇到的环境风险、技术风险、经营风险、市场风险等,并对风险可能的产生原因进行分析。

② 风险评估和量化。对风险出现的概率进行评估并对各类风险进行量化分析,分清轻重缓急,将有限的资源分配给优先级别最高的风险。

③ 防范措施和应对预案。为识别出的风险采取防范措施,制订解决方案,减小风险发生的概率或保证在风险发生时做好准备,不至于措手不及。

2.5.2 商业计划书的撰写要求

创业项目商业计划书在撰写方面需要满足以下5个要求。

(1) 逻辑严谨,思路清晰

对项目的论证逻辑要严谨,不能有自相矛盾、不合实际之处;内容要全面,思路要清晰完整,体现项目的可行性与团队的专业性。

(2) 足够的数据论证支撑

对所有论述最简洁却又最有力的证明就是数据论证,投资者需要在充分的数据论证中看到项目的盈利空间、发展前景以及风险,以决定是否投资。只有经过论证的数据才有说服力。与此同时,随着经济环境的变化,还会涉及数据及时更新的问题。

(3) 优势与重点突出

在撰写商业计划书时,要突出项目具有的优势和核心竞争力,让投资方发现项目的闪光点。同时也要突出投资者会关注的重点,如项目解决的痛点、目标客户、机会与前景等。

(4) 概念新颖,叙述动情

项目的概念要新颖,叙述要动情、引人入胜,体现出创业者的态度,最好能引起传播效应,带动投资者的情绪,引发情感共鸣,用真情实感来激发打动投资者。

(5) 深入浅出

创业项目的技术含量很高,如果内容中涉及的专业术语过多,超出投资者的认知范围,会使投资者觉得晦涩难懂,丧失继续阅读的兴趣。一份优秀的商业计划书要深入浅出,既要体现出项目的专业性,又要有较高的可读性。

2.5.3 商业计划书示例

1. 封面

密级：_____   编号：_____

(Logo)

_____公司_____项目

商　业　计　划　书

项目负责人_____

年　　　　月　　　　日

2. 目录

目　录

一、项目概要 …………………………………………………… ××
 1. 项目的基本信息 …………………………………………… ××
 2. 项目的核心竞争力 ………………………………………… ××
 3. 项目投资建议与投资回报率 ……………………………… ××
二、公司简介 …………………………………………………… ××
 1. 公司发展历程与现状 ……………………………………… ××
 2. 经营业绩和发展规划 ……………………………………… ××
 3. 创业团队介绍 ……………………………………………… ××
三、项目模式 …………………………………………………… ××
 1. 项目的技术模式 …………………………………………… ××
 2. 项目的经营模式 …………………………………………… ××
 3. 项目的合作模式 …………………………………………… ××
四、项目的市场分析 …………………………………………… ××
 1. 市场规模与市场需求 ……………………………………… ××
 2. 市场地位与竞争情况 ……………………………………… ××
 3. 制订市场营销策略 ………………………………………… ××
五、项目的财务计划 …………………………………………… ××
 1. 项目投资预算和资金来源 ………………………………… ××
 2. 成本估算和收入预测 ……………………………………… ××
 3. 效益指标和数据说明 ……………………………………… ××
六、项目的风险分析 …………………………………………… ××
 1. 风险识别和形成原因 ……………………………………… ××
 2. 风险评估和量化 …………………………………………… ××
 3. 防范措施和应对预案 ……………………………………… ××
附件 ……………………………………………………………… ××

拓 展 资 源

实 训 作 业

1. 实训任务

（1）创业项目设计流程的训练

结合所学知识，为你感兴趣的创业项目设计简单的启动、孵化流程。

（2）创业项目商业模式的训练

请举例说明互联网时代的创新商业模式。

（3）创业项目商业计划书的阅读理解训练

阅读两篇商业计划书，分析其优缺点。

（4）商业计划书的撰写

围绕创业项目策划主题，小组协作完成一份商业计划书。

2. 实训目标

本章实训作业的目标：一是加深同学们对创业营销理论知识的理解，充分了解一个创业项目从启动孵化到逐步成形的过程；二是训练同学们围绕某个具体的创业项目，基于项目对象的真实情境，与实践结合，撰写完成一份创业项目的商业计划书。

3. 实训要求

① 以小组为单位，每组 4～5 人，由小组成员集思广益，合作完成。建议针对商业计划书的主要内容，分工协作、集体讨论，召开不少于 3 次小组会议。

② 对于创业项目的选择，需要小组成员思考创业机会，因时制宜。创业项目可以是全新的，也可以是对已有初创产品的改良与创新。

③ 结合课堂实训教学内容与小组创新想法，思路清晰，设计完整。

④ 提交一份完整的创业项目商业计划书。

第3章 创业项目营销策划

创业项目的营销策划本身是一种创造性思维活动,其中的策划是理论与实践紧密结合的创造性行为和过程。创业人员针对策划设计对象,收集各种相关信息,根据事物的发展规律与趋势,为设计提供指导性的决策,其最终目的是使策划过程实现最大的经济效益和社会效益。本章将围绕创业营销、创业项目营销策划的流程和内容、案例分析——Airbnb创业营销、创业项目营销策划书等内容展开。

3.1 创业营销概述

创业企业在创业初期通常会遇到资源稀缺、资金有限、预算不足等问题,为了减少营销成本,创业者需要采取特殊方式来接触潜在客户并了解他们的需求。这种特殊的营销方式就是创业营销,其价值在于可以帮助创业者在资金有限的情况下,建立有效的客户关系,从而帮助创业项目获得客户。

3.1.1 创业营销的定义、特点、基本要求

1. 创业营销的定义

从字面意义上看,创业营销是创业与营销两个概念融合的结果。创业营销是一个全新的研究领域,近年来众多学者在理论和实践研究过程中取得了一些成果,但对于创业营销的概念,到目前为止,尚没有一个统一的定义。2014年,学者焦晓波、郭朝阳根据国内外学者的研究成果,总结出以下两大主要观点。

① 从数量角度界定,创业营销是属于初创企业或小企业的营销。

② 从质量角度界定,创业营销是具有创业精神的营销。

结合美国市场营销协会的相关研究,创业营销目前被定义为"创业者为突破资源束缚,通过创新、风险承担和超前行动,主动识别、评价和利用机会,以获取可保留的有价值客户的组织职能或过程"。一般来说,创业营销不仅适用于初期投入型创业企业,同样也适用于一些成长型、成熟型非创业企业,当企业主动寻求新方法、新角度,希望不断满足顾客的需求,开拓新市场或创造新价值时所开展的营销活动,都是属于创业营销范畴的。创业营销是一种风险比较大的营销,新产品面对的是一个不熟悉的全新市场,企业面临转型调整,这就需要企业具备足够的风险控制能力来保证创业营销成功。

2. 创业营销的特点

(1) 先发制人

在创业营销过程中,最重要的就是面对不确定且不断变化的市场环境,创业者要把握先

机,不能使自己陷于被动响应状态。这就要求创业企业利用自己有限的资源引领市场,主动关注差异性需求,强调有目的地采取行动,快速制订合适的营销方案。同时,营销者应通过降低不确定性、减少企业对环境的依赖来重新定义市场环境,随着不断更新的创业营销过程来适应市场变化。

(2) 亲近顾客

创业营销活动强调与顾客资产、内在关系和情感维系相关联,通过亲近顾客及时了解客户的变化情况,创造相应的客户需求,从中发现高价值客户,建立企业与客户的共生关系。

(3) 关注创新

在创业营销过程中创新从未间断,创业者持续关注创业的方方面面,力求有所创新。持续创新就是在内外环境的作用下产生的新创意,进而转化为新的产品、服务、技术或市场。在这个过程中,创业营销部门发挥着极大的整合作用,除了管理创新组合外,还负责机会识别、创意产生、技术支持和资源利用等,帮助企业实现创新型增长。

3. 创业营销的基本要求

(1) 培养营销思维与有效沟通的能力

创业者要培养自己的营销思维。营销思维是指人们想问题、办事情站在营销人员的角度,从营销视角出发,运用营销知识分析问题并提出有效解决方案的一种思维模式。创业营销的营销人员往往是创业者,他们虽然具有创业精神或掌握某种新技术,但一般并不是营销专才,在创业初期难免会犯一些简单错误或陷入某种误区。因此,创业者要深入理解创业营销的核心理念,培养自身的营销思维,克服其中的障碍,学会与别人的有效沟通交流。

(2) 协调团队的能力

创业营销的实操难度很大,为保证创业活动正常有序开展,创业者要寻找合适的合作伙伴,通过未来公司的股权、控制权或潜在的市场控制权来获取创新企业所必需的各种资源。为了与团队成员、风险资本与战略投资者建立良好的合作关系,创业者要处理好信息不对称、利益冲突等内部关系事务,保证团队的稳定,合作共赢。

(3) 迅速调整的能力

创业营销在各个阶段所制订的目标、需要完成的任务和所面对的目标用户都可能不同,即使在同一阶段,针对不同的目标顾客,其营销策略也大不一样。因此,创业团队就需要具备灵活应变的能力,不断制订和调整营销策略,使得创业营销策略既具有高度的灵活性,又能够达到内在的一致性。

(4) 整合资源的能力

创业企业内部资源有限,生存能力较差,外部环境的细微变化都可能影响企业的发展,甚至决定企业的存亡。因此,创业营销者具备整合各种资源的能力,能够以较少的内部资源最大限度地调动外部资源。

延伸阅读 3-1

低成本获客 270 万粉丝,月流水超千万元,"熊猫不走蛋糕"做对了什么?

3.1.2 创业营销与传统营销

创业营销本身与传统营销的基本原理及手段并不冲突,创业营销意在为创业企业提供更有针对性、更有效的创新营销手段,帮助创业者准确且敏锐地捕捉市场机会,瞄准目标市场,制订营销策略,开展营销活动,最终的目标是解决创业企业的生存问题。创业营销与传统营销在以下几方面存在不同。

1. 营销环境不同

传统营销强调客观、冷静,面对的是相对稳定的市场,市场需求是客户运用现有的物质资源和智力资源能够清晰表达、描述的;而创业营销面对的是设想中的新兴细分市场,该类市场具有高度的不确定性,市场需求可能是模糊的,往往需要营销者通过发现领先用户,识别用户需求。

2. 市场反应速度不同

传统营销是靠市场驱动的,通过递进式创新来接近当前市场,反应速度慢、适应性不强,鼓励基于商业理性和经验的创造,追求市场的成长;创业营销强调既要适应当前市场,又要努力创造新的客户需求,通过动态性创新来领导客户,不断地重新定义产品和市场环境,具有超前性与快速行动性。

3. 风险承受能力不同

传统营销强调对市场环境的适应和控制,将满足顾客需求作为市场导向的核心,为了控制市场,传统营销常常尽力将营销活动风险最小化;创业营销强调机会导向,且对变化、模糊和风险具有高容忍度,将营销视为理性承担风险的工具,努力识别各种风险因素,减轻或分担风险。

4. 资源利用范围不同

传统营销强调有效利用现有的物质资源和匮乏的智力资源,将顾客视为反馈信息的外部源泉,其新产品和新服务开发主要通过支持新产品和新服务的研发活动来获得;创业营销往往不局限于当前的资源约束,积极地发掘和创造性地利用他人资源,实现以较少的营销投入带来较多的产出。在创业营销过程中,营销者将顾客当作合作生产者,使其积极参与企业的营销决策过程。

传统营销与创业营销的区别如表 3-1 所示。

表 3-1 传统营销与创业营销的区别

	传统营销	创业营销
目标	维持发展	生存营销,促进高增长
导向	客观、中性	热情与创造力发挥主导作用
背景	相对稳定的市场	高度不确定的市场
营销者角色	营销组合的协调者;品牌建造者	内外变化的媒介;新品类的创立者
营销手段	通过调研识别并说明顾客需求	通过动态创新,激发顾客需求
顾客需求	有效利用现有的物质资源和智力资源	发现领先用户,识别顾客需求
风险视角	最小化营销活动风险	风险评估,强调减少风险与分散风险
资源管理	有效利用现有的物质资源和智力资源	创造性地使用他人资源,以较少的投入获取较多的产出,活动不受当前资源限制

续表

	传统营销	创业营销
新产品、新服务开发	由研发部门及其他技术部门支持	营销是创新的主体,顾客是积极的共同创造者
客户角色	提供反馈信息的外部资源	营销过程的积极参与者,与管理者共同议定产品策略

3.1.3 创业营销战略

创业营销是营销概念在创新、风险承担、超前行动等方面的总括。通过创新的途径进行风险控制、资源利用以及价值创造,从而进一步识别和利用那些能够获取和留住有利可图的客户的机会。而在创业项目营销过程中既需要创业学中的积极主动性、机会、冒险和创新,又需要营销学中的客户关注、资源利用以及价值创造等。相比于传统项目营销,创业项目营销可使用的资源更少,也没有成熟的营销团队,面临的管理环境更为动荡。因此,在创业营销过程中应当积极整合创业过程的要素,提升创业营销的力度和效度。

1. 创业营销战略的分类

1979年,奥地利经济学家伊斯雷尔·柯兹纳首次提出:"创业是一个机会发现活动,创业者往往对机会保持高度的警觉性,机会发现是创业过程中的一个重要环节。"美国经济学家约瑟夫·熊彼特认为:"真正有价值的创业机会来源于外部变化,这些变化使人们可以做以前没有做过的事情,或者使人们能够以更有价值的方式做事。"结合熊彼特和柯兹纳对创新和创业的分析,学者Sadiku-Dushi等认为可以用一个矩阵来研究创业营销战略。创业营销战略的分类如表3-2所示。

表3-2 创业营销战略的分类

柯兹纳的市场机会分析	熊彼特的价值创造分析	
	创造现有价值	创造全新价值
开发原有市场	传统营销	熊彼特创业营销Ⅰ型
开发全新市场	柯兹纳创业营销	熊彼特创业营销Ⅱ型

2. 创业营销战略的内容

(1) 传统营销战略

采用"传统营销"战略,意味着要在原有市场创造现有价值,该战略往往出现在尚未完全饱和的市场环境中。

(2) 柯兹纳创业营销战略

采用"柯兹纳创业营销"战略的难点不在于产品创新,而在于发现利基市场(Niche Market)。在创业者技术不占优势的时候,为现有产品发现一个未被开发的市场就显得格外重要。

(3) "熊彼特创业营销Ⅰ型"战略

采用"熊彼特创业营销Ⅰ型"战略的难点在于如何说服顾客相信产品和服务的全新价值。

(4) "熊彼特创业营销Ⅱ型"战略

采用"熊彼特创业营销Ⅱ型"战略的创业者不仅要创造价值,更要培育新市场。

战略层面的分析是创业营销的起点,创业营销战略没有好坏之分,创业者应该结合产品所处的环境及其特点选择最合适的创业营销战略。传统营销以客户为中心,客户扮演着更重要的角色。在创业营销中,创业者和客户同等重要。

3.2 创业项目营销策划流程

营销策划是一种复杂的活动,是将理论性与实践性紧密结合的创造性行为。创业项目营销策划是为了实现创业项目的销售目标,提出新颖的思路对策和方法,并针对创业市场特点,制订具体可行的规划方案,达到预期效果的一种综合性活动。其策划流程主要包括创业市场调研,市场机会寻找,目标市场选择,策划方案设计、实施与评估等环节。这些环节的进行并不是线性的,而是动态地组合在一起,随着流程的推进,每一环节会受前一个环节的约束,同时对相应的步骤具有反馈或制约作用,有时流程还需要随着市场的变化进行调整。

3.2.1 创业市场调研

创业市场调研是指针对企业特定的营销问题,采用科学的研究方法,系统、客观地收集、整理、分析有关市场营销各方面的信息,为营销管理者制订、评估和改进营销决策提供依据。

每一个营销策划点子、方案或决策的出炉并不是来自创业者的直觉、猜测,而是来自大量扎实的市场调研工作。市场调研能够帮助创业企业及时获取经济情报和市场信息,更好地了解一个未知的新市场的供求动态,掌握市场变化规律,有利于企业制订正确的营销策略,赢得用户好评,不断扩大市场。因此,它作为一种重要的营销管理工具贯穿于营销决策的始终。

1. 明确调研目标

创业企业调研人员根据决策者的要求或通过在市场营销调研活动中所发现的新情况、新问题,提出调研目标。但有时候,调研人员对所需调研的问题并不完全清楚,或不能对调研问题的关键和范围抓住要点,无法确定调研的内容,这时候就需要进行探测性调研。通过这种调研,调研人员可以了解情况,发现问题,得到关于调研项目的某些假定或设想,通过收集有关资料进行分析,使调查目标逐渐明朗化。

2. 制订调研方案

一个完整的调研方案包括确定资料来源、确定调研方法、确定调研工具和确定抽样计划等内容。

3. 收集信息资料

首先收集的是第二手资料(也称为次级资料)。其来源通常为国家机关、金融服务部门、行业机构、市场调研与信息咨询机构等公布的统计数据,也有些是科研机构发表的研究报告、著作、论文。收集这些资料的方法比较容易,而且花费也较少。利用第二手资料进行的调研也被称为案头调研。

其次是通过实地调查收集第一手资料,即原始资料。这时应根据调研方案中已确定的调查方法和调查方式,确定好选择调查单位的方法,先一一确定每一位被调查者,再利用设计好的调查方法与方式来取得所需的资料。

4. 资料的整理和分析

对通过调研取得的资料进行审核、分类、制表。审核即去伪存真,不仅要审核资料的正确与否,还要审核资料的全面性和可比性。分类是为了便于资料的进一步利用。制表的目的是使各种具有相关关系或因果关系的经济因素更为清晰地显示出来,便于进行深入的分析研究。

5. 撰写调研报告

调研报告是调研活动的结论性书面报告。它的撰写原则是客观、公正、全面地反映事实,以求最大限度地减少营销活动管理者在决策前的不确定性。调研报告包括调研对象的基本情况、对所调研问题所作的分析和说明、调研者的结论和建议。

3.2.2 市场机会寻找

营销管理大师菲利普·科特勒认为:"市场营销机会是指一个公司通过工作能够盈利的需求领域。"即市场营销机会代表着一个具有吸引力的需求领域,在这个需求领域中,公司通过努力工作能获得相应的利润。创业市场机会是指市场上存在的尚未满足或尚未完全满足的需求,在某种特定的营销环境条件下,创业企业可以通过一定的营销活动创造效益。

识别进入当前已有市场的机会有很多种方法。一般来说,创业企业要进入已有市场分一杯羹,自然会遇到市场上现有企业设置的障碍,创业企业需要突破这些障碍,获取进入市场的机会。创业企业在考虑进入一个新目标市场时,需要考虑以下几方面的障碍和壁垒,从而发现进入目标市场的机会。

1. 专利技术障碍

现有企业一般会以产品的专利技术保护设置市场进入壁垒,从法律及知识产权角度保护自己,新进入者必须设法避开这方面的限制。

2. 品牌忠诚度障碍

大企业和先入市企业经常以它们长期以来在消费者心目中树立起来的良好企业和产品形象,作为阻止新进入者的壁垒,打算进入市场的创业企业必须设法消除消费者的品牌忠诚度对进入者的不利影响。

3. 价格策略障碍

如果产品差异化程度较小,现存企业常常以低价策略来限制新进入者的进入,而新进入者必须识别现存企业的价格策略,并采取差异化的手段避开低价限制。

除此之外,企业也可以通过抢夺对手的市场份额来获取进入市场的机会。在这种情况下,创业企业拟进入的市场经过先期进入者的竞争博弈后,市场结构基本已经固定下来,各家企业的市场占有率也已相对稳定。这时,创业者和创业企业就需要认真研究竞争对手的特点和市场变化趋势,看能否从中找出竞争对手产品的弱点和营销的薄弱环节,并体现出自己的独特优势,这也是寻找市场进入机会的有效方法之一。

3.2.3 目标市场选择

创业企业找到市场进入机会后就要选择所服务的目标市场,要对细分市场进行评估,如评估细分市场的吸引力、细分市场的规模和发展潜力等,如果符合企业的目标,那么企业进入时才能充分发挥优势。

创业企业选择目标市场时,并不太适合选择完全市场覆盖模式,采用这种模式的企业通常都是规模巨大、实力雄厚、竞争力十足的企业。因此,创业企业可考虑采用的目标市场模式一般有以下4种。

1. 密集单一市场

无论是从产品角度还是从市场角度来看,企业的目标市场高度集中在一个市场面上,企业只生产一种产品,并将其供应给一个顾客群。

2. 产品专门化

企业集中生产一种产品,向各类顾客销售这种商品。例如,MORROR Art 音箱只生产一种显示悬浮歌词的高颜值蓝牙音箱,而这种音箱既可以面向音乐发烧友销售,又可以面向追求颜值与品质的人群销售。

3. 市场专门化

企业面对某一顾客群,生产和销售他们所需要的各种产品。例如,只为大型超市供货或只为学校实验室生产仪器等。

4. 选择专门化

有选择地生产几种产品,有目的地进入某几个市场,满足这些市场的不同要求。这样可以较好地分散企业的经营风险,即使某个市场失去了吸引力,其他细分市场仍有可能实现盈利。例如,美妆行业领导者欧莱雅集团除了在彩妆、护肤品市场拥有多条产品线外,还开拓了药妆市场(薇姿)、香水市场(阿玛尼香水)、美发市场(卡诗)等。

3.2.4 策划方案设计、实施与评估

策划方案的设计是策划工作的重心。在策划中应紧紧围绕策划主题,根据策划目标,寻求策划切入点,产生策划创意,制订策划方案。

根据已有的几套策划方案,从中选择最适合的一套实施。实施是把营销策划方案转化为具体行动的过程。策划方案实施后,往往需要对策划方案本身进行归纳、总结,书写报告,向设计公司或企业汇报,总结策划中的成与败,对策划方案进行客观、公正的评估,为下一次设计策划行为提供宝贵的经验。同时,也可能提出更新或更高的设计目标,进行新一轮的设计策划。

创业项目在初步完成了营销策划流程后,就可以开始进行项目模式的策划设计。创业者需要分别对项目的技术模式、商业模式和合作模式开展策划设计工作。

3.3 创业项目营销策划内容

3.3.1 创业产品策划

创业者在创立一家新企业时,面临的一个重要挑战就是开创一个新产品或一项新服务,实现与其他企业的差异,为顾客创造独特价值。产品是能够提供给市场以满足需要和欲望的物品总和,它既包括具有物质形态的产品实体,又包括非物质形态的利益,这就是产品的整体概念。创业者应结合自己的经验以及能力选择进入的产品领域。

1. 产品创新变量策划

现代市场营销理论认为,产品整体概念包含核心产品、有形产品、附加产品、期望产品和潜在产品 5 个层次,创业者可以从这 5 个层次来考虑产品的创新变量。

① 中心层是核心产品,本层中包含的可创新变量是产品提供的最核心的利益或服务,产品提供给顾客的基本效用满足了顾客的某种需要。例如,人们购买扫地机器人就是为了获取这个装置来代替人力扫地。

② 第二层是有形产品,是核心产品借以实现的载体,是产品的外在形式,表现为产品质量

水平、外观特色、式样、品牌名称和包装等。例如,国货彩妆的外壳做得越来越可爱,很会抓住女性消费者的心理,此类产品就是从满足顾客核心利益需要出发,再进行产品设计。

③ 第三层是附加产品,是独立于形式产品以外的价值,即顾客购买有形产品时所能得到的附加服务和利益。现在有些年轻人常常愿意以高价购买一双球鞋,除了球鞋本身舒适、款式好看外,消费者更看重的是购买时的心理附加因素。

④ 第四层是期望产品,指购买者购买某种产品通常所希望和默认的一组产品属性和条件,顾客在购买某种产品时,会根据以往的消费经验和企业的营销宣传,对所要购买的产品形成一种期望。例如,戴森继推出不伤头发的吹风机后,又研制出了使用风力自动卷发的卷发棒,顾客在购买时,会希望该卷发棒在卷发过程中也能做到不伤头发。

⑤ 第五层是潜在产品,指产品最终可能实现的全部附加部分和新增加的功能。许多企业通过对现有产品的附加与扩展,不断提供潜在产品,给予顾客的不仅仅是现有产品,还能在潜在产品变成现实产品时,使顾客得到更多的意外惊喜。它要求企业不断寻求满足顾客需求的新方法。我们可以大胆想象,智能手机的哪些功能属于潜在商品,哪些功能转化成现实产品时能让顾客眼睛为之一亮,答案一定会见仁见智,因此不同厂家开发的重点功能会有所不同。

核心产品、有形产品、附加产品、期望产品和潜在产品作为产品整体概念的 5 个层次,是不可分割的一个整体。5 个层次的不同组合可以满足同一产品的差异性需求。

2. 新产品开发策划

新产品的开发就是企业进入市场最基本且最关键的一步,新产品开发中的策划也是至关重要的。

(1) 开发契合市场的产品

对于创业者来说,创业之初就需要探寻产品与市场的关系,实现产品与市场的完美契合,"把产品做好,不如把产品做对"是创业者在开发新产品时需要牢记的理念。

硅谷知名风险投资家马克·安德森将"产品与市场相契合"的这一状态称为"PMF",即产品恰好与市场匹配的交汇点(图 3-1)。在达到 PMF 状态之前,过早的推广和过多的优化都是不必要的。也就是说,在新产品导入市场的过程中,要追求尽快达到 PMF 状态。产品在达到 PMF 状态之前最重要的任务是从一小部分早期用户那里获得反馈信息,并以最低成本持续改进产品。产品早期做调整的消极影响范围有限,在这个阶段可以快速试错,不断强化优势,及时纠正错误,才不至于造成毁灭性的打击。

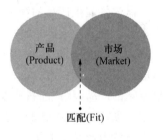

图 3-1　PMF 状态

目前产品与市场的契合形式主要有 3 种,分别如下。

① 用更好的产品体验来满足一个已有的市场,如海底捞将服务做到极致,贴心的服务让顾客体验感达到顶峰。

② 用一个产品来满足一个已有但部分需求未被满足的市场,如 Uber 满足了线上叫车这一部分的市场需求。

③ 用一个产品来创造出一个新的市场。为实现这种契合可能会遇到种种阻碍,因为在产品诞生之前,用户并不知道自己的需求所在,即这种需求和市场是不存在的。

(2) 寻找维持留存的时刻

大多数初创产品一味关注用户的增长,忽视客户留存的重要性,往往会导致用户的流失率非常高。例如,曾经风靡一时的社区 O2O 软件叮咚小区在获得 1 亿元融资后,却将大量资金运用到广告投放上,以吸引新用户,而忽视了对产品本身的打磨留住已有用户,导致资金链断裂,企业倒闭。为了维持用户留存,企业通常可以运用寻找用户留存时刻来解决问题。留存时刻来自产品提供的一个功能、一个使用场景、一种体验,当用户参与了某些活动、产生某些行为后,企业发现他们关注的某些结果指标,如付费率、留存率等有所提升,那么该行为时刻就是产品的留存时刻。

留存时刻是用户首次确认产品对自己有价值的那一刻,它是用简化的行为数据模拟用户首次得到价值的时刻,在这一刻,用户会脱口而出:"原来这个产品可以在×××上帮助我。"如果用户获得留存时刻,即从产品中发现了价值,就有可能转化成活跃用户,而且较容易转化成黏性较高的忠诚用户。因此,可以说发现留存时刻是用户激活的关键一步。产品要想达到留存时刻需要具备以下几个条件。

① 用户可以感受到产品对于自己的价值。
② 感受到产品价值的用户会被该价值吸引,留下来的可能性更大。

Facebook 在早期阶段就发现影响用户留存和活跃最重要的因素就是好友数量,之后他们在持续不断的优化和测试中,找出了属于他们的留存时刻,那就是确保新用户在 10 天内添加 7 个好友,完成了这个行为后,这个用户就有很大概率留存下来。在确认了这个方向后,他们将这个目标作为产品优化的核心目标之一,通过不断的优化和改进,打造了现今社交平台在新用户引导界面几乎都在使用的"可能认识的人"界面。国内一些知名公司的产品也在尝试设计留存时刻。例如:抖音短视频中酷炫的运镜效果和魔法滤镜效果或视频内容具有极强的反转性等是它的留存时刻;快看漫画 App 中收录的大量国内外高人气漫画,以及形式新颖、精心排版的优质条漫,是让漫画爱好者眼前一亮的留存时刻;微信读书的留存时刻则是通过"用户将自己喜爱的书加入书架"这一行为而感知到产品价值来体现的。

(3) 最小可行产品验证需求

需求是催生产品的第一原动力。一般可以用 MVP（Minimum Viable Product）即最小可行产品在最节约成本、最灵活的条件下验证需求。所谓 MVP,是指将产品原型用最简洁的实现方式开发出来,过滤掉高级特性,快速投放到市场上,让目标用户上手使用,然后通过不断地听取反馈意见掌握有价值的信息,由此对产品原型迭代优化。通过 MVP 先交付给用户一个最基本的产品,将产品核心要表达的东西直观地体现给目标用户,有助于激发用户给出真实的反馈意见,帮助解决新产品开发中两个主要的问题:这款产品是否能够满足用户的需求？用户是否愿意为产品功能买单？

大众点评创始人张涛花了 3 天时间做出来的大众点评网最初仅是一个简单的网页。以前他很害羞,不想给别人看这个网页,因为它太简陋了。其实,这个最简陋的网页就是 MVP。当时他没有跟饭馆签过协议,而是将旅游手册里的 1 000 多家饭馆的信息录入到网站系统中。他想借此知道:网民在一家饭馆吃完饭,是否愿意进行点评？这个认知的获得是大众点评网商业模式最重要的起点。

同样运用 MVP 的还有多抓鱼二手图书电商平台,最早的时候多抓鱼只有一个公众号,后来才做的小程序,再后来又推出了 App。多抓鱼的创始人也曾分享过,早期他们的做法是先建一个微信群,把用户聚集在一起,通过 Excel 软件把需要卖的书统计一下,再卖给其他用户,这就是多抓鱼验证 MVP 的方式。

3. 产品组合策划

初创公司起初开发的产品品种还比较单一,或是已有很多产品研发储备,正在选择上市的品种组合,或是要在原有市场的基础上增加品种来扩大市场占有率,完善产品线。不同条件下,产品组合的策划也不一样。产品组合是销售者销售给购买者的一组产品,包括产品线和产品项目。创业项目产品组合策划一般包括3种情况。

(1) 产品线组合延伸

① 产品线向上延伸。企业原来定位于低端市场,现在向上扩展其产品线,进入高端市场。原因在于:高端市场有较高的增长率和利润率;为使自己生产经营的产品档次更全、占领更多市场;提高产品的市场形象。采用这一策略带来的风险是:改变产品在消费者心目中的地位是相当困难的;可能引起竞争者采取向下延伸策略,增加了自己原有市场的竞争压力。

② 产品线向下延伸。企业原来定位于中高端市场,现在向下扩展其产品线,进入低端市场。原因在于:产品在中高端市场上受到竞争者的威胁,销售增长速度趋于缓慢,企业向下延伸寻找新的经济增长点。值得企业警惕的是采用这种策略时,可能会损坏高端产品的声誉,给企业经营带来风险。

③ 产品线双向延伸。原来定位于中端市场的企业掌握了市场优势后,决定向上、向下两个方向扩展其产品线,一方面增加高档产品,另一方面增加低档产品,扩大市场阵地。采用这一策略主要是为了扩大市场范围,开拓新市场,满足更多消费者的需求,获得更大的利润。

(2) 扩大产品组合

扩大产品组合即开拓产品组合的宽度和加强产品组合的深度。开拓产品组合宽度是指增添产品线,拓宽产品经营领域;加强产品组合深度是指在原有的产品线内增加新的产品项目。具体方式有:增加同一产品的规格、型号和款式;增加不同品质和价格的同一种产品;增加与原产品相类似的产品;增加与原产品毫不相关的产品。扩大产品组合能够满足不同偏好的消费者的多方面需求,提高市场占有率;充分利用企业信誉和商标知名度,完善产品系列,扩大经营规模;充分利用企业资源和剩余生产能力,提高经济效益;减小市场需求变动性的影响,分散市场风险,降低损失程度。

(3) 缩减产品组合

缩减产品组合即削减产品线或产品项目,特别是要取消那些获利小的产品项目,集中力量经营获利较大的产品线和产品项目。具体方式有:减少产品线数量,实现专业化生产经营;保留原产品线,削减产品项目;停止生产某类产品,外购同类产品继续销售。缩减产品组合可以集中资源和技术力量改进产品的品质,提高产品商标的知名度;生产经营专业化,提高生产效率,降低生产成本;向市场的纵深发展,寻求合适的目标市场;减少资金占用,加速资金周转。

3.3.2 创业用户获取策划

对于创业企业来说,初期能否及时获得客户决定着企业的生死存亡,如何获取种子用户以及如何进行冷启动,成为初创企业最需要仔细斟酌的内容。当企业尝试获取用户时,通常必须有一个明确的目标,并为实现这个目标去创建一套流程,制订一系列的战略,这样才有可能获得成功。同时,初创企业在进行用户获取的策划之前,还要确保产品已经进入了PMF状态,产品的商业模式可行,且具备未来发展潜力。

1. 种子用户获取与冷启动

(1) 种子用户获取

在创业项目中,种子用户是能够帮助创业产品慢慢长大、越变越好的用户群体,是项目的第一批用户。种子用户在产品发展的早期就以积极的态度与项目负责人互动,他们相信产品、认可产品,对于帮助产品迭代并对产品的更新给予反馈意见有着巨大的热情。一群优质的种子用户能为产品或者平台带来巨大的流量。

对于企业来说,理想的种子用户需要具有两个特征:首先,他们对于产品非常理智且宽容,不会看到某个漏洞就去抨击产品。要想找到这类种子用户,可以从对产品需求强烈的人入手。例如,滴滴打车上线第一个版本的时候,他们的种子用户就是一群在偏僻地区工作的上班族,他们的困境是当前区域出租车非常少,下班时经常打不到车,像滴滴这样可以在线上预约车辆的产品出现后,他们自然就会对其表现出非常强烈的需求,这些用户对于帮助滴滴更新迭代以提升自己的体验感也会更加用心。其次,种子用户在其所处的某个社交圈子里是有一定影响力的人士,最好是意见领袖,一旦创业产品被其认可,那么很有可能借助于他们平时的渗透来影响整个社交圈。

(2) 冷启动

创业项目冷启动是指在产品尚未形成完善的生态体系,还不能提供足够多的可消费内容的情况下,从零开始导入第一批用户和制造内容的过程。选择高质量的早期用户加入和进行充足的数据沉淀,可作为引燃产品持续增长的燎原之火,为日后发展奠定良好的基础。例如,知乎在2011年开始邀请用户公测,产品上线之初就增加了邀请码功能,只有获得邀请码的用户才能完成知乎的注册,非注册用户无法查看知乎的任何内容。通过邀请码注册制度筛选出优质的用户,极大地降低了内容运营的强度和难度,避开了初创产品内容审核机制的短板,为后续用户量的爆发式增长打下了坚实的用户基础、内容基础和口碑基础。可以说,对于创业项目来讲,冷启动是一个很难的问题,创业项目的冷启动能否成功取决于早期种子用户的质量。早期种子用户的质量将决定产品初期的氛围和运营走向,影响日后的发展策略。早期用户选得不够精准,也会影响项目的发展速度和路径。

延伸阅读 3-2

MIUI发烧友:小米是如何获取种子用户的?

2. 用户传播裂变

产品在成长过程中,做推广和引流的成本是高昂的,而且不能保证每次推广都达到预期效果。创业者更多思考的应该是如何低成本地利用技术、利用产品本身的需求触发来获得有效用户增长。裂变靠传播,传播靠口碑,口碑靠服务。裂变的前提是满足用户的需求,解决用户的痛点。当用户的需求被满足,体验到优质的服务后,口碑才会产生,接下来就能引导和激励用户进行口碑的传播。

(1) 制造内容吸引用户

对于初创企业来说,最重要的是创建与用户的连接,通过目标受众感兴趣的内容,利用数字化技术进行精准触达,这是有效营销推广的开始,创业企业生产内容的能力决定了增长的效率。像丁香医生、新氧这些品牌就是通过大量生产内容积累了一大批用户,将用户变成一种数字化资产,打磨广告投放与目标用户的匹配度,达到良好的营销效果。

小案例 3-1

宜家的《家居指南》

与其他企业宣传册不同,宜家稍显笨重的《家居指南》往往能享受被用户抱回家仔细翻阅、小心收藏的待遇,每年它的发行更是"宜粉"翘首以盼的大事。因为其内容不仅可以作为家居装饰的参考,还展现了在家的不同空间、场景中发生的故事,描绘了一种理想的生活方式。2019 年的《家居指南》就设计了 7 个不同的故事背景和生活情景,通过内容主题策划,把产品融进去,让你像看杂志一样看广告。作为全球发行量最大的出版物之一,《家居指南》向来是一种营销利器,宜家不仅用它来传递新品信息,促进销售,还能用它在消费者的心里"种草",表达宜家对"家"的看法和它认为的理想家居的样子。

通过创造内容开展营销活动的作用主要有以下 3 个方面:吸引流量、培养潜在用户、劝诱转化。

① 吸引流量。通过内容营销来散播链接,大众点评商家经常会举办"霸王餐""免费体验"等活动,参与活动的条件是顾客要在体验结束后写一份图文并茂、感染力强的优质点评,以丰富的内容带来流量,吸引更多的用户消费。

② 培养潜在用户。通过持续输出和强调内容来反复刷存在感,在潜在用户的脑海中形成根深蒂固的印象。拼多多在创业之初打造的广告歌"拼多多,拼多多,拼得多,免得多。拼就要就要拼多多,天天随时随地拼多多,拼多多"短短几周就晋升成为当时的洗脑神曲。虽然获得的评价褒贬不一,但却潜移默化地向用户渗透,使用户知道拼多多,了解到该平台主打"低价团购"模式,无形中培养了一批潜在用户。

③ 劝诱转化。劝诱转化的方式是指直接在内容中引导用户去做某事,如访问网站、关注微信公众号、订阅视频播客,但必须注册登录才能看到完整原文;想详细了解微博热搜的完整内容,必须下载专属的 App。

(2) 撰写营销文案

与普通文案不同,营销文案要恰到好处地对潜在客户展示产品价值。客户透过文案直接能够感知到产品对自己的价值,甚至愿意为此冲动消费。由于产品对于大众来说是陌生的,因此在撰写文案的时候,就要尽可能多地展现产品吸引人的地方。

此类营销文案的撰写者应熟悉产品,应当是对产品及行业较为熟悉的人。虽然团队中核心人员基本都会参与产品形态的定夺和功能的研发,对产品基本都有所了解,但如果执笔者在策划阶段参与不多,写出来的文案也可能无法凸显产品的主要特性。有些技术驱动的团队让研发工程师兼任文案主笔,研发工程师写的营销文案有可能充满令人费解的技术用语,这种做法应当避免。

同时,撰写者还要洞察消费者心理,写出的营销文案要符合用户的人设。在互联网刚刚兴起时,"免费""礼包"等字眼可能对用户有极大的吸引力,但是随着各类营销活动的开展,在用户看过、参与过各种活动之后,对这些词几乎已经"免疫"了,知道所有的活动都是有门槛的,自己参与了也未必能真正领到礼品,参加活动的兴致可能不如预期。如果抓住用户希望自己能中奖的侥幸心理,将文案换成"已有 3 000 名用户免费领取到产品""用户刚刚赢取了某某大奖"之类的话语,带来的刺激性会比免费领之类要好很多。目前用户拉新渠道基本来源于社交网络,迫于形象的压力,没有几个人会愿意自己的朋友圈里被各种免费领之类的词汇占领。所以,换一种措辞,给用户一个台阶,用户自然会愿意转发,效果会事半功倍。

文案的谋篇布局也是重要的一环。可以用简短而完整的一两句话向用户描述你的产品，也可以用近期的热门话题和事件自然地过渡到产品本身，调动起人们对后文的阅读兴趣；卖点突出的同时也不要忘记向读者展示产品的主要功能；可以利用人们都喜欢听故事的心理，在文案中融入团队访谈，打感情牌，引发相关人士共情，为产品增加印象分；描述产品的未来规划，解释当前版本的不足和改进决心，让读者对产品的前景抱有期待。

以下是一些优秀营销文案示例。

小案例 3-2

优秀营销文案示例

① New Balance："人生没有白走的路，每一步都算数。"

2016 年是 New Balance 创立 110 周年，它和李宗盛再度携手，拍了一条很"不广告"的广告。这条广告长达 12 分钟，在李宗盛极富个人传记式的独白中展开。当"人生没有白走的路，每一步都算数"这句点睛的文案落到结尾的时候，相信落魄的人可以从中找到慰藉，踟躅的人可以从中汲取力量。在这句文案里，既有一个人的半生，也暗含了一个品牌的意念。

② 泸州老窖："别让酒留在杯里，别把话放在心里。"

近些年，有着 400 多年历史的老品牌泸州老窖一直在广告上尝新，如和《时尚先生》的合作，和滴滴的跨界营销等，试图打破年轻圈层对其固有的印象。"别让酒留在杯里，别把话放在心里"这句文案出自父亲节期间泸州老窖·特曲的公益微电影。这部微电影看上去平淡如水，细品之后又让人觉得余味悠长。结尾这句文案则让"酒"变成了一种情感的媒介，又让想说的"话"仿佛都在这杯酒里。

（3）策划裂变活动

策划裂变活动的关键点在于培养用户的固定习惯，在明确的预期下进行分享操作，引入更大规模的目标用户。用户是非常明确地为了获得某种利益而参与裂变，利益的诱惑是主要的驱动力。

裂变活动的目的主要是完成业务指标，但如今用户见识过的裂变活动形式太多样，警惕性变高，策划一次裂变活动的难度远大于之前。目前主流的裂变活动玩法有任务宝、分销、拼团、砍价等，它们各自适用的行业、人群也都有所不同。

① 任务宝。用户只需要邀请一定数量的好友关注服务号，不需要其他操作，完成任务即可完成自动化引导，同时用户获得奖励，剩下的由留存与转化环节来完成。任务宝涨粉效率高，适用行业广泛，但用户精准性相对较差。

② 分销。用户即渠道，推荐他人购买产品可获得返佣。分销涨粉效率高，用户精准。例如，一淘 App 是淘宝旗下的一款以返利为主的软件，面向全体淘宝用户。用户本人下单可以享受一淘专属优惠和集分宝返利，邀请他人下单后还可获得更多返佣。

③ 拼团、砍价。拼团和砍价类似，通过多人购买，降低购买成本，作用于订单数的增长和用户拉新。

裂变活动的活动底层逻辑、策划流程都是互通的。一般的裂变策划流程由明确活动目的、分析用户心理、设计活动流程、发布活动、监控数据与复盘 5 个部分组成。策划方的预算都是有限的，策划者要尽可能降低成本，除了降低作为活动主办方要付出的成本，也要尽量减少用户在参加活动时付出的成本。

3.3.3 创业项目包装策划

一个成功的创业项目背后离不开一系列的包装。包装是一种形式,即项目的外在特征,是包装者对项目中可投资内容的建设,是对项目所进行的形象设计。初创项目得到了合适的包装后,可以帮助项目获得更多的投入资金,吸引合作伙伴和优秀人才;企业也可以通过项目包装让社会更好地认识项目价值,在市场中树立良好的形象,以此获得更加丰厚的利润。在项目自身硬实力的基础上,项目包装这个软实力,既可以进一步提炼和强调项目的优势,又可以弥补和完善项目的欠缺,提醒投资人项目的价值所在,争取以更丰厚的利润完成交易。

1. 创业项目包装的定义

项目包装是指企业根据市场的运作规律,对那些具有发展潜力的项目进行构思、策划、包装以及运作,以极高的投资回报率吸引投资方,为企业运作这个项目募得必要的资金。需要注意的是,项目包装是对项目的目标、内容、功能、价值、发展前景等各个方面所进行的表达和反映,一定要进行充分的准备,只有对项目本身的深刻理解,才能真正打动投资者,为创业项目的最终成功添姿增彩。一个优秀的创业项目依靠实力、内容取胜,通过包装能够更好地体现其价值和潜力;而一个项目如果仅仅追求包装的形式,而缺乏实实在在的内容,则是"金玉其外,败絮其中"。

项目包装可以是实物形式,也可以是文字形式。项目包装的文字形式多样,如项目推荐书、可行性研究报告、项目策划书和商业计划书,也有些是以创业故事等形式表现的。从创业项目的构成来分,创业项目包装包括创业者包装、创业项目的产品包装、创业项目的商业模式包装等内容。

小案例 3-3

喜茶×藤原浩:能与消费者互动的包装

作为茶饮行业的开创者和引领者,喜茶一直不断地带给消费者惊喜。近日,喜茶与潮流教父藤原浩合作,推出了"黑Tea"限定企划。双方合作系列以黑色为基调,推出了新品"酷黑莓桑"口味,并搭配发布了4款限定包装——饮品杯、杯套、双杯纸袋和保温袋,要将黑色潮流贯穿到底,吸引了消费者的眼球。在整体包装设计上,不仅很好地保留了藤原浩的设计灵感,还完美地契合了喜茶饮品的特性,每一个细节都做到了精益求精。特调产品"酷黑莓桑"的价格非常亲民,19元的价格被网友戏称为"唯一能买得起的藤原浩联名"。

同时,许多消费者还在黑色饮品杯、保温袋的基础上进行了二次创作,例如,将饮品杯改造成花瓶、笔筒,将保温袋改造成背包、纸巾盒等,将其变为日常生活中可以循环使用的单品,既实用又潮流感十足。这种消费者主动融入、主动参与的方式,不仅很好地展现了其自身的个性、态度,也赋予了产品本身更多的可能性。基于此,喜茶又一次成功地与消费者达成了互动,让产品包装不再只停留于短暂记忆,而是变得更具沉浸性和参与感。

---

2. 创业项目包装的原则

成功的项目包装一般要符合科学性、真实性、可行性、规范性、创新性和吸引性等原则。

(1) 科学性

科学性原则是提升项目包装成效的重要保障,脱离科学性原则指导的项目包装必然是盲目无效的。在项目包装过程中,要注意提高组织思维方式的科学性,运用系统思维规划整体包装活动;要以自然科学和社会科学为依据,对项目可能获得的经济效益进行科学论证;要坚持实事求是的原则,数据来源值得信赖,数据资料真实可信,运用科学的统计方法进行统计和分析,并用定性和定量相结合的方法得出结论。

(2) 真实性

真实性原则也称客观性原则,是指在项目包装过程中,以事实为基础,客观、公正、真实、全面地反映项目核心内容和价值所在;及时、准确地向投资者和社会各方传递项目的信息,把握项目的客观发展规律和项目的本质,避免弄虚作假,那些过度包装的做法和形式均是不可取的行为。

(3) 可行性

创业项目包装应认真做好市场的需求预测,把握供需平衡,对产品的销售前景、项目的技术可行性进行分析。同时还要对项目存在的风险进行预测,随时关注由于政策或法律变化导致的项目的不确定性。确定可行性时要避免主观臆断,尽量使用客观的数据进行分析,确保项目包装活动的顺利进行以及企业目标的达成。

(4) 规范性

首先包装的程序、内容、格式、使用语言需要规范化,同时要注意不同项目的特殊要求,提高与国际接轨的可能性。其次是规范化的分析,对能够定量化的经济要素要进行定量分析和计算,将有关的经济价值定量地表示出来。

(5) 创新性

富于创新的原则即要求项目包装在具体内容、分析角度、运用手段等方面有新颖独到的创新思维和科学的操作规划,标新立异、大胆创新、与时俱进,以给予社会大众一种不落俗套又充满活力的美感。

(6) 吸引性

项目的吸引力直接影响项目能否获得融资融智,这就要求项目包装策划在内容上层次分明、重点突出,要体现出项目的独特性、价值性,能够在短时间内吸引投资者的眼球,使之眼前一亮并产生兴趣。

小案例 3-4

国潮×点心:新中式点心的崛起

以95后、00后为代表的年轻一代消费人群有自己独特的审美和消费观,用"国潮"来包装品牌,是品牌拉近与新主力消费人群的最好办法之一。借国潮东风包装的新中式点心品牌,无论是装修风格还是产品、包装设计,都符合当代年轻人的审美且更具传播度,甚至"成图率"已经成为网红品牌吸引消费者的一大卖点。例如,虎头局的网红产品"盘挞"与马克杯一般高,切开以后,蛋糕馅料占据一只手掌的宽度,隔着屏幕也能感受到馅料的"呼之欲出";再如,点金狮的招牌产品是20颗大肉粒肉松饼,将其掰开后,可以看到老北京肘子肉粒,展现出的馅料够"实在"。同时由于现烤现卖的产品体验、高颜值店面装修以及KOL、KOC的种草,国潮新中式点心很快在年轻人中火了起来。

3. 创业项目包装的常用方法

创业项目包装的常用方法包括以下3种:公益活动例证法、正面事例例证法和反面事例例证法。

(1) 公益活动例证法

公益活动例证法即将项目包装与社会公益活动结合在一起。公益活动是以推广有利于社会的道德观念、行为规范和思想意识为目的和内容的信息传播类活动,具有比较强的价值导向性。它所倡导的观念通常都是全社会提倡的、符合大众利益的、对社会发展进步有促进作用的观念，容易引起社会共鸣，给人们留下深刻的印象。北京壹生慈善基金会为迎接第 32 个"全国爱牙日"，于 2020 年 9 月 20 日举办覆盖全国十省、惠及数千人的"920 儿童免费涂氟"公益活动，聚焦儿童口腔健康，关爱儿童成长。而主办方可以在后续的产品售卖时提出"关爱牙齿"的主张，帮助人们预防和治疗龋齿。

（2）正面事例例证法

正面事例例证法即将项目包装与有代表性的正面事例结合在一起，借以反映项目本身所具有的价值。例如，国毅医疗以关爱女性健康为切入点，在 2020 年下半年推出了一款 App，用户可在 App 上浏览、学习女性健康资讯，查看典型的治疗案例。

（3）反面事例例证法

反面事例例证法即通过反面事例来说明企业产品、项目的重要性。例如，绿色涂料公司在宣传时总是着重强调甲醛对人们身体健康的危害，环保企业总是宣传污染可能导致的严重后果，引发社会各界的关注，相关企业可在此基础上开展项目包装工作，提升项目研究的价值和必要性。

3.4 案例分析——Airbnb 创业营销

Airbnb 是一家将有短租需求的用户和家有空房出租的房主联系起来的 C2C 服务型平台，用户可以通过网站或者 App 发布、搜索房屋租赁信息，完成在线预订。在 Airbnb 创业之初，短期度假租房已经流行了几十年，但 Airbnb 仍凭借其独特的经营模式在当时的经济环境下快速扩张，早在 2011 年就募得高达 1.12 亿美元的融资，平台交易量高达 100 万人次。截至 2021 年 2 月，即使在新冠肺炎疫情在全球蔓延一年左右的时间里，Airbnb 的房东们仍抓住游客周边游、同城游的机会，实现了累计创收超 10 亿美元的巨大成功。Airbnb 在创业初期对项目的策划与包装力求与众不同，坚信短期内会迅速发展起来。Airbnb 后期发展速度之快，且在逆境之下展现出的超凡韧性与无限活力，也与创业过程中的优秀策划包装密切相关，值得人们研究和学习。

3.4.1 Airbnb 项目的创业过程

1. Airbnb 项目创业的启动

2007 年 10 月，住在旧金山的两位失业的设计师布莱恩·切斯基（Brian Chesky）与乔伊·杰比亚（Joe Gebbia）正为他们的房租而发愁：房租上涨的同时，原来的室友搬走了，他们还需要额外分摊另一间空房的房租。当时世界性会议——国际工业设计大会即将在旧金山召开，届时会有几千名世界各地的设计师齐聚这座城市，酒店客房供不应求，价格一涨再涨。赚钱的火花突然迸发，他们突发奇想，提出一个创造性的解决方案：何不将闲置的公寓空房，以低价租给没有订到酒店客房的设计师，以解对方与自己的燃眉之急呢？为了使这个只具雏形的初创项目实现小规模扩张，他们按照自己的设计，很快搭建好了一个简易的网站并投入使用，并说明了服务项目与申请流程。在第一次对外营业时，他们甚至没有任何正规的床位可以使用，只有 3 个充气床垫勉强凑合能出租，项目因此而得名——Airbed & breakfast。

2. 获取种子用户——抓住一切机会宣传

Airbed & breakfast 获取种子用户的方法很原始，两位创始人努力向会议组织者和设计圈发送邮件，请求他们帮助宣传项目网站。不久他们成功获得了项目第一批用户——3 位手头拮据的参会设计师,每位支付了80美元,总价比该市大多数中档酒店便宜了大约100美元。房间的独特设计、房东的周到服务让3位租客对项目赞不绝口。有了3位租客作为"活招牌",Airbed & breakfast 的良好口碑口口相传,项目的第一次试运行大获全胜。实际上这个项目几乎完美地处于酒店行业的两个极端业态之间,一个是价格昂贵的高档精品酒店,另一个是在旧金山湾区供不应求的廉价汽车旅馆。

他们陆陆续续地收到来自世界各地人们的电子邮件,询问何时能在其他热门旅游目的地享受到这样的服务。于是二人试着将这一做法复制到其他城市,通过大型集会来紧随热点,并允许人们通过信用卡在线支付。在2008年美国民主党全国委员会集会期间,总统候选人奥巴马在科罗拉多州的丹佛发表10万人演说。在集会前几周,二人获准在著名科技博客 TechCrunch 上进行宣传,宣传口号为"充气床垫和互联网在手,人人都能成为房东",吸引了无数人点击,导致网站后台一度崩溃。业务接踵而至,用户数量发展喜人,集会期间房东突破800人,80位房客预订了房间。种子用户的成功获取不仅仅是因为最初那个具有创造力的点子,更多的是因为两位创始人根据外界市场环境不断调整与改良项目,再加上对项目适当的曝光与宣传,Airbed & breakfast 一时风头无两。

3. 项目孵化——资金募集

但是类似全国性总统竞选演说这样规模巨大的盛会并不常有,此时 Airbed & breakfast 获得的成功仅仅是昙花一现,待活动结束,网站又恢复了无人问津的状态。背后深层的原因主要是项目没有足够的资金和资源进一步扩大知名度,无法让更多真正有相关需求的用户了解该项目。

在公司濒临破产的时候,为了募集更多的创业资金,杰比亚和切斯基与各种投资人见面,向他们演示自己的商业计划。两位创始人通过不懈的努力,最终得到了硅谷著名孵化器——Y Combinator 负责人的关注。他们的激情和承诺说服了这位负责人,该负责人投资2万美元,并于之后接受了他们申请加入 Y Combinator 孵化器的请求。2009年3月,公司的名称改为 Airbnb。在 Y Combinator 的支持和资源倾斜下,Airbnb 很快得到了进一步发展,2011年,Airbnb 的服务难以置信地增长了800%,平台上有大约2 500个房东入驻,很快拥有超过1万名用户。

4. 用户拉新——找到增长点

(1) 利用新技术进行价值转移

Airbnb 的工程师为了更有效地定位某个城市的潜在用户,开发了连接谷歌关键字广告服务的技术。当时该领域最大的竞争对手 Craigslist 已积累了数千万名用户。面对自己的网站流量小的问题,Airbnb 越过 Craigslist 的技术防御,开发了一个一键式整合工具,当 Airbnb 的房东在网站上发布信息时,告知用户点击嵌在其中的一个按钮就可以立即在 Craigslist 上发布同样的信息,他们的房源可供 Craigslist 数百万名用户浏览,这样每月会带来至少500美元的收入。用户在 Craigslist 上点击房源链接后会进入 Airbnb 网站,所以实际交易利润被 Airbnb 收入囊中。所谓互联网,就是流量的创生、引导、变现。早期创业公司就是要用最低的成本或者最高的投入产出比,去流量最集中的地方挖竞争对手的墙脚,薅他们的羊毛来抢用户。

这次成功的技术突破为 Airbnb 带来了巨大回报。首先,来自 Craigslist 的访问提高了 Airbnb 的知名度,许多人纷纷加入注册,发布了更多出租的信息;其次,原本习惯在 Craigslist 上发布信息的用户开始在 Airbnb 上发布信息,因为只要在 Airbnb 网站上发布,信息就能同时出现在 Airbnb 和 Craigslist 两个网站上;最后,原本的 Airbnb 用户的黏性更强了,因为他们确确实实在这里获得了更多的收入。

(2) 放置优惠券,吸引用户去做首次尝试

为了鼓励新用户使用 Airbnb,用户首次成功注册后,品牌会附送新客预订优惠券,用户可以在预订时抵扣相等额度的费用。这一措施也在一定程度上鼓励了穷游用户使用 Airbnb。同时 Airbnb 还推出了订单金额达到一定数目时,领优惠券可以减免一部分价格的折扣活动,如满 500 元减 150 元、满 700 元减 300 元这样的优惠。

除了发放优惠券外,Airbnb 偶尔也在线上的广告里推出这样的活动来引流和诱导新用户下单:点击一个链接,在这里注册新用户即可领取一串兑换码,在自己主页的相应位置输入兑换码即可兑换礼包。

在 2020 年春节期间,品牌还通过在微信平台为用户送上金额不等的红包从而鼓励用户使用。此外,Airbnb 促销的方式还包括部分房源带有大折扣预订,或与付款第三方进行合作共同推出付款优惠折扣活动等。Airbnb 会将优惠信息详情放到社交平台上进行宣传传播,以此吸引更多的消费者。通过在不同的渠道利用适当的方式发放优惠券,Airbnb 成功地吸引了一批新用户入驻。

(3) 对标传统酒店,把握独创性优势

Airbnb 之所以在短时间内就受到大量新用户的欢迎,原因还在于项目综合考虑了其相较于传统酒店的各种优势。首先,项目创立之初美国正值经济大萧条,此时公司推出了多种房源,价格通常比入住酒店便宜得多,这种做法非常具有创造性与颠覆性。其次,除了价格上的优势,Airbnb 还精准地捕捉到大众对大型连锁酒店的不满情绪。过度商业化,毫无特点、千篇一律的装修风格等问题是酒店的不足之所在。相比于标准酒店,Airbnb 的商业理念充满人情味,房东会根据房屋特点为租客提供各种个性化的定制服务,让租客在旅行过程中体会到另一种归属感。与单调无趣的酒店装修不同,租客在 Airbnb 上可以订到山峦里的艺术屋、私人阁楼乃至树屋、竹屋等具有鲜明特点的民宿,这些民宿吸引了全球各地的游客亲临体验。

5. 持续扩张——迎合市场发展趋势

(1) 进军国际高端市场

为了吸引更多目标用户群体,升级用户住宿体验,Airbnb 又推出了两个高端服务品牌:Airbnb Plus 和 Beyond by Airbnb。一个体现的是高端版的服务,另一个体现的则是高端版的产品。Airbnb Plus 专为那些寻求装修更美观的房源、服务更出色的房东以及更舒心住宿体验的房客们而设计。它不一定比其他房源贵,但它保证了服务质量,如食材储藏丰富的厨房、快速的 Wi-Fi 和舒适的床铺。Beyond by Airbnb 则提供高端奢华房源,如历史悠久的城堡、名人住过的别墅、私人小岛等。近年来,Airbnb 一直在研究高端产品线,致力于为旅行者提供越来越多的高档选择,也与豪华酒店形成了竞争。

(2) 开发中国下沉市场

随着时间的推移,Airbnb 在中国一线城市的增长趋于饱和,于是开始对下沉市场重视起来,二、三线城市在接下来的一段时间将扮演 Airbnb 的增长引擎角色。开发新市场意味着吸引和说服更多人成为房东,也意味着业务增长结构将会发生变化。目前,增长最快的前十大非一线目的地中,秦皇岛和哈尔滨这两个非典型民宿城市的业务增长尤其迅猛。

3.4.2 Airbnb 项目的包装方式

1. 以信任包装产品,为消费者提供安全感

Airbnb 这一新兴模式的兴起使人们往往可以以亲民的价格入住民宿。但也有媒体指出,

如果这一模式成为主流,那么不法分子借机从事盗窃、抢劫、非法集会等犯罪活动也将得益于这一体系,容易引起人们的恐慌。

Airbnb 若想继续成长,就必须面对用户之间的相互信任问题。于是,Airbnb 开放了社交网络连接功能,允许用户连接房东的 Facebook 账号,通过彼此社交圈子在网络上的打通,房客可以看到自己与房东之间的共同好友是谁,或是哪些朋友曾经租住了这个房子。人们也可以根据房东的地理位置、性别等信息进行搜索,找到感兴趣的房源。同时,为了保护隐私,这项功能既可以设定为只对所有已登记自己社交网络的用户开放,也可以完全关闭。通过加入这个功能,Airbnb 能够让新用户更容易对自己在平台上租住的房屋有信心,这消除了许多 Airbnb 新客人在熟悉 Airbnb 服务之前存在的顾虑。

2014 年,Airbnb 开始向所有房东提供 100 万美元的间接责任保险。在 20 多个国家里,Airbnb 房东在第三方索赔人身伤害或财产损失的情况下,可以最高获得 100 万美元的责任赔偿金,这让顾客能放心地入住,房东也能放心地把房子出租。

2. 微博微信营销

Airbnb 在社会化媒体的使用上,有许多被人津津乐道之处。例如,它通过 Facebook 这类社会化媒体的网络连接机制消除了陌生的房客和房东的顾虑,并帮助他们建立了信任感与安全感。Airbnb 邀请了一批有影响力的公众人物作为品牌大使或品牌挚友进行合作,共同拓展品牌影响力。Airbnb 还邀请消费者在社交媒体上创造内容,在标明原作者的同时,对优质内容用官方号进行转发,并对原作者赠送福利(如免费体验其他民宿等),吸引用户创作优质内容并分享给更多的人。

(1) 微博营销

在中国市场,Airbnb 主要使用的营销媒介为微博。Airbnb 在微博上创建热门话题,如"给旅行加点爱",鼓励租客们分享自己在旅行中感受到温暖和爱的故事,以及在 Airbnb 的住宿体验,用精美的照片和精心编辑的文案增强其他用户对旅行的向往,将旅行的魅力和价值传递给每一位关注者;如"爱彼迎奇妙民宿",带领大家领略平台里各种装修风格奇特的民宿,吸引消费者的眼球,让人产生想亲身体验、一探究竟的冲动。与各种旅行"大 V"合作,邀请他们去旅行,让他们在自己的社交平台上发布博文、图片、vlog 等,同时还会设置抽奖活动对微博进行引流,博得大众的关注。

(2) 微信营销

Airbnb 运用微信营销发掘潜在用户。他们以互动的姿态精准入驻目标用户的朋友圈,进行针对性的投放,观看微信用户在下面的评论,这种潜在无形的营销方式可以随时获知消费者的兴趣和动向,有利于 Airbnb 投其所好地设计和发布吸引消费者的信息。

来自 Alexa 的数据显示,Airbnb 通过社交媒体带来的转化远远高于其他同类网站。品牌本身也正在尝试利用社会化媒体平台去建立一个属于旅行者的全球化社区。在中国,Airbnb 微博相关话题被阅读超过 9 900 万次;穷游网《Airbnb 旅居指南》被下载超过 2 万次。

3. 开展公益活动,包装榜样形象

2020 年,席卷全球的疫情使短租行业大受打击,经营惨淡。面对不知何时结束的疫情与其他重重阻碍,Airbnb 推出了一个非营利性组织——Airbnb.org,接下来的两年时间里,Airbnb.org 将投入 100 万美元,旨在帮助受自然灾害影响的人们以及新冠肺炎疫情前线的工作人员获得免费的临时住宿。目前,全球已有超过 10 万名房东敞开家门,为总计 75 000 名有需要的人士提供了住宿。爱心房东的个人资料页上将显示一枚特别徽章,以表彰他们的慷慨之举和对社区的无私贡献。

3.5 创业项目营销策划书

营销策划书又称营销策划文案或营销策划方案,是策划者根据项目的具体内容和特点,为实现营销策划目标而撰写的实战方案。与商业计划书不同,营销策划书需要创新思想与创意,主要针对产品与服务进行规划,实现利润与未来销售增长,达到营销目的。

3.5.1 营销策划书的内容结构

1. 营销策划书的基本结构

一份完整的营销策划书的基本结构主要包括以下部分。

(1) 封面

封面决定着阅读者对营销策划书的第一印象,好的封面能产生强烈的视觉效果,使阅读者从主观上对阅读策划书产生期待。策划书的封面需要提供的信息有营销策划书的名称、策划项目名称、策划项目Logo、策划书编号、策划书密级、策划负责人信息、策划书完成日期等。

(2) 目录

目录展现了方案的设计思路与要点,应能使阅读者对营销活动流程、营销策划书整体结构有大致了解,同时为查找翻阅提供方便。

(3) 前言

前言是对营销策划书的内容进行高度概括,并引起阅读者的注意和兴趣。因此,前言部分的内容应简明扼要,主要介绍本次营销活动的重要性以及营销策划的概况。

(4) 正文

正文是营销策划书最重要的部分,在正文中应交代策划目标、内容、预算与进度、预测效果以及一些细化内容。

(5) 附件

附件对正文起着补充说明的作用,便于策划书的实施者对问题解决详情进行了解。凡是有助于阅读者理解策划内容的可靠资料都可以列入附件中,但也不要冗余。一些其他注意事项应附在营销策划方案上,如执行本方案需要的条件、需要取得哪些部门的支持协作等。

2. 营销策划书正文的主要内容

营销策划书正文主要包括以下部分。

(1) 总体概述

首先对公司、创业项目的策划团队人员分工和创业项目进行简要介绍,让投资者对公司背景、项目背景有一个初步的了解;其次详细描述项目产品特征;最后要对营销策划的目的、要实现的目标进行全面描述。

(2) 目标市场概述

目标市场概述主要描述创业项目目标顾客的特征,包括但不限于目标用户的性别、年龄段、爱好、收入等。

(3) 环境分析

创业项目产品在进入市场时,需要对同类市场状况、竞争状况以及宏微观环境有一个清晰的认识。环境分析为企业制订营销策略、采用适合的营销手段提供依据。

(4) 创业机会与问题分析

创业机会与问题分析主要是指运用SWOT分析方法对创业项目自身的优劣势及面对的市场机会和威胁进行分析。

(5) 项目的营销战略与具体方案

项目的营销战略与具体方案主要包括目标市场战略和竞争战略的选择,以及产品、价格、渠道、促销等营销策略方案。

(6) 项目行动方案

项目行动方案包括各项具体行动方案、策划方案的费用预算以及策划方案可能遇到的风险和管控措施等。

3.5.2 营销策划书的撰写原则与技巧

一份成功的营销策划书要条理清晰,逻辑分明,使阅读者粗略过目就能了解策划活动的大致内容,仔细看后能够有计划地执行策划书中的内容。要想提高策划书撰写的准确性与科学性,应遵循以下撰写原则,把握一些撰写技巧。

1. 撰写原则

(1) 务实原则

为提高策划活动的可操作性,营销策划书的内容必须务实,使方案更适配企业当下拥有的资源,面对环境变化表现更为稳定,在竞争中承受风险的能力更强。无法操作的创意再好也没有价值,而且还会耗费企业大量的人力、物力、财力,甚至带来负面影响。

(2) 简洁原则

撰写者在设计策划书时,要注意突出重点,抓住营销活动要解决的核心问题,提出针对性强、可行性高的对策。切忌内容华而不实,废话连篇,让阅读者的阅读兴趣大打折扣,失去实际操作的意义。

(3) 严谨原则

为提高营销策划书的说服力与可信性,策划书的内容结构要做到条理清晰,逻辑严谨,无论是在叙述的逻辑上还是在层次上都要保持严密、清楚。

(4) 创新原则

新颖的创意是策划书的核心内容。策划活动的创意新、内容新,表现手法也要新,给人以全新的感受。

2. 撰写技巧

(1) 理论与实践相结合

为策划者的观点寻找足够的理论依据,可以提高策划内容的可信性和阅读者的接受程度。同时也可以加入适当的成功案例,充实实践内容,增强说服力。

(2) 适当运用数据与图表

策划书中任何一个观点都需要有依据,数据就是最好的依据,要保证数据的来源可靠。可以将冗杂的数据整理成图表形式,更直观地呈现效果,帮助阅读者理解策划的内容。

(3) 合理设计版面

策划书的视觉效果无形中也会影响策划效果的好坏,合理的版面设计可使策划书重点突出、层次分明,严谨但不死板,这也是策划书撰写的技巧之一。

3.5.3 营销策划书模版

1. 封面

密级：　　　　　　　　　　　　　　　　　　　编号：

（Logo）

_____公司_____项目

营 销 策 划 书

策划负责人_____

年　　　月　　　日

2. 目录

目　录

一、总体概述………………………………………………………………	××
1. 公司介绍 ………………………………………………………………	××
2. 项目策划团队介绍 ……………………………………………………	××
3. 创业项目介绍 …………………………………………………………	××
4. 项目营销目标 …………………………………………………………	××
二、项目目标市场概述……………………………………………………	××
1. 主要目标市场 …………………………………………………………	××
2. 顾客外在属性 …………………………………………………………	××
3. 顾客内在属性 …………………………………………………………	××
三、项目环境分析…………………………………………………………	××
1. 当前市场状况 …………………………………………………………	××
2. 项目市场前景 …………………………………………………………	××
3. 影响产品营销的因素 …………………………………………………	××
四、创业机会与问题分析…………………………………………………	××
1. 项目的机会 ……………………………………………………………	××
2. 项目的问题及其解决方案 ……………………………………………	××
五、项目的营销战略与策略………………………………………………	××
1. 主要营销战略 …………………………………………………………	××
2. 产品策略 ………………………………………………………………	××
3. 价格策略 ………………………………………………………………	××
4. 渠道策略 ………………………………………………………………	××
5. 促销策略 ………………………………………………………………	××
六、项目行动方案…………………………………………………………	××
1. 具体行动方案 …………………………………………………………	××
2. 策划方案费用预算 ……………………………………………………	××
3. 策划方案进度 …………………………………………………………	××
4. 策划方案风险管控 ……………………………………………………	××
附件	

拓 展 资 源

实 训 作 业

1. 实训任务

(1) 创业营销基本知识训练

以小组为单位,调研 2~4 个项目的创业历程,分析其创业营销的特点。

(2) 创业产品策划训练

以小组为单位,结合创业产品策划相关知识,为某家公司开发策划一款新产品或产品线。

(3) 创业项目营销策划书的阅读理解训练

阅读两篇营销策划书,分析其优缺点。

(4) 创业项目营销策划书撰写实训

小组协作完成一份创业项目营销策划书。

2. 实训目标

本章实训作业的目标:一是加深同学们对创业项目营销策划理论知识的理解;二是训练同学们将所学的理论知识熟练地运用于实践,围绕某个具体的创业项目,开展实景策划和设计,培养同学们独立思考、集思广益、团结协作的能力。

3. 实训要求

① 以小组为单位,每组 4~5 人,由小组成员集思广益,合作完成。建议针对营销策划书的主要内容,分工协作、集体讨论,召开不少于 3 次的小组会议。

② 对于创业项目的选择,需要小组成员以创业者的角色和心态,根据自己的兴趣、爱好、特长和愿望,通过查阅资料,了解市场,提出自己的设想,经过集体讨论后确定。

③ 要求小组成员对创业项目的营销策划设计有较为深刻的理解,尤其是要注意与传统项目营销的不同之处。同时还需要对本项目的独特性与核心竞争力有系统的分析说明。

④ 结合课堂实训教学内容与小组创新想法,思路清晰,设计完整。

⑤ 提交一份完整的创业项目营销策划书。

创业产品推广与品牌形象策划

与具有稳定组织架构、雄厚资金支持的成熟企业不同,创业企业在前期资源匮乏的情况下,将有限的力量用于产品与服务研发后,面对产品推广与品牌形象的策划执行显得支持乏力。但创业企业的产品推广与品牌形象策划也因没有成熟企业的诸多限制而更加自由、灵活,不受既有印象的束缚,许多创业企业在机会与压力中爆发出影响整个行业的产品推广方案,塑造出许多经典、独特的品牌形象,牢牢地占据了消费者的心智。因此,创业产品的推广与品牌形象的策划重点要关注在创业情境下的限制与机遇。在汲取传统营销策略智慧的基础上,推陈出新,善用互联网、大数据等先进技术,更好地满足用户需求,营造更加个性化的服务体验,最终树立顶级的品牌形象。

4.1 创业品类选择

彼得·德鲁克强调:"企业唯一的目的是创造顾客,这是企业区别于其他任何组织的最重要特征。为了实现这一目的,企业有且只有两项基本职能,那就是营销和创新。"营销是企业的外部职能,目的是将产品卖给顾客,在外部创造顾客。创新是企业的内部职能,目的是创造满足顾客需求的产品,在内部创造顾客。

在一个行业,开创一个有潜力的新品类,是创建一个成功品牌的最佳机会。让品牌成为消费者心智中某品类的代表,并主导该品类,就造就了一个成功品牌。开创新品类实现了营销和创新的统一,它在企业外部以市场竞争为导向,找到消费者心智中的品类空缺,回到企业内部指导产品创新,研发并生产出能满足消费者潜在需求的产品,再通过营销工作推向市场去创造顾客。

4.1.1 品类概述

1. 品类的定义

顾客购买什么?购买的对象可以是实际存在的,也可以是虚拟的,这些不同的对象分类构成了商品或服务的品类。品类即顾客在购买决策中所涉及的最后一级商品分类。

品类强调具体商品的最后一级分类,"可乐""瓜子""智能手机""抽油烟机"等属于品类,这些商品定义在人们脑海中可以想象出具体的商品。而"零食""电子产品""厨房电器"等更模糊笼统的商品类别不属于品类。因为它们代表很多不同的商品,无法形成具体的某一商品映射。品类是顾客做出购买决策时涉及的最后一级分类并可从该分类关联到某品牌。

2. 强势品类与弱势品类

最初的"品类"概念服务于商品生产以及货架管理的商品分类需求,由行业或商家决定。随着商品类别的不断分化发展,大众消费者对商品类别的划分与行业类别的划分出现差异,而消费者对于类别信息的理解对经营者更有价值。处于同一分类下的商品往往会受到消费者的不公平对待。例如,以蒙牛、伊利为代表的"草原牛奶"比普通品牌牛奶更受欢迎,强调100%果汁的汇源被认为比鲜橙多更健康。销售数据表明,结合了消费者心智的品类有高下之分。

品类有强弱之分,能够建立强势品牌的品类是强势品类,否则就是弱势品类。强势品类自身能完成心智预售,即顾客产生一种需求时,往往有多个品类可以满足需求,强势品类能首先被消费者选中。如果品类能够完成心智预售,而且单价较高,顾客难以自行判断质量,如空调、冰箱、洗衣机等大家电,教育、医疗等购买风险较高的品类,汽车、手表、手机等大额、耐用、彰显个性的消费品,顾客则希望由专家品牌来提供保障价值和彰显价值,这些品类就是强势品类。

3. 品类与品牌的关系

顾客确定了购买品类后,买谁家的产品呢?同品类下有许多不同厂家的商品,各厂家商品在这个细分市场内激烈竞争,依据自己的差异化战略在相同中努力营造不同以彰显其独特性。此时同品类的不同商品对应的就是品牌。

引起消费者的购买欲望,推动购买的是品类。消费者决定了购买的品类后,根据个人偏好选择该品类的代表性品牌,即"用品类来思考,用品牌来表达"。例如,消费者想更换手机时,才会考虑购买"苹果"还是"华为""小米""OPPO""VIVO"等品牌。

4. 品类的分化

当品类总规模很小时,个性化需求达不到经济上可行的规模,没有企业生产,当品类成长到足够大规模时,个性化需求达到经济可行的规模,就会有企业针对该小众需求生产差异化产品,当差异化到达一定程度时,顾客会认为新产品是不同的品类,即形成了认知隔离,此时分化后的新品类就诞生了。品类只会分化,不会融合,某单一品类随着时间的推移会不断分化出越来越多的新品类,分化是商业发展的基本规律和源动力。

小案例 4-1

鞋的品类分化

随着鞋的进化,人们对鞋逐渐有了许多不同的要求,例如为了方便随时穿脱,出现了没有后跟的鞋,它和正常的鞋子不同,顾客就认为那是一种新的鞋子品类——拖鞋。鞋品类分化的方式很多,例如用完全不同的材料,顾客就会认为是不同的品类,如草鞋、布鞋、皮鞋。早些年运动鞋是一个具体品类,一双运动鞋什么运动都可以穿。如今运动鞋已经变成了抽象品类,分化出了"球鞋""跑鞋""旅游鞋"等,而"球鞋"也分化出了"足球鞋""篮球鞋""羽毛球鞋"等。

4.1.2 开创新品类

创建成功品牌的最佳机会不在于追逐现有的大市场,而是通过开创一个新品类创造新的市场。

1. 开创新品类的条件

(1) 判断新品类的现有与未来市场规模

新品类往往现有的市场规模小,甚至为零。越是具有开创性的新品类,其现有市场越小,但其未来市场会越大。

判断新品类未来市场规模的常用方法是参考现有品类内竞争对手的市场规模,因为新品类的出现往往伴随着对已有品类内竞争对手客户的抢夺。新品类依据自身特性,会与上级品类甚至完全不同的品类产生竞争关系。例如,液态豆奶推出之初,其最主要的竞争对手是老品类豆奶粉。随着品类的分化及消费的升级,豆奶粉市场式微。这时液态豆奶的最主要竞争对手就是牛奶,因两者有很多共性,存在较明显的竞争关系。

(2) 判断是否足以成为新品类

判断一个新产品是否为新品类,要从潜在顾客心智认知的角度出发,依照差异性和价值性两个维度判断。首先,新品类和老品类相比,必须要有明确的差异性,能让潜在顾客通过视觉、听觉、嗅觉、味觉、触觉轻易识别出其与众不同之处。差异性越明显,新产品就越能成为新品类。其次,新品类必须带给潜在顾客能感知到的价值性,能满足潜在顾客某方面的需求或解决潜在顾客某方面的问题。与老品类相比,新品类的价值性要独特且有明显优势。

2. 开创新品类的方法

(1) 抢占市场空白

市场空白指消费者存在某类产品的潜在需求,但市场上无此类产品存在。通过发现市场空白,推出新产品抢占市场空白,是开创新品类最直接的方法。

(2) 产品创新

通过产品创新,对已有的产品进行改良、升级或换代。如果消费者认为它和原有产品有明显的区别,新产品就可以作为一个新品类运作,设计构建新的品牌、新的宣传方式与新的销售渠道。

(3) 方便性包装

方便性包装指将现有品类的商品通过更便捷、标准化的产品包装分装或整装后售卖,以达到创造方便型产品新品类的目的。在食品、饮料行业,很多产品通过方便性包装开创了新的品类,造就了诸多成功品牌。例如,瓶装纯净水造就了娃哈哈,瓶装绿茶造就了康师傅绿茶,袋泡茶叶造就了立顿,罐装凉茶造就了王老吉等。

(4) 价格区隔

价格是影响消费者购买决策的一个关键因素,不同的价格不仅可以区隔不同的品牌,还可以圈定不同层次的顾客群。同一品类的产品,可根据原料、工艺、附加价值等元素在价格区间中区分,其中价格最高的一档被称为奢侈品,价格适中的为平价产品,价格最低的为廉价产品。无论哪一档价格的产品都有其消费者群体,因此价格区隔在任何品类中都有体现。

(5) 规格区隔

规格区隔指有形的产品有尺寸、容量等规格大小之分。不同的规格会在消费者的心智中形成不同的认知,成为消费者心智中不同的品类。无论大分量的"实惠装"还是小分量的"随身装",都有适合的消费场景与人群。

(6) 聚焦次要特性或功效

随着品类消费的逐渐成熟,会分化出不同需求的潜在顾客,他们对品类的次要特性或功效也有兴趣和需求,可以通过聚焦品类的一个次要特性或功效开创一个新品类。例如,平板电脑是剥离计算机或剥离手机的娱乐功能而形成的新品类。

3. 新品类的命名

新品类满足了现有品类未能满足的需求,潜在顾客虽然不知道新品类的名字,但却迫切需要新品类。因此,新品类开创者要为新品类起个好名字。若消费者不能理解这个品类名,或者这个品类名表达的意思和消费者已有的认知冲突,则消费者将难以接受这个品类。为新品命名时要尽量借助于已具有广泛认知的概念或品类,需要与新品类的特性与基调相吻合。新品类的命名要点是有根、好感度高、直白、简短。

(1) 有根

"有根"即品类名应标明新品类的来源,符合品类分化规律。新品类通常来源于某个抽象品类或老品类的分化。例如,酸奶、豆奶的根是"奶",对接了客户对"奶"所代表的营养元素的需求;轿车、卡车的根是"车",对接了顾客对于"车"所代表的运输功能的需求,这里"奶"和"车"都是抽象品类。对接顾客需求是品类名的核心任务,无根的品类名会给新品类的推广带来障碍。

(2) 好感度高

当新品类有几个候选名字时,应选择能让顾客产生更大好感、更有价值感的名字。在观赏植物中,一个有价值感的好名字甚至会成为品类的主要卖点,如"发财树""金钱树""富贵竹""君子兰"等。

(3) 直白

品类名应直指品类核心特性或形象化,不要迂回曲折、令人费解。例如,"水蜜桃"这个品类名直白地表达出了这种桃子的核心特性是甘甜多汁,让人一听就食欲大增,因此成为桃子中的强势品类。

(4) 简短

品类名越简短越好,当信息过载时,只有简短好记的名字才能长久停留在消费者心智当中。若品类名太长,人们就会自动将其简化。例如,"超级市场"被称为"超市","全球定位系统"被称为"GPS"。

延伸阅读 4-1

华为智慧屏:让电视更"智慧"

4.1.3 在已有品类里寻找差异化

创业也可以选择一个已存在、强势并热门的品类,在已有不少竞争者的同一赛道上做出差异化产品。差异化可来自物理特性、市场特性和文化特性等方面。

1. 物理特性

① 拥有特性:指产品直接的物理特性,如好吃、好看、耐用、安全、便携、易用、有趣、保湿、美白等,这些常见的形容词都是产品差异化所在。

② 制造方法:指间接的物理特性,如纯手工、长时间、多工序等可以唤起高品质联想,有时也是在彰显一种品牌理念。

③ 新一代:指技术类产品中"更好、更新"的产品。

2. 市场特性

① 开创者:顾客认为开创者代表着原创或正宗,意味着其具备更多的知识性和专业性。

② 领导者:暗示赢得了最多人的选择,为品牌确立了强大的信任感,激发从众行为。

③ 热销：激发用户关注并跟风购买。
④ 经典：暗示历史悠久，提供了一种经过长期验证的安全感。
⑤ 受青睐：暗示受到某种身份或亚文化人群的青睐。
⑥ 专家：在产品领域内具有权威性的专家机构推出的品牌，顾客自然认为专家品牌、专业品牌比延伸品牌有更多的知识和经验。

3. 文化特性

（1）文化差异

文化差异往往由地理差异、历史差异、种族差异等构成，在这些差异的共同作用下，文化差异时时刻刻影响着人们的生活方式。地理差异广泛存在于气候与土地、植物与动物、社会与个人中，它不仅决定了许多商品原材料的不同品质，也决定了不同地区人们的行为习惯。历史差异指因为某些特定的重大历史事件导致的对经历和未经历群体的影响差异。种族差异指不同的外貌特征、语言、信仰、生活习性导致的对同一事物的不同观点。随着文化的动态发展，受文化影响的品类发展同样会沿着不同方向各自进化，产生更多适应文化单元的新生事物。

（2）文化空白

不仅文化差异会导致品类发生巨大变化，文化自身的积淀也是发现品类差异的宝库，文化需要自信地表达。一些区域特征明显的品类，由于关注度低下、品类资源分散，未被充分商业化，从而呈现出近似空白的巨大品类机会。例如，我国古代大量输出的丝绸、瓷器以及茶在今天基本处于只有品类没有品牌的状态，因此"小罐茶"才会备受关注。

4.2 创业品牌形象策划

比做出一个好产品更重要的是建立对一个"好产品"的认知。如果某品牌是某品类的领先品牌，则该品牌就享有"更好产品"的认知；如果某品牌是某品类的专家品牌，则该品牌就享有"更好产品"的认知；如果某品牌卖得更好，则该品牌就享有"更好产品"的认知。真正能赢得竞争的是品牌而不仅仅是产品。

4.2.1 品牌与品牌形象

品牌是一种名称、名词、标记、符号、设计，或是它们的组合运用，其目的是借以辨认某销售者的产品或服务，并使之同竞争对手的产品和服务区别开来。品牌以其具有优异品质的商品或服务为载体，以文化和价值观念为内容，通过各种营销和传播活动，与目标消费者建立彼此相互认同并为双方带来利益的关系总和。品牌可分为产品品牌、服务品牌和企业品牌。

产品品牌指有形的实物产品的品牌，服务品牌是以服务为主要特征的品牌，企业品牌或公司品牌是消费者认可的企业（公司）作为品牌的整体形象。例如，"中国联通"是企业品牌，"沃家庭""沃服务"等是服务品牌。

品牌形象指企业或其某个品牌在市场上、在社会公众心目中所表现出的个性特征，它体现消费者对品牌的评价与认知。

品牌形象与品牌不可分割，形象是品牌表现出来的特征，反映了品牌的实力与本质。品牌形象策划是企业通过科学的手段，经过一次次的策划品牌的事件或活动，使企业形象和产品品牌在消费者脑海中形成个性化的区隔，达到消费者与企业品牌和产品之间统一的价值观，从而开展品牌声浪传播的策划活动。

4.2.2 创业品牌的机会

1. 商业的分化趋势

商业是在分化和进化的不断交替中实现繁荣的。任何品类都会在分化力量的作用下诞生新品类,这是诞生新品牌的机会,也是创业企业创建品牌的机会。分化是商业界发展的原动力,技术、文化和传播环境的变迁创造了促使品类分化的条件,市场越成熟,竞争越激烈,分化的程度越高。能把握趋势、认识并利用分化力量的企业,往往能取得巨大的成功。

2. 消费需求的多样性

(1) 经济发展带动非主流消费力提升

消费者可分为两个群体:一个是保守的群体,他们不敢尝新,害怕风险,购买知名的领先品牌产品,是消费的主流人群;另一个是开放的群体,他们思想开放、独特、前卫,乐于尝新,敢于冒险,购买符合自己个性的新兴品牌产品,是消费的非主流人群。随着我国经济发展,从大城市到小城市,越来越多的年轻人变得思想开放,追逐个性潮流。非主流消费群体的规模越来越大,为创业企业提供了很好的打造品牌的机会。

(2) 中国市场规模庞大、发展迅速、消费层次丰富

改革开放以来,中国经济进入发展的快车道,市场需求随消费能力急速提升,庞大人口带来巨大的市场潜力,且市场消费水平层级多,多元民族、中西方文化融合使得不同消费者群体的价值观也出现差异,这些因素都提供了更多细分市场的发展机会。

3. 互联网技术的机遇

互联网技术发展带动的全新互联网＋商业模式给创业企业提供了品牌创建机会。

(1) 更低的启动成本

互联网具有草根属性,互联网商业相较于传统商业,前期成本投入更低,更适合创业者白手起家,蕴含创建品牌的巨大机会。

(2) 更大的市场规模与市场潜力

互联网面向新的人群,蕴含新的需求,存在打造品牌的新的机会。互联网消除了线下市场的空间局限,存在着更大的潜在客户群体。

(3) 更快速广泛的营销传播

网络社交媒体的繁荣及移动互联网的快速普及使得人人都可以成为自媒体,创业企业可以将品牌通过顾客口碑更快速、更大范围、更低成本地传播。

4. 创业者的自身优势

第一,创业者离市场近,了解市场一线的情况,具有敏锐的商业嗅觉,能发现潜在的市场机会。这是绝大部分守业企业无法做到的。

第二,创业者不担心失去什么,只在乎想要什么。这样的勇气也是大部分守业企业所缺失的,守业者为保持现有企业的发展,投入新项目主动承担风险的意愿会更低。

第三,创业者从零起步,没有增长的压力,也没有太多的项目选择,一般都能专心并耐心地创一份业。守业企业的增长压力不容许自己所投的新项目缓慢成长,否则就会转投其他项目。

5. 大企业的局限

新品类诞生之初,品类既有容量较小,大企业迫于增长的需求或压力,对于新品类往往缺乏兴趣。从实践来看,品类成长初期市场容量波动较大,难以准确预测。传统市场预测忽视品

牌对品类的拉动作用,导致市场预测往往低于品类实际成长。低估带来的结果是成熟企业不愿推出新品类。

由于新品类市场前景存在不确定性,领先企业的一种策略是在市场已经解决了创新的主要风险后再进入,在新品类中实现"后发先至",赢得新品类主导权。

延伸阅读 4-2

互联网下的三只松鼠

4.2.3 创业品牌定位策划

1. 品牌定位

品牌构建的首要任务是品牌定位,品牌定位确定了品牌未来发展的方向。面对一个传播过度和产品越来越同质化的时代,要赢得消费者,必须让产品独树一帜,在消费者心目中占据独特的地位。定位是为公司提供的产品、服务及公司形象进行设计的行为。品牌定位可使公司在目标客户的心目中占据一个特殊的、备受重视的位置。

在品牌定位的过程中对品类的选择和设定尤为重要。对消费者来说,每一个品类都代表着一个综合的认知集合,这其中既包括对基本功能的认知,也包括由该品类的这种基本功能而引起的消费者的情感性联想。消费者认知集合的差异性是品类独特性的基础。创新、个性化、拟人化的品类设定将为品牌定位奠定良好的基础。

唯有品牌定位准确,消费者才会感到商品有特色,有别于其他产品,形成稳定的消费群体。唯有定位准确的品牌,才会形成特定的品位,成为某一层次消费者文化品位的象征,得到消费者的认可,让消费者得到情感和理性的满足感。

2. 创业品牌定位的主要方法

(1) 利益定位

利益定位指根据品牌向消费者提供的服务功能来定位,而这一功能利益点是其他品牌无法提供或没有诉求过的。利益定位强调特别能够满足消费者的某一种利益,突出品牌在该方面的特点和优势,让消费者按偏好和对某一品牌利益的重视程度,更迅速地选择商品。

在进行利益定位时,产品和服务的利益诉求点要满足以下 3 点。

① 利益的诉求点必须是独一无二的,其他企业无法提供,或没有提及过。

② 利益的诉求出发点必须是消费者,利益的卖点必须是消费者最关心的、最感兴趣的、最需要的。

③ 利益的诉求点要集中,昭示明确,不要庞杂而分散了消费者的注意力,失去关注焦点。

(2) 顾客定位

企业有时无法将自己的产品功能丰富至可以服务所有顾客,而是针对自身的能力向特定的顾客提供有特定内涵的产品价值,这就是顾客定位,强调品牌特别适合某一顾客群体。

对目标客户群体的挖掘可通过属性分析与数据分析结合的方法实现。属性分析包括用户的外在属性、内在属性与消费属性的分析。

① 外在属性。外在属性指客户的地域分布、客户的产品拥有、客户的组织归属,如企业用户、个人用户、政府用户等。外在属性数据易得,但比较粗放。

② 内在属性。内在属性指客户的内在因素所决定的属性,如性别、年龄、信仰、爱好、收入、家庭成员、信用度、性格、价值取向等。通过客户的内在属性可将客户定位,如 VIP 客户等。

③ 消费属性。消费属性即 RFM(最近消费、消费频率与消费额),这些指标需在财务系统中得到。例如,在通信行业中,对客户定位主要依据话费量使用行为、付款记录、信用记录等特征。

运用大数据技术,对消费者行为数据进行挖掘分析,可使创业品牌的顾客定位更为精准。

(3) 竞争定位

竞争定位指为突出本企业产品与竞争者同档产品的不同特点,通过评估选择,确定对本企业最有利的竞争优势并加以开发。竞争定位强调品牌胜于对手的优点,关键在于关注不同市场中的消费者如何看待竞争性企业及其产品、服务或品牌,并以此匹配品牌自身的优点。

一个好的竞争定位应具备以下 3 个特点。

① 竞争差异性。定位应清楚表达与竞争者的差异所在,差异性越大越能吸引目标市场的注意,建立鲜明与深刻的印象。

② 市场接受度。创业品牌能够被目标市场认可,是必要且重要的。更高的市场接受度代表着更强的市场竞争力。

③ 企业自身条件的配合。定位需要符合企业的目标与策略,并有足够的资源配合,以维持长久的竞争力。

4.2.4 创业品牌元素策划

1. 品牌名称

品牌名称是消费者的情感点,其中蕴含的不只是记忆。给创业品牌取名字有以下 4 个要点。

(1) 反映品类特性

品牌名称应能传递产品给消费者带来的利益点和品牌的定位,突显产品的特征和功能。例如,可口可乐、周黑鸭、农夫山泉、鲜橙多及汤城小厨等品牌就能很好地反映出其所属的品类分别为可乐、卤鸭、天然水、橙汁及餐厅。

(2) 新颖独特

新颖独特的名字才能与众不同、打动消费者。品牌名称要具有新鲜感,最好可以创造出新的概念,迎合甚至引领时代潮流,体现品牌的独特个性,以满足受众的情感需求。例如,"抖音"很好地表达了短视频平台的特色。

(3) 简单响亮,易于传播

音节简单、发音响亮、声调起伏的名字更容易让消费者记忆深刻、经久难忘,能使品牌脱颖而出。对许多品牌名称的研究表明,在中文语境中二到四音节是最佳选择,绝大多数的品牌名称均为 2~4 个字。

(4) 品牌名称误区

品牌名称应避免陷入以下误区。

① 使用生僻字。
② 品牌名称艺术化设计过度。
③ 使用谐音字。
④ 使用中英文混搭。
⑤ 与已有品牌名称混淆。

陷入这些误区会破坏品牌名称的可读性、可理解性、可传播性,与塑造品牌印象的初衷背道而驰。

2. 品牌标识

品牌标识指品牌中可以被认出、易于记忆,但不能用言语称谓的部分,包括符号、图案、字体、色彩等。品牌标识是一种视觉语言,能够向消费者传递品牌信息,以达到识别品牌、促进销售的目的。

品牌名称和品牌标识构成完整的品牌概念要素,品牌标识能够促进消费者形成品牌认知、品牌联想和品牌偏好。

创业品牌标识设计要遵循以下原则。

① 简洁明了,让消费者易认易记,避免复杂、歧义和累赘。

② 寓意明确,能准确表达品牌特征。品牌标识为品牌服务,标识要让人们感知到这个品牌是做什么的,能够带来什么利益。要表达新生品牌的精神,巩固新生品牌个性,为其未来的成功打下良好的基础。

③ 造型独特,有设计美感,易于与竞争者相区分。优美流畅的标识设计能够获得消费者的喜爱,具有情感价值。

3. 创业品牌的独特视觉颜色

在企业品牌设计和产品营销运作中,恰到好处地运用色彩的力量,能使其在视觉上刺激和引导消费者,加深消费者对产品和企业的印象。

色彩是客户接触品牌时的第一感知要素,客户基于这一点会引发一系列情感联想,产生相应的品牌认知。基于可见光的频谱角度,不同的波长会带来不同的心理反应。具有长波长的颜色(如红色)让大脑有更快的确认反应,而具有短波长的颜色(如蓝色)让人感觉比较舒缓,可以减压。

(1) 选择品牌颜色的因素

品牌颜色重点要传达品牌的含义及差异性,能让客户产生特定的情感联想,与品牌战略定位相契合。选择品牌差异化颜色,可从以下几个方面入手。

① 目标受众。谁是你的目标受众?他们关心什么?他们处于什么样的心态下才愿意与品牌互动?不同的消费者对同一种颜色的反应不同,再加上消费文化不断变化,要考虑哪一种颜色能最好地体现品牌价值,并让品牌脱颖而出。

② 品牌原型。如果已经确定了相应的品牌原型,那么哪种颜色最能代表这种品牌原型的属性?例如,如果品牌原型是探险家户外运动品牌,就要思考哪种颜色能够象征户外探险或与此相关。

③ 区域文化。世界各地的人对颜色背后的文化都有不同的理解。对颜色的认知随着种族、年龄、社会阶层、性别和宗教的不同而不同。选择颜色时,品牌所在市场的文化必须作为一个重要的考虑因素。

(2) 独特品牌颜色的选择经验

品牌独特的视觉颜色可以让品牌有效区隔于竞争对手,让消费者一眼就能辨识出来,方便选择和记忆。对于创立新品类、开拓新细分市场的品牌来说,具有辨识度尤其重要。根据创业品牌的成功案例,在选择品牌的主色调时,可遵循以下成功经验。

① 选择凸显品类特征的颜色。选择能够凸显品类特征的颜色,可加强品牌与品类的关联认知,进而有助于建立起品牌的认知优势。作为新品类的开创者,享有优先选择颜色的权利,而最佳颜色就是能够凸显品类特征的颜色。

② 聚焦单色。一种颜色会更醒目,更容易识别和记忆,一个品牌聚焦一种颜色,有助于其建立起明确的品牌认知。

③ 选择基本色。基本色有红、绿、蓝 3 种,品牌颜色常选择基本色,并将中间色黑、白、灰作为辅助色使用。基本色所代表与象征的意义相较于其他颜色更加清晰明了,因此顾客可以更容易地通过颜色语言了解到品牌秉持的内涵与文化。

④ 选择与领先品牌对立的颜色。差异化是创建品牌的核心原则,作为一个品类的后进者,选择与领先品牌对立的主色调是直接体现差异化的有效手段。例如,百事可乐的蓝色就与可口可乐的红色对标。

4.2.5 创业品牌个性

20 世纪 50 年代,美国 Grey 广告公司对品牌内涵进一步挖掘,提出了"品牌性格哲学"。随后,日本早稻田大学的小林太三郎教授提出了"企业性格论",从而形成了广告创意策略中充满生命力的新策略流派:品牌个性论。该策略理论在回答广告"说什么"的问题时,认为广告不只是"说利益""说形象",而更要"说个性"。由品牌个性来促进品牌形象的构建,通过品牌个性吸引特定人群。这一理论强调品牌应该人格化,以期给人留下深刻的印象。

品牌个性像人的个性一样,是通过品牌传播赋予品牌的一种心理特征,是特定品牌使用者个性的类化,如吃苦耐劳、优雅的、冒险的、顽固的等。

品牌个性有自我表达的功能,通过受众联想来实现。很多人买奔驰汽车不仅仅是因为奔驰汽车的性能好,还因为奔驰的品牌所代表的社会地位和生活方式。消费者通过购买品牌的品牌个性向他人展示自己的品位。品牌个性可以将品牌的主张传递给它的目标受众,起到连接受众的目的。品牌个性并不是顾客的个性,而是通过设计的个性吸引顾客。品牌个性需要契合该品牌做的每件事。品牌管理者在策划品牌个性时应自问以下几个问题:如果品牌是一个人,那么会是一个怎样的人?他的兴趣爱好是什么?他会穿什么样的衣服?他会做什么运动?当你想起某品牌的时候,你的脑子里闪现的第一印象是什么?

小案例 4-2

艾克的"品牌个性尺度"

在品牌个性研究中,很多学者做了大量工作,提出了不少以特征为基础的个性评价尺度和方法。品牌专家大卫·艾克用"品牌个性尺度"对 1 000 位美国受访者、60 个具有明确个性的品牌展开调查,"纯真、刺激、称职、教养和强壮"这 5 个个性因素几乎可以解释绝大多数(93%)品牌间的差异。

品牌个性具有独特性和整体性,它能够让品牌的形象很容易地被识别,使人们可以把一个品牌当作人看待,使品牌人格化、活性化。

延伸阅读 4-3

特斯拉的品牌形象

4.3 创业产品与品牌推广策划

创业企业的推广机会无比珍贵,资源不足使其试错成本高,而且创业企业的第一个品牌或产品决定了企业在整个行业与消费者心目中的第一印象。对于陌生品牌,用户只愿意给予一次机会,一旦产品出现问题,即便创业企业后续针对问题努力改进,用户也会对整个创业企业产生怀疑。因此,对创业产品与品牌的推广来说,不过分追求增长的速度,在吸引核心用户的同时不断更新迭代产品与品牌往往是更明智的选择。

4.3.1 创业企业的推广重点

产品与品牌的推广目标依据企业战略的不同可以有不同的侧重点,成熟企业在进行推广时,可能更看重新产品线和新品牌的增长速度、变现能力,或期望新品牌能够重塑消费者对企业的印象,以此进军高端市场或下沉市场。对于创业企业来说,这些目标还过于遥远,创业企业推广的重点是在有限的成本约束下尽量扩大市场,聚拢核心用户,在行业和消费者心智中树立品牌形象。

1. 品类优先

新品类发展初期,企业的推广重点应该放在品类而不是品牌上。因为新品类刚推出时的市场几乎为零,需要企业投入足够的资源开拓市场。尤其是没有其他同行,企业孤军奋战。新品类发展初期,不存在品类内的品牌之争,而是新品类与老品类或相关品类的竞争。这时的品牌还没有被认知,企业的重点工作是培养消费者,推广新品类。只有新品类的市场发展壮大了,作为新品类开创者的品牌才能实现更多销售,才更有价值。

2. 低成本优先

创业企业因公司规模小、融资困难等限制,往往没有足够的资金投入营销推广,需要用更低的成本达到更好的宣传效果。在互联网产品增长案例中,总能看到这样的做法:热点前沿行业中的初创企业在获得互联网巨头的融资后将大量资金用于营销推广,通过简单粗暴的撒钱手段获得大量用户。资金的大量投入确实能带来巨额的流量,长期的补贴能在潜移默化中培养用户的使用习惯。但这样的方法不适合所有的初创企业,共享单车、团购外卖等行业烧钱大战后的爆雷事件也说明这种方法一旦不能坚持到获得行业内的垄断地位,就会因为资金链断裂而失败。

3. 客户增长优先

创业企业的首要营销目标是扩大知名度,吸引更多潜在客户,扩大市场规模,而不是增加销售收入。因此,以引流为目的的推广方案最适合创业企业。用户增长的核心体系是"增长黑客"。"增长黑客"指企业里一群以数据驱动营销、以市场指导为方向,通过技术化手段贯彻增长目标的人。增长黑客一词也指代以最快方法、最低成本、最高效手段实现用户大量增长,最终增加收入的运营方式。

4.3.2 产品与品牌推广的步骤

产品与品牌推广的具体步骤如图 4-1 所示。

图 4-1 产品与品牌推广的具体步骤

1. 确定目标受众

目标受众指某营销活动的目标人群。在对目标群体的细分上可以参考细分市场的分类维度,如人口细分维度、价值细分维度等。好的营销传播策略必须能精准定位目标消费人群,精细化细分市场,以减少营销方案传播费用的浪费。

2. 确定传播目标

产品与品牌传播的预期目标包括以下几项。

① 提高产品和服务的知名度,让目标消费者认识商品。
② 强化目标消费者对推广商品的品牌、商标的印象。
③ 向消费者提供各类产品、各种服务的有关信息,介绍产品的新功能、新用途。
④ 参与市场竞争,拓宽产品或服务的市场。
⑤ 通过企业形象识别系统的宣传,强化消费者对企业的认知和好感。
⑥ 提供新的消费观念,促使产品流行。

传播的目标可以是一项,也可以是多项,具体侧重点根据创业企业的市场战略而定。

3. 设计传播信息

在设计传播的信息内容时,传达明确的传播诉求很重要。利用多种创意方法,把要传达的产品利益或形象折射出来,让目标受众受到由产品的功能转化而来的利益点的感染。

传播诉求可分为理性诉求、感性诉求等。理性诉求常用演绎法或归纳法,有理有据地直接论证产品的优点,以供消费者判断,形成有意识的购买行为。感性诉求根据消费者的兴趣、爱好、性格、习惯等心理特点,运用特定的情感诉求方式向消费者传递信息,使消费者对推广的商品或企业产生特有的情感。创业企业可针对自身产品与服务的类别、差异性选择合适的诉求策略。

4. 选择传播渠道

传播渠道可划分为大众传播渠道、组织传播渠道、人际传播渠道、网络传播渠道和其他传播渠道,可针对不同的产品和目标市场选择不同的传播渠道。大众传播渠道指传统媒体,如电视、报纸、杂志等。组织传播渠道是通过组织单位传播,包括与政企事业单位、社会团体等各类组织的合作宣传。人际传播渠道强调亲朋好友的口碑传播。网络传播渠道是目前渠道形式最丰富、运用最广泛、效果最好的主流渠道,包括网站、流媒体、电商平台等互联网及移动社交平台、短视频平台等。

企业在为产品选择合适的传播渠道时,选择的依据包括目标受众的特点、产品特性及影响力、传播信息的特点、竞争对手的媒介使用情况等,同时遵循经济效益原则。

5. 编制传播预算

一系列传播行动所需的费用包括购买广告媒体的使用费用、管理费用、传播文案及媒体外包制作费用、宣传实体材料的费用等。编制完整的传播预算有利于初创企业控制成本。

在一般企业的传播推广过程中,预算的编制往往可通过既定的公式计算。例如,使用媒体投资占有率(SOS)与市场占有率(SOM)的比值等。因为初创企业在推出新产品前并没有历史数据,可选择行业中合适的竞争企业,以其为导向进行预算编制。将竞争对手的媒体投资占有率与市场占有率的比值与自身比照,综合考虑资金限制进行决策。

6. 确定传播组合

企业在确定传播体系时,会选择多种传播方法、传播渠道的组合。这有助于企业分散传播效果风险、扩大传播覆盖面、强化消费者印象。通常企业会同时进行线上与线下传播,在线上注重媒体文案的传播面、传播速度、点击转化、消费转化,力争让更多人看到;在线下更注重产品及品牌对消费者的印象影响、口碑影响等。在传播过程中将多种方法、渠道、策略组合应用的过程就是整合营销的过程。

7. 测定传播效果

在传播方案实施中,企业应随时监控、测定传播过程中的量化数据,以评价传播方案的效果,及时根据市场反馈信息进行调整。这一过程还可能伴随着前期规划时没有注意到的、可能损害企业形象的传播问题,导致企业将面对可能的危机公关等。在传播方案执行完毕后,企业会获得消费者对本次传播的态度、对企业印象与产品印象的改变情况等数据,需及时复盘,总结经验。

4.3.3 创业产品与品牌推广策略

推广策略是传达企业价值、树立品牌形象、推广产品过程中的系统性营销技巧。在传播推广的过程中,恰当的推广策略结合出色的推广文案、精彩的活动与主题,能给消费者留下深刻的印象,因此结合产品与服务特色选择合适的推广策略可达到事半功倍的效果。初创企业在推广过程中的策略选择受限于有限的成本费用,但因在市场上无刻板印象而具有更大的灵活性,所以选择一些更具有鲜明特色的传播策略效果更好。

1. 怀旧传播策略

怀旧传播策略是指给予消费者一定的怀旧元素刺激,激发消费者的怀旧情怀,勾起他们记忆深处的共同记忆的传播策略。怀旧作为一种对过去美好生活的怀念,强调人们对过去美好的回味。随着消费行为研究的深入,怀旧情感对消费者行为的影响逐渐受到重视。怀旧传播策略适合用于产品可以在过去的商品发展中找到原型,功能、外观或某个产品属性能够唤起消费者对过去的回忆的产品或品牌。

要做好怀旧营销,需要考虑以下几点。一是在包装、外观等形式上体现怀旧感,激发人们返璞归真、怀念过去的心理,人为创造历史感。包装多采用天然材料,装潢粗糙简朴或独具历史气息,风格独特。二是在怀旧的形式下,融入新内涵、新情感打动消费者。三是传播出来的信息要重现消费者的美好时光。怀旧的商品和广告所传递的都必须是美好的信息,值得回味珍藏,如纯真恋情、年轻时的激情等。

2. 游击传播策略

对于初创公司来说,游击传播策略是最合适的策略之一,因为它强调通过低成本的非常规手段,使用形式独特、出其不意的宣传方式,让人难忘,消费者在不知不觉中被吸引。如实施得当,可在兼顾低成本的同时增强营销活动的有效性。游击营销的常用手段包括以下几种。

① 街头宣传。由公司雇员或者外聘的专员与消费者一对一交流。

② 样品派发。公司将产品样品派发给消费者。

③ 室外广告。公司在室外大量布置引人注目的广告。

④ 线上舆论轰炸。由专人为产品制造话题,引起消费者关注。

⑤ 病毒式营销。通过激励机制,依托消费者进行营销信息的再次传播。

在游击营销中,依托互联网的病毒式营销与线上舆论轰炸是目前常用的策略。这两种策略成本低,通过提供免费的产品和服务,利用人们的社交关系进行大范围的群体覆盖,利用人们对新鲜事物的好奇心与积极讨论进行有效的信息传播。做好游击营销,需要以创造性思维为核心,以培养顾客关系为内容,持之以恒,进行长期尝试与经营。

3. 原点传播策略

原点传播指从品牌产品的出发点开始进行品牌传播,如对新产品原材料或新功能、新服务的出发点进行传播。

如果创业企业推广的是新的实物产品,在推广产品时,要强调产品本身的特点与优势,强调产品原材料的品质。如果创业企业推广的是虚拟的产品或服务,则要突出服务设计和虚拟产品的初衷是什么,是为解决用户的哪些痛点而诞生的。例如,目前所有的智能手机行业在推出具有较高市场期望的手机型号时,均要召开一定时长的产品发布会,详细介绍智能手机内包含的重要元器件及应用在手机上的最新技术,哪怕消费者中的很多人并不关心。企业也可以借此展示由这些具有强大性能的元器件组成的手机是多么的强大。

4. 接触点传播策略

无论何时何地,能够形成顾客对品牌形象或可传递信息的体验的接触点,都是品牌传播的机会点。顾客的每一次消费体验从开始到结束都包含了一系列与品牌的接触点,而每一个接触点所传达的品牌的信息都有影响顾客购买决策的作用。

品牌接触点可分为计划性接触点与非计划性接触点、产品接触点与服务接触点等类型。也可将接触点分为与搜寻信息相关的接触点、与销售人员相关的接触点、与商务活动相关的接触点。与搜寻信息相关的接触点包括网络搜索、展会搜寻、朋友圈介绍等。与销售人员相关的接触点包括销售人员形象、宣传资料、销售道具等。与商务活动相关的接触点有客户高层互访地点、邀请客户参加的企业年会、行业峰会等。

品牌接触点管理的任务是深化品牌认知度,引导顾客满意,加强品牌联想。因此企业应不断优化服务流程,优化顾客的购买体验。在消费者购买过程中,产品和服务的接触点和消费者间产生互动和沟通,接触点所传递的信息进一步印证消费者已有的品牌印象,加深消费者对品牌的认知,使消费者产生积极的品牌联想,提升品牌价值。

4.3.4 创业产品与品牌推广策划

1. 事件营销策划

"事件"指企业为传播特定信息为目标顾客设计或利用的事件,分为直接事件和间接事件。直接事件的参与者与目标客户群体有直接重叠,如展览会、贸易峰会、交易磋商等;间接事件的参与者可能并不全是目标客户群体,这些参与者是受到媒体及口碑等影响而参与进来的,如世界杯、选美大赛等。

事件营销最常见的目标是增加顾客对企业的注意,提升企业形象及展现企业社区责任。事件营销是为达成企业目标而举行或推动特殊事件的营销手段。在事件营销中,企业通过运作事件来迅速提高企业及品牌的知名度和美誉度,达到"扬名天下"的目的。

成功的事件营销必须包含下列 4 个要素中的 1 个,这些要素包含得越多,事件营销成功的概率就越大。

① 重要性。重要性指事件内容的重要程度,即其对社会产生影响的程度。对越多的人产生越大的影响,新闻价值越大。

② 接近性。越是心理上、利益上和地理上与受众接近和相关的事件,新闻价值就越大。心理接近包含职业、年龄、性别诸因素。通常事件关联的点越集中,就越能引起人们的注意。

③ 显著性。新闻中的人物、地点和事件的知名度越高,新闻价值就越大。

④ 趣味性。大多数受众对新奇、反常、有人情味的内容感兴趣,人类有天生的好奇心。

根据事件营销中事件的来源,可将事件营销分为借势营销和造势营销两类。

(1) 借势营销

借势营销是指企业利用已有的事件开展的事件营销,如利用社会热点事件或名人效应等来营销推广企业的产品或品牌。"事件"不是由企业制造的,而是由企业之外的第三方发起的。借势营销可利用具有新闻价值的事件,通过赞助、冠名等方式把企业产品与事件关联,利用营销推广吸引消费者的注意,提升产品知名度或达到其他既定的营销目标。

借势营销需要的社会热点并不一定是积极向上的。一些自然灾害、社会危机事件同样可以作为借势营销的出发点。通过对自然灾害、社会危机等事件提供解决方案在一定程度上"借祸"营销同样可以提高知名度。

将借势营销的概念扩大,企业可利用的主体不仅限于社会热点,还可以与历史中的著名事件、著名人物相联系,借此提高企业知名度。例如,在诸多各国首脑的会晤中,派克钢笔常常被用来作为礼品互相赠送,它更是英国女王的御用钢笔,派克钢笔很恰当地借此塑造了品牌的高端形象。

(2) 造势营销

造势营销是指企业通过制造事件开展的事件营销。在造势营销中,企业是事件的发起者,需要通过精心的营销策划来制造能够引起目标顾客注意、具备独特性或新闻价值的事件达到提升产品销量、提升品牌形象等营销目标。

舆论策略和活动策略是造势营销的两个常用策略。舆论策略是指借助于第三方的新闻媒体宣传企业产品、品牌,这需要企业与第三方媒体有良好的合作关系。活动策略是指企业通过开展一项活动,将企业的产品附着在该项活动中,各大电商平台每年的"双十一"大促、"618"大促、电商春晚都是典型的造势营销。

在网络环境下,成功的事件营销中"事件"一般具有二重性、交互性、时效性、不易控性等特点,这就要求企业开展事件营销时,要充分考虑企业资源和外部环境因素,研究事件营销的最佳时机。时效性要求企业具有一定执行力,迅速推进营销计划。事件营销的不易控性要求企业具有较好的风险意识和反馈处理机制。

做好事件营销,应注意以下几点。

① 不能盲目跟风。成功的事件营销很少可以全盘复制,必须符合创业企业的自身定位

② 符合新闻传播法律法规。事件营销不论如何策划,一定要符合相关的新闻传播法律法规,不能越位。

③ 事件与品牌关联。事件营销要与品牌有关联,要能对品牌起到宣传作用。

④ 控制好风险。在策划营销方案前,要考虑并控制好风险,不能对企业造成负面影响。

⑤ 曲折的故事情节。好的事件营销应像讲故事,一波三折,这样新闻效应才能持久。

⑥ 吸引媒体关注。事件营销与媒体密不可分的,只有经过大力的宣传,才能达到足够好的传播效果。

⑦ 事件营销是长期过程。不要把事件营销当成临时的战术,随性而为,要将它作为一项长期战略工程来实施,注意事件短期效应与品牌长期战略的关系。

⑧ 不断尝试。在事件营销实施过程中,大众对事件的关注程度不一定与策划时想象的一样。事件营销需要坚持实施,不断尝试。

2. 体验营销策划

(1) 体验营销及其特点

体验指个体受到某些刺激后产生的个别化感受,体验营销是企业以商品为道具,以服务为舞台,围绕着消费者创造出的值得回忆的活动。可以从感官、情感、思考、行动和关联 5 个方面对体验营销进行定义和设计。

表 4-1 战略体验模块

内容	营销诉求	营销方式
感官	为顾客创造直觉体验	通过视觉、听觉、味觉、嗅觉、触觉等实现
情感	诱发或创造顾客内在情感	营造适宜的场景,提供恰当的刺激
思考	为顾客创造认知和解决问题的材料	以创意方式引起顾客的好奇、兴趣、对问题集中或发散的思考
行动	引导生活形态、处事方式	提升生理体验,展示做事和生活方式
关联	满足顾客自我实现等高层次的心理需要	综合 4 种方式以产生关联体验,建立品牌忠诚

顾客是有体验需求的人,他们不再满足于产品的功能特色,而是在寻求可以带来体验并能融入其生活的品牌。营销在为顾客提供舒心的产品和服务的同时,还要根据消费者的不同诉求为其创造有价值的、难忘的体验经历。体验营销对营销者提出了更高的要求,要特别关注个体消费情况,将其置于更广泛的文化背景下来考量,以此来确定产品类型。

体验营销有如下几个特征。

① 参与性。顾客主动参与完成产品或服务的生产和消费过程。

② 互动性。企业与顾客在进行信息和情感交流的基础上,做到行为上相互配合,关系上相互促进,实现双赢的同时形成良性的双向互动关系。

③ 人性化及个性化。由于个体的差异性,每个人对同一刺激所产生的体验不同,体验是个人所有的独一无二的感受,无法复制,所以企业应通过与顾客沟通,发掘其内心的渴望,站在顾客体验的角度,审视产品和服务能否满足顾客个性化、人性化的需求。

④ 情感性。以满足顾客心理需求为目的的体验营销重视对顾客的感情投入,通过与顾客的情感交流,增进情谊,满足顾客的情感需求。

⑤ 无形性。体验营销使顾客有身临其境的感觉,这种感觉是不在场的其他人无法感知到的。

⑥ 延续性。体验作为一种顾客所有的独特的感受,不会马上消失,具有一定的延续性,以记忆的形式存在。

(2) 体验营销设计

在体验营销中,顾客的体验感受可贯穿产品和服务的全部流程。体验营销的体验内容可从以下方面设计。

① 创造产品的流程体验。让顾客参与、渗入企业的流程中,产生与众不同的体验,强化对品牌的认知。顾客成为企业经营生产的重要参与者、企业营销过程的一种力量。例如,许多高端餐厅提供制作菜肴的材料、场所、器具,顾客可以体验制作美食的全流程,品尝或与其他顾客分享自己的烹饪成果。

② 产品的附加价值体验。同一种产品如能够给消费者带来更多的视觉体验,赋予更多情感音符,增加更多附加价值,产品自然就身价倍增。例如,北京全聚德烤鸭店的每一份烤鸭都有一个独特的编号,在顾客用餐过后工作人员会送上带有编号的信封,作为顾客与店面共同见证百年历史品牌的一环。这样的独特体验融合了老字号品牌的历史文化底蕴,形成了独特的附加价值。

③ 全程互动体验。将顾客带入产品的设计、制造和销售中来,让顾客参与其中,能够拉近产品和顾客之间的距离,增加产品的可信度。同时顾客对品牌也有更深刻的认知,产生更多的认同,加强对品牌的偏好。例如,小米手机系统 MIUI 的前期设计在核心的小米社区成员的反馈意见与建议的基础上进行了不断改进,MIUI 系统最终成为目前安卓阵营公认好用的手机系统。

④ 创造顾客试用体验。企业要创造机会让顾客尝试,通过试用服务刺激顾客的购买欲望。试用使得企业产品与服务有更充分展现差异性与优势的机会,抢先进入用户心智。例如,让消费者有非常愉悦欢乐的体验是宜家商场所希望打造的体验,一贯的开放和包容使得宜家吸引了更多的潜在客户。

(3) 体验营销方案设计注意事项

① 精心打造体验方案。企业着力打造的顾客体验应是经过精心设计和规划的,企业提供的顾客体验对顾客必须有价值且与众不同。

② 以顾客为中心。以顾客为中心,考虑体验消费的环境,设计满足这种消费环境的产品和服务。

③ 注重心理需求。当人们的物质生活水平达到一定程度以后,其心理需求就会成为其购买行为、消费行为的主要影响因素。企业必须加强产品心理属性开发,重视产品的品位、形象、个性、感性等方面的塑造,营造出与目标顾客心理需求相一致的心理属性。

④ 超越预期感知。让顾客体验到物超所值,顾客就会由触动到冲动,进而产生用户黏性。

⑤ 养成顾客习惯。体验营销的最终目的是形成用户黏性,使用户由被动接受产品和服务转变为主动购买。

3. 其他低成本营销

除事件营销与体验营销外,还有很多创新性的营销方法与技巧可以帮助创业企业通过最小的资金投入获取最大的推广效果。

(1) 逆向营销

企业通过打破常规、进行逆向营销操作获得关注,如不采用行业通用的做法、在重大决策时选择与公众期望相反的决定、寻找竞争对手的反面并以此进行企业产品和品牌定位、提供与众不同的服务等。

（2）对立营销

企业主动树立标杆对手与之针锋相对，得到与竞争对手同样的关注度。企业站在对手的对立面，保持鲜明的对立关系，在竞争对手的反面成为第一，以加深消费者对对立关系和各自领导性位置的印象。

（3）第一营销

选择一个可以成为品类第一的细分市场，以此作为宣传重点进行营销。例如，目前智能手机品牌在"618""双十一"电商节的销量竞争宣传中，总是喜欢在排名第几的宣传前加入各种各样的定语，以把自己的手机限定在一个能够销量第一的细分品类中，宣传效果明显。

（4）傻瓜营销

企业在与消费者的供需关系中主动扮演"傻瓜"的角色，让消费者有占便宜的选择和机会，通过牺牲局部利益，营造更广泛的用户口碑，锁定远期的利润回报。

4. 低成本营销的注意事项

第一，选好市场切入点。不盲目追求竞争激烈的市场热点，理性分析，有的放矢。

第二，采取个性化、差异化的诉求战术。营销方案要直入根本，最大限度地吸引消费者的眼球，引发公众关注，在促销活动上，主题要鲜明、有卖点，并能别出心裁。

第三，区域制胜而不是全局开花。创业企业有限的实力不足以支撑全部市场，应追求某一特定群体、细分市场的营销效果最大化，不应以全部潜在市场为预期。

4.4 案例分析——抖音的品牌形象策划与推广

根据《2020抖音数据报告》，抖音国内日活跃用户数量突破6亿，日均视频搜索次数突破4亿，是国内最大的短视频社交平台媒体。在腾讯、阿里、人民网等互联网传播巨头纷纷投资或建设短视频平台的大环境中，抖音冲出重围独占鳌头，发布海外版"Tik Tok"，收购北美同类平台Musical.ly，奠定了短视频平台的领军地位。

4.4.1 抖音创业品类选择与命名

在创业品类选择上，重点是如不能成为某一品类第一，那就建立一个新品类，使该品牌和产品成为顾客心智中某一新品类的标志。"抖音"初入市场时定位于"音乐短视频"，主打"专注年轻人的15秒音乐短视频社区"，区别于其他短视频产品的差异化定位是它向短视频领域进军的第一步。极光大数据《2017年垂直短视频App行业报告》显示，在短视频App用户中，76.3%的用户对音乐感兴趣。"抖音"把短视频定位于"音乐"无疑切中大部分短视频用户的喜好。

产品命名是触达用户的关键。"抖音"在2016年9月刚上线时命名为"A.me"，意为"Awesome Me（自我崇拜）"。但用户难以从"A.me"这个名字获取关于产品的任何信息，名字对转化率辅助不足。在同年12月发布新版本时，"A.me"更名为"抖音短视频"。"抖"代表玩法，"音"强调其音乐属性，巧妙地把产品功能和产品特性融为一体，表现了一种对音乐的认同。加上"短视频"的品类名称，让用户第一次接触就猜到这可能是一款"音乐属性强、具有拍摄剪辑功能"的短视频产品。

4.4.2 抖音品牌形象设计

1. 品牌定位

"抖音"以用户定位差异化为出发点,以产品开发差异化为支撑,深入调研摸清用户画像,打造细分新品,精心培育目标市场,最大化地满足用户的娱乐和情感需求。

(1) 产品定位:专注年轻人的音乐短视频社区

短视频时长一般控制在 300 秒以内,是一种新型互联网内容传播形式,具有传播速度快、交流方式多样、社会互动性强等传播特征,可在社交媒体平台上实时创作与分享。短视频融合了文字、视频、语音等元素,使得信息呈现方式更加立体化。短视频的出现标志着人类信息阅读进入了"读秒时代",并且短视频制作门槛低、娱乐性强、碎片化的天然属性迎合了当下人们信息阅读的快感。移动互联网用户的增长、智能手机的发展、移动互联网与宽带的普及、短视频拍摄与编辑等软件和技术的提升,是推动短视频发展的外部原因;抖音在短视频的基础上,定位于年轻人的音乐短视频,走潮流炫酷的风格,以潮流音乐、舞蹈、表演等内容形式,搭配原创特效、滤镜、场景切换等工具,帮用户打造刷爆朋友圈的模型短视频。

(2) 用户定位

"抖音"的用户画像为一、二线城市,24 岁以下,受过良好教育的年轻人。其中"95 后"是"抖音"的主要用户群体,一方面该用户定位避免了和"快手"等短视频应用正面抢用户;另一方面年轻人乐于接触新鲜事物、好奇心强、热爱社交、喜欢表达,为"抖音"保证了一定原创内容,也为其迅速产生口碑传播奠定了基础。挖掘年轻消费者的需求,几乎是所有互联网公司的商业逻辑。从 CNNIC 发布的第 49 次《中国互联网络发展状况统计报告》看,截至 2021 年 12 月,我国手机网民规模达 10.29 亿人,占全球网民的 1/5 左右,10~29 岁的网民占比高达 30.6%,互联网原住民"95 后"已成为互联网消费的新生力量。"抖音"用户定位为具有极大消费潜力的"95 后",满足"95 后"群体的娱乐和社交需求。

2. 品牌元素策划

(1) 名称——跳动的音符

"抖音"这个名字让人感觉很酷,字面解释为可以跳动、抖动的音符,不论是跳还是抖,抖音想表达的是音乐给人的感觉是快乐的,也是对当代年轻人的一种希冀,希望他们拥有青春活力,引领时尚潮流。

(2) 标志——跳动的音符

抖音 Logo 将品牌名称首字母"d"与五线谱中的音符元素融为一体,通过艺术手法体现出了"抖动"的动感姿态。抖音的 Logo 如图 4-2 所示。

设计师灵活运用故障艺术(Glitch Art)中的"错位"方法,使图标上的音符符合抖音的形象表达:只有音符是不够的,抖音的关键在于"抖",设计师为体现出"抖"的感觉,将设计出来的音符加入电波干扰,形成了图 4-2 这样的效果。这种"错位"形式接近于在电子屏幕上看到的真实景象,其失真和受干扰的形态使得 Logo 反而呈现出更加真实的现场感,将"抖"最大限度地融入用户的视觉感官里,建立用户对品牌的联想。

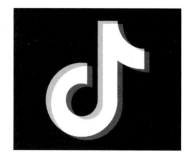

图 4-2 抖音 Logo

在色彩使用上，通过红蓝原色强化视频行业属性，背景选用黑色，有沉浸式体验用意，利用不重合色块叠加，外延颜色是把红、蓝两种颜色拼接起来，内部是白色，与暗黑的背景色形成反差，更好地把抖音的视觉感传递出来。黑色背景使 App 在手机上的视觉穿透力更强。此外，抖音 Logo 也有较好的延展性，这种"抖动"的方式可以在所有动态环境下运用，通过抖动效果，任何物像都能建立与品牌的联想。

总体来看，抖音品牌标志呈现出一种音乐视觉感，表现出跳动、摇滚的旋律感，简洁而又有表现力，契合抖音音乐短视频的品牌定位，给用户带来直观的音乐感受。

（3）口号——"记录美好生活"

"记录美好生活"是抖音的品牌口号，该品牌口号明确了抖音的定位和对用户的价值，抖音希望让无数个普通人，在遇到生命中美好瞬间的时候，可以抓住它、分享它，让大家的"美好"都能流动起来，让爱在彼此之间流动，让人们的生活变得越来越阳光、越来越幸福。给用户"美好感"是抖音产品的方向，通过产品设计、技术支撑、运营引导等手段来实现抖音的美好感。

4.4.3 抖音的产品创新

随着抖音用户的增长，满足现有用户中的其他需求成为抖音产品创新的源泉。

1. 多闪 App

抖音作为开放的短视频平台，是重内容轻关系的平台，为满足用户的社交需求，抖音平台升级私信功能，推出衍生产品——独立视频社交产品"多闪"。多闪是短视频与社交的结合，更好地诠释了拍摄加语言沟通的功能，其中的"随拍"功能是用户发布视频，72 小时内其他人可以浏览到该视频，之后则转存到用户自己的相册，具有一定的隐私保护作用。

多闪满足年轻人更多的体验需求，只有抖音用户使用抖音账号才能登录使用。抖音和多闪结合起来帮助用户一起记录美好生活，更好地跟朋友们交流沟通，增强了抖音的用户黏性。

2. 抖音寻人

抖音旗下的衍生产品"抖音寻人"运用精准的地理推荐算法寻找失踪人群，帮助更多家庭团聚。这使得抖音在社会层面产生了积极的影响，不仅原来的使用者感受到抖音的正面效应，也会吸引更多的新用户入驻抖音平台。

4.4.4 抖音品牌推广——以"抖 inCity"品牌 IP 的打造为例

抖音品牌创新性的推广多层面、多维度展开，这里介绍平台级营销品牌 IP"抖 inCity"的打造，以管窥抖音事件营销和品牌推广的力道。

在当下的品牌推广中，IP 是争夺认知注意力、打造品牌效应的利器。互联网时代，品牌营销的关键词从"流量""攻心"进化成"感知"。从前的品牌只需通过一支广告，就能讲清楚品牌的定位、角色和立意，而眼下，各大品牌更需要借助于一场事件或是营销 IP 的加持，来输出品牌价值，更加立体地塑造品牌感知。

"抖 inCity"展示了不同的城市文化，聚集年轻人群打造独具特色的抖音符号，交出了漂亮的成绩单。2019 年，抖音推出"抖 inCity 城市美好生活节"，该活动首次上线即一鸣惊人，落地全国 30 多个城市，线上系列话题累计播放量破 100 亿次，线下城市嘉年华总打卡人数超 50 万人次，"抖 inCity"官方抖音号涨粉超过 26 万人，俨然成为连接全国各大城市的可持续的大事件。

2020年,"抖inCity"聚焦"看见城市新生力"的主题,在规模、流量、玩法上全维升级,凭借百亿级的声量狂欢,又一次证明了爆款IP创造流行的能力。2020年,"抖inCity"联动全国30多个城市打造抖音城市美好生活节,吸引了200多个品牌参与、600多家媒体轰炸式宣发,话题总播放量累计破150亿次,吸引50万人打卡。

1. 抖inCity城市美好生活节

"抖inCity城市美好生活节"是通过主IP＋城市＋头部品牌＋达人＋用户联动起来进行的城市区域品牌营销活动,官方宣传如图4-3所示。活动的官方释义是:"城市是美好生活的容器,一城一味,每座城市都有自己的特色——美食、地标建筑、景观,甚至城市独特的声音等都是城市的符号。'抖inCity城市美好生活节'联动全国各大城市,记录城市特色,发现生活美好。留住城市生活点滴美好与感动,来'抖inCity'为城市打call,记录你的美好生活。"

图4-3 "抖inCity城市美好生活节"官方宣传

从官方宣传可以看出,这是一场线上线下的联动营销,和以往大型营销活动不同的是,抖音在开展全国性线上话题活动的同时,有各大城市的巡回接力。"抖inCity"依据不同城市特色,将各个城市的会场拆分为各具特色的城市品牌活动站。

2. "抖inCity城市美好生活节"落地模式

"抖inCity城市美好生活节"活动2021年进入第三个年头,风头不减。从各地的特色活动看,落地模式多种多样。

(1) 以城市特色名片为主线,以抖音潮流传播城市符号

选取最具代表性的城市特色,融合抖音潮流以城市文化为故事线形成独特城市之窗。例如,2019年"抖in金陵"活动充分挖掘南京历史古城的特色,将"抖inCity"和城市非遗文化深度结合,邀请8位国家级非遗大师亲临现场,传承独属南京的古都魅力,打造了一场"非遗抖起来"的嘉年华活动。再如,2021年"抖in福州遇见世遗"活动从线上到线下,通过新潮的玩法和更具科技感的互动方式,展示福州历史文化名城的美景风光和文化底蕴。该活动邀请10位福州本地知名学者担当"世遗守望者",以口播和著文的形式讲述闽都文化;邀请福州非遗匠人、国内明星和文旅达人,化身"世遗传承者""世遗星推官""世遗助力官",为活动助力。

(2) 深度挖掘放大城市特色,诠释城市新亮点

结合城市故事主线,多方面挖掘城市深度底蕴和潮流特色文化,让城市文化名片更加具象化。例如,成都2019年天府公园的IDOU盛典以类似微博"♯超级红人节♯"的形式与粉丝互

动狂欢,将成都的各类城市网红元素融入活动之中,将抖音中的成都进行具象化演绎,加深人们对城市的认知。再如,2020年"抖 inCity"上海站活动以"城市美好生活展"和"未来盛典晚会"的形式呈现,此次活动也是2020年"抖 inCity"的收官活动,晚会现场如图4-4所示。活动现场设置了潮流装置、互动游戏、红人表演等,在这里可能偶遇神秘大咖,能一站看遍各地旅游局带来的招牌好物。在联动品牌一起制造流行方面,"抖 inCity"是本地品牌与年轻人深度沟通互动的机会。抖音的短视频和品牌直播帮助老字号品牌开展宣传,让年轻消费者能更深入地了解品牌文化和产品。

图4-4　2020年"抖 inCity"上海站未来盛典晚会

(3) 联动城市本地大事件,躁动全城打造名场面

"抖 inCity"与本地大事件深度结合,开启联合两者品牌以"1+1>2"的形式将主IP与城市大事件联动融合。例如,2019年"抖 in 齐鲁"和山东独立自主品牌音乐节项目"耳立音乐节"联合,结合自带流量的当地大事件活动合作共赢,融合抖音特有元素形成独具特色的文化活动名场面,极大地提高了活动声量。再如,2020年北京站"抖 inCity"联合时尚类IP——中国国际时装周"潮流中国",以挖掘老城新图标的手法,在潮流地标751罐举办了一场集明星红毯、T台走秀、达人表演等于一体的时尚盛会,联动抖音达人造势,成功引爆"京味儿"。

3. "抖 inCity 城市美好生活节"成功的原因

在业内普遍面临"IP续航不足"的困局下,"抖 inCity"为何能连续掀起潮流成为爆款?

(1) 挖掘城市内生力,30多座城市接力巡游,延展IP价值

每座城市的文化都具有复杂性、丰富性和独特性。"抖 inCity"将所到之处的城市赋予全新的价值标签,沉淀了一座城市的专属符号,打造了城市-品牌-年轻人之间的交互链,借助于城市巡游所集聚的势能,强化了IP的价值延展力,反哺自身的长线运营。

(2) 有效对话年轻群体,实现IP长线运作

年轻人的精神消费是最容易达成最大公约数的消费,比起实体、物质类的消费,与精神消费挂钩的更能达成共识并引发关注。"抖 inCity"以娱乐互动的手段,满足年轻人追求新奇特体验的底层诉求,如明星达人的舞台秀、趣味市集、特色品牌馆的游戏化玩法等;通过国潮复兴、网红再定义、当地特色挖掘等城市文化的焕新,保持与年轻人对话的基因,进而提升IP的价值认同与黏性。

(3) 精细化运营打造品牌爆款,沉淀IP价值共生力

"抖 inCity 城市美好生活节"携手各品牌,形成IP与各品牌的价值共创。"抖 inCity"为各大品牌的年轻化沟通和爆款打造提供了行之有效的解决方案。"抖 inCity"不仅以品牌特色馆

为载体、以现场多样化的互动玩法为支点,使品牌与年轻受众间共振、共生、共鸣,而且借助于地域文化与品牌的深度绑定,强化品牌内涵的表达,通过IP流量加持和中心化的传播,真正放大了品牌效应和声量。

例如,"抖in北京2020",燕京啤酒打造了一个"不上头研究所",这一主题的提炼就源自一种真实而朴素的日常情绪,"抖in北京2020"燕京品牌活动宣传海报如图4-5所示。同时,场馆主题所蕴含的情绪共感力、炫酷的外观设计语言,使得品牌与年轻人成功地玩在一起,刷新了固有认知。

图4-5 "抖in北京2020"燕京品牌活动宣传海报

4.5 创业品牌及产品推广策划书

一个完整的品牌或产品推广策划书应当包括以下几个部分。

1. 推广策划前的商业分析

回答企业为什么要执行这次推广、针对哪些人群执行本次推广以及这次推广的预期目标和效果是什么。本部分撰写的关键有以下几点。

① 行业现状与商业分析,包括行业规模、竞争现状、行业发展趋势与市场前景、竞争对手分析。

② 用户需求与行业机会分析,包括用户消费痛点、潜在商业机会及可行性分析。

③ 企业产品或品牌的现状、目标定位以及策划推广的预期效果等。

2. 创业产品/品牌设计

营销策划人员需详细给出拟推广的产品和品牌是什么,属于哪一品类,差异性与特性是什么。本部分撰写的关键有以下几点。

① 创业品类及产品确定,包括细分市场与定位、品类描述等。

② 创业产品或品牌形象设计,包括品牌和产品的名称、形象、个性、视觉标志等属性。

3. 推广策划的活动策略、方法及内容

需回答为了推广产品/品牌,企业应当怎么做,通过怎样的策略,实施怎样的方法,运用怎样的营销技巧,通过怎样的渠道,将这些要素组合后可以达到预期的传播效果。撰写的关键点有:拟采用的推广总体策略、形式、方法及营销技巧,拟进行的推广活动内容及渠道、需要对外合作的合作方、文案文稿等。

4. 推广策划活动进度及所需资源

其包括总体营销计划预计持续的时间、各阶段推进的时间表、需要调配利用的企业资源、需要的活动资金预算等。规划要恰当,不应当与实际执行出现严重偏差。

拓展资源

实训作业

1. 实训任务

(1) 产品品类识别训练

以小组为单位,列举5个创业品类产品或品牌,分析其品类选择思路。

(2) 网络创业品牌形象推广训练

以小组为单位,寻找一个网络创业品牌形象推广案例,分析其品牌定位、形象特点、品牌个性、推广方案及效果。制作PPT,在班内分享。

(3) 营销策划书撰写实训

小组协作完成一份创业产品推广与品牌形象策划书。

2. 实训目标

使同学们加深对创业产品营销战略的理解,训练制订营销方案的能力,锻炼品牌形象策划的总体思维与差异化思维,提高创业产品营销与品牌设计的创意产出能力与营销策划书的撰写能力。

3. 实训要求

① 小组成员合作完成,集体讨论,分工协作。

② 策划书主题可以是创业产品推广策划或品牌形象设计与推广策划,创业产品与品牌可自行寻找现有产品,也可自主创造,品牌形象要求自主设计。

③ 要求思路清晰,方案完整,有创新性和可实施性。

第5章 网络广告策划

网络广告策划是指对网络广告活动的谋划与筹划,是网络广告经营单位根据网络广告主的营销计划和目标,对其网络广告活动进行整体运筹和部署的工作。网络广告策划属于广告策划的范畴,本章主要介绍网络广告和网络广告策划的相关概念、网络广告策划的内容、网络广告效果测评、案例分析——星巴克"猫爪杯"网络广告策划、网络广告策划书等内容。

5.1 网络广告与网络广告策划

随着互联网的兴起和发展,网络作为一种新式媒体,越来越受到企业的欢迎和重视,成为继报纸、杂志、广播、电视四大传统媒体之后的第五大媒体。网络也成为企业投放广告时可利用的媒体之一,由此而诞生了网络广告。

网络广告是指运用互联网媒体,通过图文或多媒体形式发布、传播的各种广告,是广告主采取付费方式对社会公众进行劝说所开展的一种信息传播活动,是企业采用的广告形式之一,也是企业整体广告的一个有机组成部分。

网络广告策划是在整个网络广告活动开始之前,结合企业具体情况,对于提出广告策划、设计实施广告策划、检验广告策划效果全过程的谋划和部署,是企业开展网络广告活动的核心。任何一支优秀的网络广告、一项成功的网络广告活动,都离不开策划工作。

5.1.1 网络广告概述

网络广告起源于美国。1994年10月14日,美国著名的Wired杂志推出了网络版的Hotwired,主页上有AT&T等14个客户的横幅(Banner)广告,这被视为互联网广告发展史上的里程碑事件。同年10月27日,Wired杂志与AT&T签署合同拍摄的网络广告正式发布,全球第一支网络横幅广告(图5-1)自此面世,其点击率一度高达40%。网络广告由此正式诞生。

图 5-1 全球第一支网络横幅广告

1. 网络广告的定义

网络广告,顾名思义,是指在互联网平台投放的广告。具体而言,网络广告是广告主为达到一定的宣传目的,通过互联网媒体向受众群体有偿发布的特定信息。

作为广告的一种，网络广告同样具有广告的 5 个基本要素：广告主、广告受众、广告信息、广告媒体和广告发布费用。其中：广告主是指为达到一定宣传目的而设计、制作、投放广告的主体，广告主可自行发布广告或委托他人完成；广告受众是广告面向的群体，是广告的接收者；广告信息则是广告内容的主体，包含了广告主想要传播的内容；广告媒体是发布广告的渠道；广告发布费用是指广告主发布广告所需的费用。

2. 网络广告的特点

由于网络广告的广告媒体区别于传统广告，因此网络广告也具有一些区别于传统广告的特点。

(1) 交互性

传统广告受其传播渠道的限制，只能完成信息的单向传播，几乎不能或很少能接收受众的反馈信息并与其进行互动；用户也只能获取现有的信息，不能进一步深入了解。而网络广告是基于互联网传播的信息，互联网的互动性决定了网络广告也具有同样的特征。在接收网络广告信息时，受众可以选择进一步了解详细信息，可以与广告主进行更进一步的交流；广告主也可以通过与受众互动获得的反馈信息调整广告信息或产品、服务等，从而达到更好的宣传目的。

(2) 针对性

网络广告的另一明显特征是针对性。通过分析用户行为进行用户画像，结合用户浏览记录、浏览时长等可以有的放矢地进行精准投放，从而使广告效益达到最大化。

(3) 跨时空性

传统广告囿于发行时间、版面容量等时空限制，很难做到实时传递信息，这就容易导致错失目标用户，在一定程度上影响了广告效益。网络广告基于互联网信息传播的实时性和广泛性，在此方面具有得天独厚的优势。网络广告不受时空限制，用户在互联网覆盖范围内随时可以接收广告信息。

(4) 易测评性

网络广告优于传统广告的另一个特征是易测评性。传统广告在测评效果时存在诸多困难，很难精确统计如电视、报纸、广播等媒体信息的浏览量；网络广告则具有较为完善的统计机制，通过统计点击率、播放量等指标，可以精准量化该广告的效果，并从中获取用户偏好等信息，从而指导下一步的行动。

(5) 多样性

网络广告得益于互联网媒体，具有多种多样的形式，如视频、图片、音频、文字等。在传播形式上，网络广告集传统广告各种形式的优点于一身，达到传统广告无法企及的效果。丰富的传播形式赋予了网络广告更多的选择性，也为其提供了更广阔的发展空间以及更为可观的传播效益。

(6) 非强迫性

网络广告在某种程度上与报纸分类广告类似，具有按需查看的性质。受众可以自由查询，根据自己的兴趣选择只浏览标题或点开浏览详细内容等，从而节省时间、精准获取资讯。

企业可以把内容和网络融为一体，如果可以把企业名称、产品品牌融入网页文章中，这种内容性较强的广告可以减少消费者的抵触心理，在不知不觉中将企业和产品信息推送给消费者。企业也可以利用短视频等手段让消费者在浏览视频的同时不知不觉地了解品牌。

小案例 5-1

文物戏精大会

2018年抖音和七大博物馆联合以文物戏精大会为主题推出了视频 H5,以真实的历史文物为主角,将文物拟人化,让它们可以说话、可以动,如此魔性的画面瞬间吸引了网友围观,独特的创意受到网友的极大好评。这种短视频社交的方式吸引了更多的年轻人走入博物馆,广告效益十分可观。

3. 网络广告的发展

我国的网络广告从 1997 年发展至今,已有 20 多年的历史。随着互联网的普及,精准化程度高、性价比高、媒体质量优等优势使网络广告迅速崛起,市场规模持续上升,2010—2019 年我国网络广告市场规模复合增速达 40% 以上。2020 年我国网络广告市场规模达到 4 957.61 亿元,同比增长 13.5%,占我国整体广告市场规模的 54.22%。随着市场的成熟度不断提高,在接下来的几年,网络广告市场增速虽然放缓,但是从绝对值来看,仍将保持持续增长的态势。

网络广告在我国诞生之初,由于技术的限制,互联网媒介形式比较单一,可供广告主选择的广告形式也比较少。早期的网络广告主要投放在各大门户网站;到了 2013 年,搜索引擎占据了最多的网络广告市场份额;从 2016 年开始,电商网站成功逆袭,超越搜索引擎成为网络广告市场份额最大的媒体形式。最近几年,电商平台仍然是最主流的网络广告渠道,所占市场份额不断增大,平台收入由 2015 年的 26.9% 上升至 2019 年的 37.8%。2019 年,随着网络基础设施的稳定发展和短视频内容形态的全面普及,视频类平台市场份额快速增长,收入同比增长 43%,市场占比达到 12.5%,取代新闻资讯类平台成为第三大主流媒体平台。而曾经占较大比重的搜索引擎广告如今风光不再,占比不断下降,由 2015 年的 31.2% 下降至 2019 年的 13.5%,反映出市场追求优质流量的转型趋势。

近年来,中国网民规模及互联网普及率快速增长,2021 年 3 月中国互联网络信息中心(CNNIC)发布了第 47 次《中国互联网络发展状况统计报告》,截至 2020 年 12 月,中国网民规模达 9.89 亿人,互联网普及率达 70.4%。网民数量的增长为网络广告提供了越来越多的受众,各种类型门户和网页的丰富为网络广告提供了极为优质的媒介资源,这两者将继续推动网络广告市场规模的快速增长,未来中国网络广告市场发展前景持续向好。

5.1.2 网络广告策划概述

广告策划是从全局角度出发、从宏观着眼,对广告的整体战略与策略进行的统筹规划。网络广告作为广告的一种,其策划既有广告策划共有的特征,又有区别于传统广告策划的不同之处。

1. 网络广告策划的含义

结合广告策划的定义和网络广告的互联网媒体特征,不难理解,网络广告策划就是以广告整体战略和预期效果为出发点,以前期市场调研为基础,结合互联网特征和网络人群的特征,从全局进行的对网络广告活动的统筹规划和协调安排。

切实可行、新颖独特的策划是一支网络广告成功的起点,有了网络广告策划的指导,网络广告活动的各个环节就可以有机统一结合起来。事前的策划为网络广告提供了方向和依据,帮助后期有效地推广产品或服务,进一步打开市场。

2. 网络广告策划的 5M 决策

通常而言,在进行网络广告策划时,首先需要明确 5M:任务(Mission)、资金(Money)、信息(Message)、媒体(Media)以及测评方法(Measurement)。其中:任务可以理解为目标,也即广告主通过网络广告想要达到的目的,在进行网络广告策划时应该以此为切入点,着手开始策划活动;资金通常可以理解为预算,是投放广告之前在经济方面需要考虑的因素;信息则是广告的主体内容,是广告向受众传递的要素;媒体是广告投放的渠道;测评方法是广告投放后科学有效的评估机制,策划时需要确认适当的效果测评方法,并对网络广告各方面的效果进行评估,完成测评任务,从而构成一个完整的策划过程。

3. 网络广告策划的原则

在进行网络广告策划时,不能任意而为,应遵循一定的原则,在原则和规矩的框架指导下,合理完成策划事项。

(1) 真实性原则

真实是一个广告的立足之本。企业若想建立长期的品牌资产积累,就必须对消费者以诚相待。网络广告策划应该真实地反映广告主的预期目标、经营效益等,切忌搞"假大空"、做表面文章。网络广告策划的真实性,从浅层次来讲,就是杜绝虚假广告。虚假宣传不仅会使消费者利益遭受损失,更会反噬企业本身,损害其自身口碑和形象;从深层次讲,真实不仅是网络广告策划的原则,更是一个人、一个企业在社会上的立足之本。

(2) 创新性原则

如果说真实性是广告的基石,那么创新性就是广告的灵魂。从广告主、广告受众、广告信息、广告媒体和广告发布费用等各个基本要素出发,在可能的环节寻找创新的突破口,如独特的广告定位、广告语言、广告形式等,可以为网络广告打造新的面貌。

由于网络广告自身的交互性和针对性,受众在接收网络广告时可以自主选择是否浏览,具有信息接收的选择权,对于不感兴趣的信息可以自主过滤拒绝。这就使得网络广告策划必须别出心裁,要有抓住受众眼球的卖点,否则投放的广告将无人问津,点击率、浏览量的转化更是无从谈起。

(3) 效益性原则

"效益"一词根据字面意思可理解为效果与利益。网络广告策划之所以要遵守效益性原则,是因为企业投放广告不仅要达到宣传效果,还应使其收益尽可能达到最大化。这里的效益既包括在产品或服务的宣传方面所获得的效益,又包括企业在树立形象、建立口碑方面获得的效益;既包括企业自身通过投放广告获得的效益,又包括网络广告给社会带来的效益。从微观到宏观,从企业到社会,网络广告策划通过追求效益性将这些环节有机统一起来。

(4) 系统性原则

系统性原则是从宏观角度出发的一项原则。网络广告策划是对网络广告所包含的活动的整体性统筹规划和协调安排,在此过程中,网络广告被当作一个有机整体来考察,策划者从整体与局部相互制约、相互依赖的关系出发,揭示广告活动的本质。

系统性原则既涵盖网络广告内部各项指标的协调策划,又包含网络广告与其他类型广告的协调统一。具体而言,主要包括以下几点。

一是网络广告的总体目标要贯穿该广告的全生命周期,其他各指标如广告调查、广告创意、广告评估等,都应该以此为纲,围绕总体战略目标展开,这样才能保证网络广告整体的有机统一。

二是网络广告的表现形式要与其内容相统一。表现形式服务于广告内容,广告内容通过适当的表现形式来展现,二者应做到和谐统一。

三是网络广告应与其他形式的广告相协调。部分广告主在投放广告时并不会单独选择网络广告一种形式,而是将之与传统媒体广告相结合,以期获得效益最大化。这就要求网络广告与传统广告在广告目标、广告内涵等方面统一,只有如此才不会产生分歧,避免削弱广告效益的现象发生。

(5) 亲近性原则

这一原则是指广告应拉近与受众的距离,力求贴近受众,在近距离的信息传播过程中将广告目的和思想传递给受众,从而促进广告受众做出预期的如购买产品等行为。

网络广告在亲近性方面具有其他类型广告所不具备的优势。互联网的交互性给网络广告赋予了双向沟通交流的可能,而在这种沟通交流的过程中,目标受众自然而然地介入,互动特性、一对一的传播等使网络广告具有无可比拟的亲和力。

(6) 保密性原则

网络广告策划是一种事前规划行为,策划一旦泄露,整个计划便很可能全盘落空,尤其是如果被竞争对手获知,则会给企业带来难以估量的损失。因此,网络广告策划过程中,保密性原则至关重要。企业应格外重视保密方面的工作,并采取相应的措施,如建立保密制度、对员工进行保密培训等。同时,网络广告策划一方与广告主在保密方面也应达成相应共识并采取签署保密协议等手段,来保证各方利益免受损失。

4. 网络广告策划的流程

作为广告的一种,网络广告策划的流程与各类型广告大体一致,主要分为以下几个阶段。

(1) 确定目标

网络广告的目的在于提高消费者对品牌的知名度、美誉度和忠诚度,并对消费者或潜在消费者的网络消费心理和行为产生积极影响。网络广告的目标之于整个广告而言是一个纲领式的存在,为整个广告指明了发展前进的方向,广告的内容、形式、媒介等要素都依赖于广告目标的确定。

(2) 市场调研

市场调研也是网络广告策划前期需要做的准备活动之一,包括消费者、产品、市场以及传播媒介等方面。其中:对消费者的调研最主要的是用户行为分析,通过分析点击、浏览行为等得出用户习性,进而为针对性投送提供参考;对产品的调研主要针对产品本身的性质以及产品能为企业带来的价值和意义来展开,需要深入挖掘产品的核心竞争力;对市场环境的调研主要包括政策、法律法规、文化、经济条件等方面;对传播媒介的调研则是指对各类互联网媒介进行考察,调查其传播效果、承载量、收费标准等。在网络广告策划过程中,通过市场调研可以使广告投放更加精准,从而获得更好的效果。

(3) 制订策划方案

在进行目标确定、市场调研后,应对所收集到的信息进行汇总整合,并有针对性地进行分析和处理,形成初步的纲要性的材料。材料应包括广告目标、广告形式、广告内容、广告媒介等要素,以期为后续的工作提供参考,指明方向。

(4) 撰写策划书

网络广告策划书是广告主和广告代理方之间的桥梁和纽带,策划书将双方联系在一起,体现了双方的共同利益。同时,策划书还是网络广告策划的具体呈现,在网络广告后续的实施过程中起到提纲挈领的作用,其重要性不言而喻。

(5) 方案审核

策划书交付后,需要对其进行审核。审核包括内部审核和外部审核,其中内部审核是广告代理方内部在策划书完成后对其进行审核评估,外部审核是将策划书交付给广告主由其进行审核。审核后需要对策划方案的不足之处进行修改和完善,并针对日后可能发生的各种状况做好预案。经过几轮修改完善之后,策划书可以视情况定稿。

(6) 实施策划

实施阶段是网络广告策划的最后一个阶段。在此环节,广告主和广告代理方需要以签署书面合同的形式确定双方的权利和义务。合同的签订标志着广告策划阶段的结束,随后进入正式的实施阶段。

5.2 网络广告策划的内容

作为整个网络广告活动系统的核心,网络广告策划的内容包括网络广告的目标策划、网络广告的定位策划、网络广告的目标受众策划、网络广告的主题策划、网络广告的创意策划、网络广告的媒体策划、网络广告的地区和时间策划、网络广告的预算策划。

5.2.1 网络广告的目标策划

网络广告的目标可以简单理解为投放广告所要达到的目的,具体而言,是企业想要通过投放广告给自身带来的收益,这种收益既包括经济层面的收益,如市场占有率、销售额等指标的提升,又包括无形的品牌形象等方面的收益,如知名度、口碑等方面的优化。

结合网络广告目标的概念,我们不难理解,网络广告目标策划就是指企业根据自身经营期望,结合市场环境等要素,对网络广告所要达到的预期效果进行的策划。

1. 网络广告目标的分类

根据作用的实质内容不同,网络广告的目标可以分为 3 种:经济目标、心理目标和传播目标。经济目标是指受众接收企业投放的网络广告后产生购买行为,进一步对企业的营收额、市场占有率等指标产生影响;心理目标指的是网络广告对受众产生的直接影响,如对该品牌产生好感和信任等;传播目标则主要聚焦于网络广告传播的范围,通常结合点击率、曝光次数、用户访问时长、用户转化率等指标来确定。

2. 网络广告目标的要求

① 目标尽量可以被量化。广告目标的设立应清楚明确,可以具体测量,以便在投放后通过指标提高的百分点等数据对广告效果进行准确评估。

② 根据时间长短设置不同目标。投放广告需设定短期目标和长期目标。结合互联网时代信息飞速传播的特点,网络广告更侧重中短期目标,通过中短期目标的不断调整来实现长期目标。

③ 目标弹性化设置。在设置目标时应考虑到环境等因素对目标实现的影响,因此网络广告目标不能是一成不变的,否则会过于僵化和呆板。弹性的目标应该能够在总体框架与大方向确定的情况下,做适当的调整,以适应环境等条件的变化,以免出现目标过于僵化、不切合实际而无法完成的现象。

3. 网络广告目标的确定

传统的广告目标确定方法主要包括瑞瑟·科利的 DAGMAR 法、罗伯特·J. 莱维奇和加里·A. 斯坦纳提出的 L&S 模式、E. 罗伯逊提出的"采用过程模式"。其中，DAGMAR 法的影响较为广泛，它的具体含义是"Defining Advertising Goals for Measure Advertising Results"，意为"制订广告目标以测定广告效果"。

随着互联网和移动应用的飞速发展以及消费者行为习惯的变迁，日本电通公司提出了 AISAS 模型，其中每个字母的含义分别是 Attention、Interest、Search、Action、Share。具体含义如下。

① Attention(关注)：受众接收网络广告后开始注意到宣传内容的存在，对广告内容开始关注。

② Interest(兴趣)：受众对广告的关注程度加深，由关注产生兴趣。

③ Search(搜索)：广告受众通过搜索引擎可以多渠道、多手段对感兴趣的内容进行搜索查询，如 App、点评类网站、社交媒体朋友圈等。

④ Action(行动)：受众通过已接收和搜集到的信息做出决策，并进行购买等行为。

⑤ Share(分享)：购买行为结束后，用户根据使用体会进行购后反馈，将购物过程和体验、品牌印象等发布在社交媒体平台、点评类网站等，以供他人参考，而这往往对信息受众的购买行为起到一定的促进作用。看到评论的受众进入 AISAS 模型的第一步，AISAS 模型由此形成一个闭环。

在 AISAS 模型中，广告策划方可以从 Interest 这一环节入手进行网络广告目标确定工作。举例而言，当一个爱打游戏的男生注意(Attention)到某键盘广告时，首先会对这则广告产生兴趣，然后会带着兴趣(Interest)通过自己常用的购物渠道或搜索引擎等进行搜索，了解该键盘的详细情况。基于广告产生的兴趣需要转化为购买行为才能体现出广告的效果和价值，基于此，广告策划方可以将广告的直接目标确定为吸引消费者的兴趣，促进消费者购买行为转化。

5.2.2　网络广告的定位策划

20 世纪 70 年代，美国营销学者艾·里斯和杰克·特劳特提出了著名的定位理论。这一理论的提出撼动了传统营销法则中产品的中心地位，使策划者的目光开始转向如何使产品以恰当的形象给消费者留下深刻印象，从而进一步促进购买行为。

在网络广告策划的流程中，网络广告定位解决的是"说什么"的问题。企业要对宣传的产品或服务有一个明确的定位，并确定诉求的重点，通过确立"自我推销点"来为宣传的内容定准基调和方向。

1. 实体定位法

实体定位法是指从产品(或服务)的功能、价格、质量等方面入手，突出其在此方面与同类产品的差异，借同类的衬托来表现出能给消费者带来的更大的效益，从而吸引消费者注意，进一步刺激消费者产生购买行为。实体定位主要包括以下几种方法。

(1) 功能定位

功能定位是指在宣传中突出表现产品所具有的强于其他同质产品的本质功能或其他同质产品不具有的功能，以此来增强竞争力，促进消费者购买。常见的功能定位案例有霸王洗发水主打防脱、海飞丝洗发水主打去屑等。

(2) 价格定位

价格定位可以分为两种方式：高价定位法和低价定位法。

高价定位法主要满足的是消费者追求奢华高贵的心理，通过给产品制定高价格的方式来突出产品的档次，进一步塑造"高大上"的品牌形象，主要适用于各类奢侈品品牌及其他高档品牌。

低价定位法主要满足的是消费者追求性价比的心理，企业以低价吸引更多消费者购买，从另一个角度增强产品竞争力。但低价定位法往往不能单独使用，否则会过分强调价格低廉而忽视了产品的质量。通常的做法是将价格与质量相结合，实现更完美的组合。例如，雕牌的广告"只选对的，不选贵的"，暗示其价格实惠，物有所值。

(3) 品质定位

品质定位也称为质量定位，是指通过宣传产品所具有的优良品质来达到吸引消费者的目的。每个人对产品的品质这种主观感受都会有所差别，但是产品质量这种客观因素是不会改变的，因此在针对产品品质进行宣传时，应该深入挖掘其内在优良品质，而不宜概括地以"质量好"等笼统的评价进行宣传。

(4) 产品附加值定位

产品附加值是指通过智力劳动、人工或设备加工、营销流通等环节创造的超过本体价值的增加值。通俗来讲，产品附加值就是指消费者购买到的除商品本体之外的其他物品或服务，最常见的有买家具送货上门并组装等服务。由于互联网的传播特性，这种产品拓展的服务更及时、更全面，日益成为企业吸引消费者的着手点。

(5) 市场定位

相较于前几种定位方式而言，市场定位是一种更宏观的定位方式。市场定位是指确定网络广告面向的群体和对象，更进一步而言，是市场细分策略在网络广告策划中的体现，针对目标消费者群体进行定位，从而使网络广告投放的效益达到最大化。

2. 观念定位法

观念定位是从品牌产品的内涵入手，强调产品的新观念、新价值、新意义，以期改变消费者的习惯性消费心理，树立新的消费观念。实体定位注重从产品本身入手，而观念定位考虑更多的是从消费者出发。观念定位通常包括以下几种方法。

(1) 是非定位

是非定位又称为反类别定位，是指产品在自己应属的类别中难以占据一定的市场份额时，利用广告宣传使产品与原有类别剥离开来，借以在竞争中占据新的位置。例如，方便面品牌五谷道场坚持"非油炸更健康"，在非油炸这一赛道上弯道赶超方便面老字号如康师傅、今麦郎等，就是一个运用是非定位的例子。

(2) 逆向定位

逆向定位是指打破消费者固有的思维定式，反其道而行之。运用逆向定位比较有名的例子是德国大众汽车的甲壳虫系列。

小案例 5-2

甲壳虫汽车的逆向定位

美国底特律的汽车制造商们多年来一直强调更长、更大、更流线型、更豪华美观的定位策略，1973年发生世界性石油危机后，甲壳虫汽车将目标定位为美国工薪阶层，打出"Think Small（想想还是小的好）"的口号进军美国市场，并成功占据一席之地。

(3) 比附定位

"比附"从字面意思上理解就是比较、依附。比附定位是指通过与同类竞品中佼佼者的比较来确定自身市场地位的方法。这里"比附"的对象非常重要,必须是行业中口碑较好、知名度较高的企业,这样才能起到"蹭"身价的效果。

小案例 5-3

蒙牛乳业的比附定位

蒙牛乳业创立之初,对标伊利乳业,宣传的口号是:"向伊利学习,为民族工业争气,争创内蒙古乳业的第二品牌。"通过站在"老大哥"伊利的肩膀上,蒙牛飞速发展,如今已经和伊利比肩,稳坐中国乳制品行业的第二把交椅。

延伸阅读 5-1

"保二争一"的比附定位

(4) 理性定位

理性定位是通过客观的事实、数据等来进行宣传,使消费者对产品或服务有一个理性的认识。例如,南孚电池的广告号称"一节更比六节强",就是用具体的数据来进行定位,让消费者对南孚电池的续航能力有一个清晰的认识。

(5) 感性定位

感性定位是一种为产品附加文化内涵和底蕴、描述产品不易讲清楚的特征的定位方法。通过感情层面的内容增强消费者的认同感,引起消费者共鸣,从而为广告目标服务。例如,在景田百岁山的广告中,演员扮演的贵族女子坐在豪华马车中,喝的水就是景田百岁山。百岁山用这样的感性定位,向大家传递出"水中贵族——景田百岁山"的理念,从而确定了产品的高端定位。

相较于理性定位,感性定位传达出的内容并没有很明确,但在情感层面比理性定位更为有力。二者各有利弊,应结合企业和产品的实际情况进行选择。

5.2.3 网络广告的目标受众策划

网络广告的目标受众策划就是明确网络广告的投放对象,即广告投放给谁看。在此过程中,需要明确目标受众是哪个群体、处于哪个阶层、位于哪个区域、具有哪些特征、有怎样的消费习惯和消费观念等,结合以上因素确定广告投放的对象。

在进行网络广告目标受众策划时,分析人员需要对目标群体的性别、年龄、学历、职业、生活方式、网络媒体使用习惯、消费习惯、消费观念和价值观等因素做深入细致的了解。了解了目标群体的特征,才能有针对性地设计营销战略与策略。

延伸阅读 5-2

什么是程序化广告?

5.2.4 网络广告的主题策划

网络广告的主题之于网络广告本身是一个基石式的存在,奠定整则广告的基调与内涵。网络广告主题策划正是确定网络广告诉求重点的过程。在此过程中,需要针对所宣传的商品或服务、企业或观念,找出能唤起目标消费者兴趣、激发目标消费者购买欲望、促进目标消费者购买,并与其他同质化内容区别开的理由。而这个理由就是网络广告主题策划的成果,也就是网络广告的诉求点。

网络广告主题的确定需要做到以下几点。

① 明确、易懂。只有主题明确、易于理解,才能让受众明白广告所要表达的内涵,否则受众即使接收了广告也不知其所云,广告投放便失去了意义。

② 统一、协调。无论是时间上还是空间上,网络广告的主题都应做到协调统一,以免造成"双标"甚至"多标"的局面,使受众感到困惑而无法进一步行动。

③ 新颖、独特。网络广告主题应力求独树一帜,挖掘独特卖点,且应符合当前流行趋势,避免与同类产品的广告相似或宣传观点落伍过时。

小案例 5-4

百事可乐春节主题广告

百事可乐连续9年聚集当红明星拍摄春节主题广告,无论每年的明星阵容怎么变化,都围绕同一个主题:把乐带回家。百事可乐的春节主题广告抓住春节这样一个全年最大热点,围绕着"亲情"和"团圆"这样永恒不变的主题,连续9年推出一系列的广告,在春节期间阖家欢乐、喜气洋洋的氛围中成功将品牌融入节日,引发大家的情感共鸣,达到了产品推广的目的,也让百事这一外来品牌与中国传统民俗文化联系了起来,提升了消费者对品牌的美誉度和认同感。

5.2.5 网络广告的创意策划

成功的网络广告策划首先需要有别开生面的创意,创意能够引起消费者注意,吸引消费者消费。创意是消费者购买冲动的催化剂,好的创意是一则广告成功的开端,做好创意策划对网络广告而言至关重要。

1. 网络广告创意的含义

创意通常是指有创造性的想法或构思。网络广告的创意是以广告的主题为基础,在表现该主题的过程中在内容与概念、形式与技巧等方面展现出的新颖独特的构思。

创意是一则广告的灵魂,是广告借以在众多同类商品宣传中脱颖而出的制胜点。一则广告倘若没有创意,没有展现出自己的独特性,就会被湮没在信息流中寂寂无闻,它所宣传的商品或服务也很难在市场上激起水花;唯有新颖独特、推陈出新,才能赋予广告、赋予产品以顽强的生命力,使其在侪辈中有一席之地。只有这样,广告才能有发挥其作用的空间,才能更好地为企业宣传、产品营销等环节和流程服务。

2. 网络广告创意与主题的关系

对一则广告而言,主题是纲领、是基石,创意是灵魂、是精华。在广告策划的流程中,首先需要确定主题,但主题是抽象的、概念性的内容,需要将其合理恰当地表达出来,这时候就需要创意的构思。总体而言,主题是广告的中心思想,创意是通过艺术构思将中心思想表达出来。主题奠定整则广告的基调和方向,创意则服务于主题,通过有新意的、艺术化的形式将主题更好地表达出来。

3. 网络广告创意的原则

(1) 真实性

真实性原则是网络广告创意策划的重要原则之一。创意是新颖的、是独特的、是天马行空的,但这并不意味着创意可以脱离产品的根本而过分夸大、信口开河。创意应围绕主题展开,结合产品本身进行渲染烘托,但切忌失之根本。

(2) 简洁性

简洁不是简略、简陋,而是在一切基本要素都具备的情况下,用简练的语言、简洁的形式、简约的要素将网络广告的主题展现给受众。在碎片化信息时代,受众很难将注意力长时间集中在某个点,网络广告倘若冗长而烦琐,便很容易消磨掉受众的耐性而失去其关注,达不到宣传的目的。

(3) 系列性

广告界"教父"大卫·奥格威曾说过,优秀的广告创意是系列性的杰作。如果不能根据自己的创意策划设计出系列广告,那么这个创意便很难被认为是杰出的。

4. 网络广告创意的过程

(1) 信息收集与整理

根据广告大师詹姆斯·韦伯·杨的理论,进行广告创意策划的资料可以分为两种:特定资料与一般资料。特定资料是指与想要宣传的产品或服务密切相关、有专属性的资料,如同质化产品市场份额、消费者购买习惯等,这些都是网络广告创意的主要依据;一般资料则是指策划者自身的专业素养和知识储备,以及日常生活中积累的素材等,这些是网络广告创意策划的基础,为创意策划流程奠基。不管是特定资料还是一般资料,在创意策划前期都需要一定的积累和储备,这样才能使创意策划有所依据。

谚语有云,"巧妇难为无米之炊。"网络广告创意策划也是如此,创意并非一蹴而就、凭空产生的,而是在收集并整理大量资料的基础上,通过已掌握的信息启发自我,结合平时的经验积累,通过已然点发现未然点,见前人之未见。开展创意调查,对收集到的资料进行整理和分析,不但可以丰富策划者的信息储备量,还可以在此过程中激发创意,点燃灵感。

(2) 明确概念与主题

概念与主题是创意产生的前提。如前所述,主题相当于一则广告的基石,只有主题确定下来,其他因素才能有所依附。在信息收集与整理后,策划者往往会有一些朦胧的想法和头绪,经过深入挖掘与构思,形成广告宣传的核心概念,围绕此核心概念,逐步明确广告的主题基调和中心思想等,使之成为广告创意的立足点。

(3) 创意表达与阐释

当宣传的核心概念和主题确定后,可以进行网络广告创意表达,主要包括广告形式、广告内容、广告传播渠道等方面。结合前期的信息收集与整理以及概念和主题的明确,并将以往的经验案例等作为参考借鉴,可以将初期产生的朦胧的想法等逐步落实,形成较为完善的创意策划。

(4) 创意评价与分析

创意策划落地后,接下来是对其进行评价与分析的环节。网络广告创意评价与分析主要从两方面进行。

一是从理论层面进行评价分析,运用广告学、市场营销学、公共关系学等理论知识,对网络广告的各个因素进行分别评价。

二是从实践层面进行分析,将本案例与其他典型案例进行比较,与成功案例对比,看本案例是否有与之类似之处,并从比较中得出较对方不足的方面以及优于对方的方面;与失败案例对比,总结本案例的成功之处,并将之作为经验以供日后参考。

延伸阅读 5-3

可口可乐"全家福",创意满分

5.2.6 网络广告的媒体策划

随着时代的发展和科技的不断进步,媒体也在逐步迭代更新。经历了传统四大广告媒体时代之后,现在基本上可以说是网络媒体的"主场"。

1. 网络广告的投放渠道

网络广告可供投放的渠道主要包括手机应用程序(App)、企业网站和综合类网站平台等。

(1) 手机应用程序

如今 App 已经成为用户增长速度最快的平台之一。基于用户对手机的使用黏性以及手机具有的社交性、互动性等特征,网络广告很容易通过微信、微博等渠道分享,传播次数实现裂变式增长。从经济因素角度而言,App 的开发成本比传统营销手段更低;而且,通过新技术以及数据分析,可精准定位企业目标用户,节省了企业在定位方面的成本。

(2) 企业网站

很多大企业都建有自己的网站。在企业自己的网站上,不仅可以进行产品宣传、促进消费者购买,还可以进行企业形象介绍,以增加亲和性,拉近与消费者的距离。此外,许多企业的自有网站同时建有购买渠道,通过该网站可以完成从发现商品到购买商品的全流程,非常便利。

(3) 综合类网站平台

① 门户网站。在互联网发展早期,门户网站是人们从网上获取信息的主要渠道,如今仍有许多用户保持着浏览门户网站的习惯。企业可以选择在门户网站(搜狐、网易、新浪等)投放广告,这与在传统媒体投放广告有一定的相似之处。

② 网络媒体平台。在互联网媒体发展势头迅猛的今天,传统媒体也不甘屈居人后,纷纷

开发自己的互联网媒体平台,包括报纸、杂志、通讯社等各类媒体打造的自己的网站、App 等。网络报纸或杂志专业性更强,受众群体更清晰,企业如果在这些渠道投放广告,则广告的针对性更强,用户群体也会更明确。

③ 搜索引擎网站。搜索引擎是互联网用户利用率最高的网站平台之一。用户通过搜索引擎进行搜索时,往往会浏览到许多广告信息,这些都是搜索引擎网站企业根据竞价排名给企业留的广告位。

2. 网络广告媒体的选择

(1) 根据目标受众的使用习惯进行选择

在当下的智能时代,手机已成为人们与外界沟通的最重要的媒介,因此手机也成为网络广告投放最重要的途径。具体而言,可以根据不同用户习惯在不同平台进行网络广告投放,例如,在小红书投放针对女性用户的广告,在小说阅读网站投放有关书籍的广告等。此外,针对不同年龄段用户的行为习惯也可以对投放行为做出区分,从而使网络广告针对性更强,购买消费行为转化率也更高。

(2) 根据网络广告目标和主题进行选择

根据企业不同的营销目标,可以选择不同的网络广告投放媒体。例如,如果企业的目标是提高销量、促进购买,则可以将广告投放在购物平台,如淘宝、京东等;如果企业的目标是形象宣传、口碑塑造,则可以选择门户网站、新闻网站等。

(3) 根据网络广告费用和企业预算选择

企业在选择网络广告投放媒体时,还应将经济因素纳入考量范围。投放广告不应一味追求价格,价格最高的不一定是最好的,价格最低的效果也不一定最差。正确的做法是结合所需费用和预算综合分析,选择最适合企业的,将每一分钱都花在恰当处。

(4) 根据媒体渠道自身性质进行选择

如果将网络广告投放在网站上,则需要考虑广告曝光次数、点击次数与点击率、转化次数与转化率等指标,同时还要考虑网站的知名度、影响力等技术因素以外的因素;如果选择 App 等渠道进行网络广告投放和传播,则需要考虑 App 面向的受众、用户使用黏度等因素对网络广告效果的影响。

(5) 根据媒体组合形式进行选择

媒体组合是指在广告投放的过程中不只选择一种媒体渠道,而是综合考量各种媒体渠道的优缺点,选择多种渠道进行投放。这样可以取长补短,充分利用各种媒体自身的特点,形成协同效应,达到媒体资源配置的最优化。

相较于新媒体,传统媒体的优势在于其有着更高的权威性,同时受众范围更广。随着网络新媒体的飞速发展,与之相关的监管措施并没有到位。网络媒体上发布的内容良莠不齐,导致这一媒体渠道的公信力也因此受到影响。这也是网络广告媒体策划时需要考虑的一个关键因素。因此,最有效的方法应该是进行媒体组合选择,以分散风险、优化配置。

5.2.7 网络广告的地区和时间策划

网络广告的地区策划和时间策划也是网络广告策划的重要内容之一,是网络广告针对性特点的体现。

1. 网络广告的地区策划

网络广告地区策划是指确定网络广告投放的区域,有针对性地将网络广告投放给该地区的特定人群,以实现最佳宣传和营销效果的策划过程。但是由于互联网媒体具有跨时空特性,受众可以几乎无限制地访问各地区互联网,浏览其中投放的广告,这就限制了网络广告的地区差异性。因此,网络广告的地区策划相较于其他传统媒体广告而言难度较大。在实践中可以将网络广告与其他形式的传统媒体广告相结合,采取媒体组合的方式来对冲劣势,以弥补网络广告在地区差异性方面的不足。

在进行网络广告地区策划时,需注意该地区的经济条件、人文因素、目标受众的特点、网络条件状况、同类产品经营情况等因素,结合企业营销目标,因地制宜地设计有地域特色、有针对性的广告。

延伸阅读 5-4

"营销鬼才"麦当劳的广告地区策划

2. 网络广告的时间策划

对于时间这一概念,通常可以区分为时段与时点。将之应用于网络广告策划领域,则可以进一步拓展出广告时点、广告时限、广告时序、广告频率、广告时机等概念。

(1) 广告时点

广告时点从字面意义上理解就是广告投放的时间点。广告时点策划需要结合受众一天的时间安排来进行,根据受众在特定时间点从事的活动投放与之相关的广告,从而起到更好的宣传效果。网络广告由于其具有 24 小时在线的特征,看起来似乎不存在时间策划的问题,但其实不然。对流量进行监测可以发现,在不同的时间段存在用户使用流量的高峰期,结合这一特征可以有针对性地进行广告投放。例如,早上通勤途中人们通常都会浏览手机上的各种信息,这时就可以投放一些早餐的信息等,以吸引消费者购买。

(2) 广告时限

广告时限又称为广告时长,这一概念对应的是广告投放多久的问题。通常而言,广告投放时间过短,会导致所获利润无法弥补前期投放广告的支出;而投放时间过长,又会产生更多广告费用。因此,应确定合适的广告投放时限,从而使效益达到最大化。

(3) 广告时序

广告时序指的是网络广告在投放时先后次序的安排。广告时序一般涉及两个方面的内容,一个是广告内容方面的时序安排,另一个是广告投放渠道方面的时序安排。前者一般结合产品生命周期进行综合考量,在不同生命周期阶段投放内容形式不同、内容体量不同的广告;后者则是指网络广告与传统媒介广告在时序上的安排,合理安排其先后次序可以收获更好的宣传效果。

(4) 广告频率

网络广告频率是指在特定时间段内将网络广告投放给特定受众并由该部分受众接收的次数。对于品牌知名度较低、市场占有率较小的产品,适当增加网络广告频率有助于刺激消费者产生购买行为,但同时应注意消费者的逆反心理,避免消费者因接收广告次数过多而对该品牌产生厌恶心理。因此,网络广告频率策划一定要做好对"度"的把握,避免适得其反。

（5）广告时机

广告时机是指结合时事热点,选择的广告投放的合适契机。通俗来讲,选择广告时机类似于"蹭热度",通过大事件来提高企业品牌曝光率,吸引消费者注意,唤起消费者情感共鸣,进而促进消费行为的转化。

以2021年上半年热度较高的新疆棉事件为例,当一些无良企业抵制新疆棉的行为发生并被媒体报道后,在网络媒体各平台上,许多品牌都在宣传自家的新疆棉产品,以获得消费者认可,引起消费者共鸣。这就是对广告时机的把握。在有利且合适的时机进行广告投放往往会起到事半功倍的效果。

延伸阅读 5-5

疫情造就美国广告"三巨头"——谷歌、Facebook、亚马逊

5.2.8 网络广告的预算策划

网络广告费用渗透在网络广告的各个环节,主要包括市场调研费、广告设计费、广告制作费、广告媒介使用费、广告机构办公费与项目人员工资等部分。网络广告预算策划就是事先对以上费用进行的规划活动,是企业重要的经济活动,为企业投放广告提供资金方面的依据,帮助企业合理、经济地完成网络广告投放任务。

1. 网络广告预算策划的流程

（1）信息收集归纳与整理分析

在此环节中,企业需要明确影响网络广告预算的因素有哪些,这些因素对预算的影响程度各自有多大。通常需要考虑的因素有市场因素,如企业当前所处的市场环境、品牌的市场定位、同类竞争产品的市场份额及营收情况等;政策因素,包括政策规定、法律法规等;受众特点,包括消费者消费习惯、消费观念等;企业自身因素,包括该产品上一年度销售额、历年来企业产品销售的周期等。

（2）预算编制与资金分配

结合前期对收集到的信息和资料进行的整理与分析以及企业营销目标等因素,来确定网络广告投资总额。有了投资总额这一总括性指标后,企业可根据不同地区的营销目标、市场条件、当地消费者消费习惯等因素将费用分配给不同的地区,同时结合前期时间策划进一步将费用按时间维度进行划分,结合时段、时机、频率等因素将预算进行分配投放,最终落实到具体的细节环节上。

（3）预算控制与评价

预算编制成功并不是预算策划工作的结束,其后续还需要有控制和评价等环节。对预算制订的各项指标,在后续实施的过程中应该有明确的记录,并对其效果进行评价,进而进一步调整资金分配等事项。值得一提的是,在进行预算编制时需要留有一定量的机动经费,以备不时之需。这一点可以以网络广告时机策划为例来考量,当出现合适的投放广告的机遇时,企业应抓紧风口,牢牢抓住热点趋势。此时倘若企业没有足够的经费支持广告投放,便会错过投放

广告的有利时机,从而使企业处于被动的地位。

2. 确定网络广告预算的方法

(1) 销售额百分比法

销售额百分比法是指企业按照产品销售额的百分比来确定广告费用支出预算。销售额可以根据动态的市场取前期销售额和预期销售额的加权平均值来确定,百分比可以基于企业所在行业的平均数或者企业的经验值来确定。

(2) 竞争对等法

竞争对等法又叫作竞争对抗法,是一种根据竞争对手的网络广告费用来确定自身预算的方式。这种方法背后的原理是,默认市场中其他各企业的网络广告费用都是合理的,都接近最佳水平。本企业采取追随手段,效仿其他企业进行资金配置。

(3) 销售单位法

销售单位法是指先将产品划分为多个一定体量的销售单位,为每一销售单位确定网络广告投入费用,再乘以计划销售量,就可以计算得出网络广告预算。其中,为销售单位确定的网络广告投入费用可以参考上一年度相关指标来确定。

销售单位法计算简便,比较适合体量小、利润低、销量大的产品。运用销售单位法可以较为明确地掌握商品在广告方面投入的经费开支。

(4) 目标任务法

目标任务法又叫作目标达成法,是指企业在进行资金投放之前先确定营销目标,如提高利润率、市场占有率、客户转化率、品牌知名度等,然后确定为了达到这些目标需要采取的相应的广告策略,据此进一步估算推行这些策略所需要的费用。

目标任务法的优点主要在于其直观的特性,将广告费用与广告目标直接联系起来,能够根据营销效果和市场动态及时对预算进行调整。但目标任务法也有一定的弊端,即该方法受主观因素影响较大,网络广告投放金额完全依靠抽象化指标来确定。例如,策划人员确定目标为市场占有率从5%提升到10%,但是很难明确达到这一目标具体需要投入多少费用。因此,目标任务法在运用时具有一定的难度,对策划人员的专业素养要求也比较高。

5.3 网络广告效果测评

网络广告传播效果有广义和狭义之分。广义的网络广告传播效果是指广告投放后广告产生的各方面的效果,包括经济方面、品牌形象方面等,是一个总和性质的概念;而狭义的网络广告传播效果则聚焦于网络广告的传播范围、传播影响等方面,是一个范围较小的概念。为避免歧义,本节将广义的网络广告传播效果简称为网络广告效果。

网络广告的效果是指广告主通过投放网络广告对受众产生的影响以及这种影响反作用于企业产生的效果,表现为传播效果、经济效果、心理效果和社会效果。通过对网络广告效果进行研究,可以帮助企业更好地了解广告投放情况并据此做出调整,以达到效益最大化的目标。

5.3.1 网络广告效果测评的定义

网络广告效果测评是指根据一定的规则,通过特定的方法和手段,对网络广告效果进行测量和评价的过程。由于网络广告传播效果具有多指标性,因此在测量时可以选取适量的指标,构建一个指标矩阵,将各个指标进行量化输入和输出,进而对网络广告效果进行全方位、多层次的评价。

5.3.2 网络广告效果的分类

如前所述,网络广告效果与传统媒体广告效果类似,都具有复合性,依据其考察的客体和衡量的对象不同,网络广告效果可以分为传播效果、经济效果、心理效果和社会效果。

1. 传播效果

我们这里讨论的传播效果是狭义上的传播效果,评价的主要是网络广告传播的范围,是从客观的角度来衡量网络广告的效果。通常采用的指标有点击率、曝光次数、用户访问时长、用户转化率等。

2. 经济效果

企业投放网络广告最根本的目的是吸引消费者购买宣传的产品或服务,进而给企业带来更多的利润。因此,经济效果是网络广告效果中最直观的一类。通过对投放广告后企业的各项经济因素指标进行测量,可以较为轻松地对广告效果进行评价。经济效果的主要测量指标包括销售和利润效果比率、市场占有率和市场占有增长率等。

3. 心理效果

心理效果是从消费者角度出发的一个衡量维度。消费者在接收到广告信息后,首先对广告内容产生认知,然后结合自己的消费观念、消费习惯等对该则广告产生自己的看法和态度,进而促使消费者产生下一步的行动。

4. 社会效果

社会效果是网络广告的间接效果,主要表现在两个方面:一方面是企业通过投放广告所获得的品牌加成,具体是指产品知名度、美誉度等在此过程中获得的提升;另一方面是指企业通过广告传递出的价值观、人文关怀、文化艺术等因素,对社会产生的影响。因此,广告策划时一定要注意广告内在的价值观等思想层面的内容,以免造成不好的舆论影响。

5.3.3 网络广告效果测评的指标

作为广告的一种,网络广告与其他传统媒体广告有着类似的测评指标。但是,网络广告本身的互联网特性又导致其具有一些其他传统媒体广告不具备的测评指标。虽然这些指标仍有不完善之处,但在研究的过程中应对其进行深入挖掘并逐步完善。

1. 网络广告曝光次数

网络广告曝光次数是指网络广告被浏览的次数。在网页广告中,这一概念是指网络广告所在网页被访问的次数,通常由计数器来进行统计。在其他新媒体平台(如抖音、快手等)上,这一概念是指该广告视频被用户刷出来的次数。

2. 点击次数与点击率

点击次数是用户点击网络广告的次数,常见的有点开一篇文章、点进一段视频等。点击率则是点击次数除以曝光次数得到的指标,这一指标是衡量网络广告吸引力的最直观、最有力的指标。

3. 广告阅读次数

广告阅读是指广告受众在浏览过程中点开了广告相关链接进入了特定页面并在该页面停

留一定时长的行为。广告阅读次数就是在特定时段内广告阅读行为的总次数,它同样能够在一定程度上反映广告对受众的吸引程度。

4. 转化次数与转化率

"转化"是指广告受众受网络广告影响而形成的购买、注册或信息需求;转化次数是受网络广告影响所产生的购买、注册或信息需求行为的次数。与点击率计算方式类似,转化率是用转化次数除以曝光次数得到的指标。

5. 网络广告收入

网络广告收入就是消费者受网络广告影响而产生购买消费行为,进而给企业带来的盈利收入。用网络广告收入来衡量网络广告效果是从其经济效益角度出发的衡量方法,但这一指标在应用时也有其局限性,即企业很难确定经济收益增长中具体由网络广告贡献的份额。

6. 网络广告成本

目前衡量网络广告成本的指标通常有千人印象成本(Cost Per Mille,CPM)、每点击成本(Cost Per Click,CPC)、每广告位时间成本(Cost Per Time,CPT)和每行动成本(Cost Per Action,CPA)。这些成本指标在衡量广告价值时各有利弊及适用性,因此应从企业的营销目的出发,选择适当的标准进行测评。例如,如果企业的广告目标是促进消费者购买的话,则选择每行动成本指标最为合适。

5.3.4 网络广告效果测评的方法

网络广告效果测评可以从定性和定量两个角度来进行,不同的角度有不同的方法。

1. 对比分析法

对比分析法是一种定性分析的方法,主要应用于对网络广告无法量化的效果的测评中,如品牌知名度、美誉度等。这是因为,调查表明,对于按钮广告或标志广告,其效果除了增加直接点击外,主要表现在品牌形象方面。而此时,通过对比分析法,可以得出企业投放广告前后其品牌形象的变化,由此可以得出网络广告在此方面的作用。

2. 加权计算法

加权计算法是一种量化分析网络广告效果的方法。这种方法是指给网络广告效果的不同指标赋予不同的权重,相加求和后得出的值大者为优。加权计算法主要用于分析投放地点、投放时间、广告形式等因素之间的差异对广告效果产生的影响。

3. 软件评估法

软件评估法是指通过专门的广告效果评估软件来完成对广告效果的测评,目前已经有许多集成软件可以完成包括广告报价、广告效果评估在内的一系列功能。广告主可以向相关公司咨询,在投放广告前双方协商制订包括投放渠道、投放时间等在内的投放计划,投放后则由软件公司对广告效果进行测评和分析,并将结果反馈给广告主。

5.4 案例分析——星巴克"猫爪杯"网络广告策划

星巴克此前的产品宣传营销活动主要集中在社交媒体平台上,通过内容营销的方式、采取差异化的手段进行品牌定位,吸引消费者。例如,2017年星巴克推出瓶装新品抹茶星冰乐和红茶星冰乐,以微信公众号为发布渠道对其进行推广和宣传。

2019年2月26日,星巴克咖啡在其中国门店发售了2019年樱花主题系列的杯子。在这组春季新品中,杯子的造型和设计多围绕猫、狗、樱花等元素展开。而在这些新款杯子中,热度最高的当数一款名为"猫爪杯"的杯子(图5-2)。猫爪杯采用透明玻璃材质,杯子内层设计为猫爪形状,外层印有樱花图案,当内部倒入有颜色的液体时,杯子便呈现出猫爪形状,十分可爱。星巴克围绕这款猫爪杯进行了相应的网络广告策划。

图5-2 星巴克猫爪杯

5.4.1 星巴克猫爪杯的主题策划

根据相关学者的观点,广告主题的策划就是确定商品在市场中能够占据的位置,概括商品能够给顾客带来的物质和精神意义,是广告传播的核心概念,也是广告的诉求重点。从星巴克猫爪杯开售前的视频广告可以看出,猫爪杯网络广告的主题十分明确:萌,可爱,高颜值。

猫爪杯网络广告的主题策划完美遵循了主题策划应注意的原则。首先,这则广告的主题十分明确、易懂,通过向杯子中倒牛奶这样简单的动作来凸显出猫爪杯的可爱、高颜值;同时,猫爪杯网络广告的主题也很统一、协调,都是通过宣传猫爪杯倒入液体后浮现猫爪外形这一特点来吸引消费者,促使消费者购买;此外,猫爪杯广告的主题十分新颖、独特,突破了人们对于水杯的传统认知,即水杯主要用来喝水这一固有观念。猫爪杯的主打点在于它不仅可以用作饮具,更是一件艺术品,观之让人赏心悦目,拿之让人爱不释手。具备了这些要素,星巴克猫爪杯网络广告的主题策划可以算是比较成功的。

5.4.2 星巴克猫爪杯的目标受众策划

谈到猫爪杯"爆款"现象,上海啡越投资管理有限公司董事长王振东曾在接受记者采访时表示,星巴克整体路线正在向"萌"的方向转变,从猫爪杯到冰激凌新品,包括星巴克天猫店的整体色调等,都证明星巴克越来越重视女性和年轻男性这两大消费群体的喜好。

我们发现,在网络广告投放时,星巴克的目标受众十分明确。结合猫爪杯年轻、萌系的特征,最初的预热视频也投放在了年轻用户较多的社交媒体平台,包括小红书、抖音等。与此相统一,星巴克在视频内容方面也做了相应的"配套设计",力求吸引目标受众的注意力:视频中,猫爪杯使用者缓缓向杯中倒入牛奶、可乐等,一只可爱的猫爪随之浮现。

随着"萌"现象在社交网络中走红,"萌"经济正在与不同业态跨界融合,形成一种产业、文化与营销趋势。年轻一代往往对萌系物品缺乏抵抗力,且深陷于"撸猫"文化和氛围中。星巴克正是瞄准这样的时机和群体,通过一款猫爪杯,向年轻群体着重投放,成功吸引了消费者注意。

5.4.3 星巴克猫爪杯的定位策划

与目标受众策划相结合,星巴克猫爪杯的定位策划做得也很成功。猫爪杯的宣传视频将产品定位在年轻化、萌系等几个关键词的框架之下,再结合与之相适应的媒介策划进行视频宣传引流,最终使猫爪杯成为爆款,抢购猫爪杯也成为现象级行为。

具体而言,星巴克猫爪杯的广告视频主要采用了感性定位的定位方法。正如学者所说,感性定位是一种为产品附加文化内涵和底蕴、描述产品不易讲清楚的特征的定位方法。通过感情层面的内容增强消费者的认同感,引起消费者共鸣,从而为广告目标服务。猫爪杯视频没有从理性角度入手,如宣传杯子能装多少水、能不能保温之类的客观条件,而是从杯子本身的外观、萌系的内涵入手,通过倒入液体后浮现猫爪的方式来对其特征做最好的诠释。

更进一步讲,可能会有人质疑,花几百元只为买一个玻璃杯,究竟值不值?这就是星巴克定位巧妙的体现。通过这样一则广告,星巴克不仅宣传了自家杯子的颜值和萌点,更向消费者传达出一种理念:用了星巴克萌萌的猫爪杯,你也会变得很萌。消费者借此获得一种身份上的认同感。

5.4.4 星巴克猫爪杯的创意策划

在最早的一条关于猫爪杯的抖音视频中,杯主向猫爪杯中倒入粉色牛奶,一只粉色的猫爪随之显现。视频中并没有对杯子的其他特征做过多的宣传,而是抓住猫爪这一个特点,并将之最大化,尽可能吸引消费者注意。

这就是星巴克猫爪杯视频创意的体现。当其他杯子的广告都在宣传杯子本身的保温性能、容量、便携性等常规属性时,星巴克猫爪杯另辟蹊径,选择了看起来并非很实用的特点进行宣传,反而大获成功。虽然这得益于猫爪杯自身的"异型"属性,但是针对此进行的创意宣传也功不可没。

可以看出,星巴克猫爪杯的创意策划与主题策划是相辅相成的。这款杯子宣传的主题就是萌、可爱、颜值高,同时融合了"撸猫"文化。而宣传的创意就是用一只随液体倒入而浮现的猫爪来俘获众多消费者的心,将主题体现得淋漓尽致。

5.4.5 星巴克猫爪杯的媒体策划

在星巴克猫爪杯正式发售之前,在各大社交媒体 App 上已经能"一睹芳容"。一条往猫爪杯里倒牛奶的视频在抖音、小红书等 App 上迅速走红,随后在朋友圈和微博等一系列社交平台上被用户转发传播,这也是后期星巴克猫爪杯成为爆款的原因之一。

知乎上有用户总结了猫爪杯的爆款经验:线上引爆+线下配合+全网热搜。其中:线上引爆是指正式发售前,在各大社交媒体做的"预热"活动,通过网络宣传将产品的热度炒起来,从而使更多人了解到即将发售的产品,吸引消费者注意,最大限度地促进消费行为的转化;线下配合是指消费者的大力抢购行为,这与前期的宣传工作是密不可分的;全网热搜则是舆论造势宣传环节,用户将其戏称为"圣杯战争",无论买到与否,消费者都很愿意在社交平台上发布与猫爪杯相关的感受、体验等,这无疑为猫爪杯的热度更添一把火。

这一流程与 AISAS 模型是十分契合的。线上引爆环节对应于 Attention、Interest、Search 3 个环节,用引流的方式来对猫爪杯进行宣传炒作;线下购买对应 Action 环节,通过裂变、现象级宣传促使大量消费者购买,而有些消费者会在购买后进行视频、图文等形式的分享,也就是 Share 环节。

2019 年 2 月 26 日的数据显示,"星巴克猫爪杯"百度搜索指数为 15 617 次;在新浪微博上,"猫爪杯"话题的阅读量为 3 017.4 万次,讨论量为 5.6 万条,"星巴克猫爪杯"话题的阅读量为 5 848.4 万次,讨论量为 4.2 万条;在抖音上,"猫爪杯"话题有 189.9 万次播放,"星巴克超萌猫爪杯"话题有 260.1 万次播放;在小红书上,"猫爪杯"有 1 884 篇笔记,"星巴克猫爪杯"则有 1 533 篇笔记。值得注意的是,快手上与猫爪杯相关的内容非常少,说明同为短视频App,快手与抖音在用户群体、内容偏好等方面都有着一定的差异。

由此可见,星巴克猫爪杯的媒体策划十分成功。前期选择了年轻用户较多的 App(小红书、抖音等)进行前期宣传引流,吸引消费者注意;中后期则在全网造势宣传,意在全方位吸引消费者,使宣传无死角、无漏洞,力争在最大范围内促进消费者的购买行为。据星巴克称,前期的走红实属意外,但是这"一条龙"的媒体策划还是很值得学习和借鉴的。

5.5 网络广告策划书

在实务中,网络广告策划书是广告主和广告代理公司之间的桥梁,双方通过策划书将实务中的各种事项进行明确,并最终以此形式落实。网络广告策划书是网络广告策划活动的产物,通常以文字、图表等形式呈现,包括封面、目录、前言、市场调研与分析、网络广告策略、网络广告预算、网络广告效果预测与监控以及附件等内容。

1. 市场调研与分析

市场调研与分析是网络广告策划的基础,主要包括以下内容。

① 市场环境与市场背景分析评估,主要包括对市场规模、市场竞争程度、相关政策及法律法规等内容的分析评估。

② 产品情况分析,主要包括对产品的市场占有率、竞品比较等方面进行分析。

③ 竞争对手分析,主要是对同类竞争者的相关情况进行分析。

④ 消费者分析,主要包括对消费者群体定位、消费者购买习惯、消费者偏好等情况的分析。

2. 网络广告策略

网络广告策略是网络广告策划的重点,主要包括以下内容。

① 网络广告目标。

② 网络广告定位。

③ 网络广告目标受众。

④ 网络广告地区和时间。

⑤ 网络广告表现形式,主要包括主题、创意和媒体渠道。

3. 网络广告预算

网络广告预算涉及网络广告各个环节的费用,主要包括以下内容。

① 市场调研费。
② 广告设计费。
③ 广告制作费。
④ 广告媒介使用费。
⑤ 广告机构办公费。
⑥ 项目人员工资。

4. 网络广告效果预测与监控

网络广告效果预测与监控是对网络广告效果进行全方位、多层次的评价,主要包括以下内容。
① 网络广告效果预测,包括文案测试、主题测试、创意测试等内容。
② 网络广告效果监控,可采用对比分析法、加权计算法、软件评估法等方法。

拓 展 资 源

实 训 作 业

1. 实训任务

(1) 网络广告推广设计训练

以小组为单位,结合本章所学知识,为本书的推广设计一则网络广告。

(2) 网络广告策划流程训练

以小组为单位,列举 3~5 则网络广告,分析其策划流程思路,并阐明选择它们的原因。

(3) 网络广告目标受众策划训练

请列举出一则你最喜欢的网络广告,并进行点评,说明它是如何根据目标受众的需求特点进行定位的。

(4) 网络广告创意策划训练

请列举出一则你认为最有创意的网络广告,并说明其是如何对内容进行创意策划的。

(5) 网络广告策划书撰写实训

小组协作完成一份网络广告策划书的撰写。

2. 实训目标

本章实训作业的目标:一是加深同学们对网络广告策划理论知识的理解;二是训练同学们将所学的理论知识熟练地运用于实践,更好地掌握网络广告策划的步骤和内容等知识,培养同学们独立思考、设计策划的能力。

3. 实训要求

① 以小组为单位,每组 4~5 人,由小组成员通过头脑风暴,集思广益,合作完成。建议围绕网络广告策划方案的主要内容,分工协作、集体讨论,召开不少于 3 次的小组会议。

② 网络广告策划对象的选择,既可以是为某项商品或服务进行全新网络广告设计,也可以针对已有商品或服务的网络广告进行调整与创新。

③ 结合课堂实训教学内容与小组创新想法,设计思路清晰,内容完整。

④ 提交一份完整的网络广告策划书,并制作配套的幻灯片进行课堂展示。

第6章 社会化媒体营销策划

随着互联网时代的到来,媒体形式随发展潮流迭代更新,并衍生出社会化媒体这一网络化媒体形式。传统营销随之搭上社会化媒体的便车,在营销方式和手段上不断推陈出新。社会化媒体营销以营销为落脚点,是一种建立在社会化媒体之上的新型营销方式。相较于传统营销而言,社会化媒体营销更注重企业与客户的交流沟通,同时互动性、传播性更强,影响力、穿透力更大,而这也反作用于营销方式,使其不断更新换代、转型升级。

在网络市场上开展社会化媒体营销、占领营销市场,对企业来说既是机遇也是挑战。企业应选择正确的营销组合方式,利用社会化媒体社交性强、自主性高、营销成本低、营销效果显著等特点和优势,在树立品牌形象、传递信息、及时了解市场动态等方面有所收获。本章主要介绍社会化媒体及社会化媒体营销的相关概念、社会化媒体营销策划流程、社会化媒体营销策划方式、案例分析——得物 App 社会化媒体营销策划和社会化媒体营销策划书等内容。

6.1 社会化媒体及社会化媒体营销

社会化媒体(Social Media)又称为社交媒体,是一种基于数字和网络技术,使传播更加精准化、对象化的媒体形式。社会化媒体营销则是以社会化媒体为基础,通过社交平台多方协作进行策划的营销活动。

6.1.1 社会化媒体概述

1. 社会化媒体的概念

社会化媒体是指人、社区和组织通过相互联系、相互依存的网络进行在线交流、传递信息、合作和增进联系的渠道。这一概念在信息科学领域首次提出,而后在市场营销领域得到广泛的应用。

社会化媒体涉及的群体主要有两大类:一是发布信息的平台运营商,其主要工作是信息的收集、生产、发布和传播等;二是角色多元化的消费者,其不仅是信息的生产者、接收者,还是信息的传播者。

2. 社会化媒体的特征

社会化媒体作为人们发布、传播、交流、分享信息的平台,具有以下特征。

(1)公开透明

社会化媒体是一个公开系统,任何人都有了解信息、参与讨论、传播信息的权利,不受身份、地位等因素的制约。

(2)角色多元化

在社会化媒体这一社交渠道网络中,信息的传播者和接收者在身份上并没有严格的限制,任何人都可以进行身份转换。传播主体的多元化促使传播者主体地位弱化和泛化,传播者和受众之间的界限也变得模糊。

(3)互动共享

通过传统媒体,信息受众和传播者之间只能进行单向交流,而社会化媒体为双方提供了一个互动的平台,通过社会化媒体,受众和传播者可以进行互动交流,实现信息的双向流动。

此外,社会化媒体还提供了一个信息共享平台。依托互联网的即时性和共享性,用户可以通过社会化媒体渠道随时随地共享信息,真正实现"天涯若比邻"。

(4)社群化

基于社会化媒体的互动属性,用户可以通过社交媒体渠道进行沟通和交流。根据感兴趣的话题、交流讨论的内容的不同,用户可以形成不同的社群。这是社会化媒体的社群属性。

3. 社会化媒体的分类

社会化媒体群体庞大,类型众多,根据用途和功能的不同,主要分为基础功能网络、核心网络、细分网络以及增值衍生网络。

(1)基础功能网络

基础功能网络是为用户提供最基本功能的社会化媒体平台,主要包括在线问答、在线百科、博客和文档分享等。其中,在线问答和在线百科以百度为代表,博客以新浪博客等平台为主,文档分享则主要有百度文库、豆丁、道客巴巴等。

(2)核心网络

顾名思义,核心网络是为用户提供核心社交功能的社会化媒体平台,也最能体现社会化媒体的社交属性。根据功能进一步细分,核心网络主要包括即时通信、移动社交、视频和音乐、论坛、消费评论、电子商务等。

(3)细分网络

细分网络是具有某种特定功能的社会化媒体,可以进一步分为在线旅游、婚恋网站、商务和企业社交、图片分享等。这些网站在实现特定细分功能的同时,也能实现用户的社交功能,完成信息的双向交流。

(4)增值衍生网络

增值衍生网络是将制造业、批发业、零售业、物流业等产业链上下游环节之间的信息,通过网络渠道进行连通和信息交换的系统。根据功能不同,增值衍生网络可以进一步细分为社会化搜索、社会化内容聚合以及社会化电子商务等。

4. 社会化媒体的基本功能

社会化媒体打破了传统媒体的局限,帮助人们构建便利的交流平台,为兴趣相近、关注点相似的人提供了聚集的渠道,用最低的成本获得最广泛的沟通。除此之外,社会化媒体还具有以下基本功能。

(1)形成社群组织

基于相近的兴趣、相似的关注点,以社会化媒体为依托,社群组织开始广泛出现。这种组织中的人群不受年龄、性别、地理位置等因素的限制,往往以简单的爱好为纽带,通过双向沟通机制联系起来。在此方面比较成功的一个例子是以美国苹果公司的 iPod 产品为中心的 iPod 俱乐部,这个基于社会化媒体形成的组织人数达到了数十万人,分布在世界各地,为苹果这家商业公司带来了巨大的口碑价值。此外,由于用户的价值观、兴趣点等较为相近,用户在社群中就会表现得较为活跃,并愿意贡献自己的力量,使得人力资源能够更合理、有效地在组织中发挥作用。

(2) 降低沟通成本

社会化媒体建立社群的成本相较于传统媒体而言降低了许多,但效率却大幅度提升。以微信为例,发起群聊只需将列表中的好友加入群聊即可,轻点手机数次即可完成所有操作。该群聊可以被赋予多种功能,如读书会、打卡签到等,不一而足。

(3) 提供真实的用户评价

社会化媒体可以对受众人群进行精准细分,并且通过小规模核心人群发表的意见评论,对其他大量非核心人群产生影响。许多社会化媒体平台都有用户点评这项功能,例如,消费者网购时,往往会先了解此前购买该商品的用户的评价,并据此作出自己的判断和选择。尽管真正产生内容的人在消费者总数中占比很小,但是他们的评价和意见会对其后用户的消费行为产生较为明显的影响。

(4) 为调查分析助力

基于传统媒体,以往的调查方法无非是问卷调查、电话访谈等,不仅耗时耗力,而且所得到的信息也容易受时间和空间的限制。社会化媒体为线上调查分析提供了平台和渠道,可以避免传统媒体所带来的限制,提高研究效率,为调查研究助力。

6.1.2 社会化媒体营销概述

社会化媒体营销是近年来受众多企业青睐的营销方式,主要指以内容为载体建立企业与用户之间的网络媒体交流渠道,据此实现品牌知名度建立、产品或服务销售的营销活动过程。

1. 社会化媒体营销的概念

社会化媒体营销是指利用社会化媒体平台发布和传播信息,从而形成营销、销售、公共关系处理和客户关系服务维护的营销活动方式。

2. 社会化媒体营销的特征

综合而言,社会化媒体营销的特征可以概括为以下几个方面。

(1) 以人为本

这一特征是社会化媒体营销的核心。社会化媒体营销在实际发展过程中,消除了营销者与消费者之间的障碍,使营销者能够借助于多样的社会化媒体形式与消费者进行即时交流,并在深层次上了解消费者的需求及建议,进而不断做出改进和调整,从而满足消费者的多元化需求。在当下的消费环境中,消费者普遍个性强、自主选择性较高,而社会化媒体以人为本的特点实现了与消费者之间的良性互动,在很大程度上提升了营销效果。

(2) 成本低廉

相较于传统媒体营销,社会化媒体营销的成本明显低于前者。这一特征主要体现在经济成本和时间成本两方面。

在经济成本方面,社会化媒体营销主要是在特有的媒体渠道进行的,如移动社交、电子商务、消费评论等,这就为企业节省了搭建营销平台的支出;同时,利用社会化媒体进行营销,其信息传播成本也较传统媒体营销显著降低。

在时间成本方面,得益于互联网媒介的即时性,利用社会化媒体传播的营销信息可以以极快的速度进行传播和扩散,很大程度上节约了企业的时间成本。

(3）消费者参与程度高

社会化媒体营销辐射性强、普适度高，任何用户都可以平等地在社会化媒体平台上进行交流。消费者可以对企业提出反馈意见或要求，企业也可以对消费者表达心意、阐明做法，而消费者与消费者之间也能够进行互动交流，表达自身真实体验。社会化媒体的营销方式打破了传统媒体的单一营销方式，借助于有效的互动与沟通，提升了消费者的自我存在感和互动参与程度。

（4）针对性强

在信息时代，几乎任何企业都有自己的宣传阵地，包括微信公众号、官方微博、抖音账号等。这些宣传渠道具有公开性和用户针对性，在很大程度上能够实现对消费者的一对一即时性帮助，并为其提供个性化、专门性服务。而这也能推进线上线下相结合式发展，并最终促进服务精准性的提升。

（5）信息传播快速、广泛

如前所述，社会化媒体具有互动性强、沟通便捷、社群化明显的特点，利用社会化媒体进行营销，一旦营销信息与当下热点完美契合，该信息内容便会以病毒式的传播方式进行迅速传播、广泛扩散，从而给企业带来极高的曝光率和关注度。

3. 社会化媒体营销应遵循的原则

社会化媒体营销随着技术的发展而逐步进入大众视野，在进行社会化媒体营销时应遵循一定的原则，不能任意而为。具体而言，应遵循的原则主要有以下几点。

（1）定位精准

营销是企业进行推广和获利的手段和工具，不是目的，社会化媒体营销也不例外。在营销过程中，企业应该认准自己的定位和营销目标群体。不同的社交平台有着不同的用户群特征，企业要根据自身定位和客户群特征来判断和选择适合自己的社交平台。具体而言，可以围绕如何做到让目标客户触手可及并主动参与、传播和发布对目标客户有价值的信息、让消费者与品牌或产品产生联系、与目标客户形成互动等主要目标进行精准定位。

（2）双向沟通

社会化媒体营销的成功之处在于将内容很大程度上交给用户，企业仅起到次要的作用。企业应注重用户体验，而从用户角度而言，在与企业双向沟通的过程中，可提供自己的思路。

小案例 6-1

我的星巴克创意

在星巴克的 My Starbucks Idea（我的星巴克创意）平台上，用户可以提出自己对星巴克产品和服务等方面的想法，平台会对用户的留言进行反馈，并在 Idea in Action（创意的实施）栏目中进行展示。通过这种双向沟通机制，消费者可以获得与星巴克共同进步、共同成长的成就感和归属感，星巴克也借此实现成功的营销。

因此，社会化营销应注重调动消费者的积极性，提高消费者的参与度，使其与企业共同成长。

（3）便于传播

通过社会化媒体平台将企业想要传递的内容尽可能传播到更广的范围，这是开展社会化媒体营销追求的效果。那么，当营销内容在社交网络中传播时，传播链条上的节点越多越好。传播链条上的每一个节点对应着一个用户，该用户在接收信息后将其进一步向外传播，从而形成辐射状信息网络。这就要求企业在进行社会化媒体营销时精心打造内容、确定形式，以便使营销内容尽可能地向外辐射，扩大企业自身的知名度和影响力，实现营销的目的。

（4）追踪时事热点

营销必然要有吸引眼球的内容，借助于社交媒体用户关注的时事热点进行营销，往往具有事半功倍的效果，从而获得消费者的关注和认同。企业可以借此拉近与消费者之间的距离，让消费者产生亲近感，最终促进消费行为的转化，达到营销的最终目的。

6.1.3 社会化媒体营销与传统媒体营销的区别

传统媒体营销大多是运用报纸、杂志、广播、电视等媒体形式进行信息传播，与消费者之间采用的是单向沟通方法，使得营销者和消费者之间缺乏双向沟通和互动。在这种模式下，消费者是被动接收信息的一方。社会化媒体营销改变了这一沟通方式，其以营造话题讨论社区为前提，以内容形式推送消息，形成企业和消费者之间的双向沟通，或是在消费者之间形成沟通和交流的社群，使营销更具有开放性、互动性和社群性。具体而言，社会化媒体营销与传统媒体营销之间的区别主要有以下几点。

1. 目标不同

社会化媒体营销的目标主要从两个角度考虑。从企业自身角度而言，社会化媒体营销的目标主要是围绕企业和品牌，提高曝光率，提升知名度；从消费者角度而言，社会化媒体营销的目标在于与消费者进行双向信息交流，在互动中传递信息，接受消费者的反馈意见。而传统媒体营销则更侧重于推广产品和品牌本身，虽也不乏与消费者之间的沟通和互动，但其强度和效率要明显弱于社会化媒体营销。

2. 侧重点不同

社会化媒体营销更加侧重于消费者，以消费者为主导，以创造消费者与企业或消费者之间的交流为目的，通过引导和刺激消费者创造内容形成讨论来完成与消费者的双向沟通，进而实现营销目标。而传统媒体营销则侧重于企业和产品，用户通过搜索获得的产品信息只是企业本身想要传递的信息，或是与产品相关的广告信息，事实上并不一定是用户真正需要的内容，这样的信息接收方式对消费者而言是较为被动的。

3. 内容类型不同

社会化媒体营销是基于社群的互动式营销，这就要求在进行社会化媒体营销活动时围绕内容展开，以建设新颖、有创意的内容为中心形成与用户之间的对话，通过互动的方式实现企业的营销目的。而传统营销则主要以产品为导向，以完整的产品介绍或者产品广告的形式呈现内容。

4. 成本不同

社会化媒体营销使企业能够以相对较低的成本对产品进行推广宣传，同时在社交平台的聚焦营销能够吸引大量的潜在消费者，与传统媒体营销相比，其投资成本低，风险也相对较低，而回报往往可以达到预期效果甚至超出预期。

6.2 社会化媒体营销策划流程

社会化媒体营销策划是具有实践性、开放性、社会性的市场营销活动，相比于传统媒体营销策划，所面临的不确定和不稳定因素较多。社会化媒体营销策划应按一定的流程展开，具体包括确定目标、分析环境、制订营销策划方案、撰写营销策划书、方案实施及效果评估5个关键步骤。

6.2.1 确定目标

在开展社会化媒体营销活动之前,企业首先应明确营销目标。在此基础之上,应进一步了解消费者的需求,掌握同行竞争对手的情况,并明确利用社会化媒体进行营销是为了帮助企业在哪个环节做何种程度的优化和提升,如提高销售额、品牌推广、收集客户信息等。确定目标应遵循的原则如下。

1. 可量化

社会化媒体营销的目标应清楚明确,可以具体测量,以便后期通过具体数据对营销效果进行准确评估。对于难以量化的营销目标,也应尽量制订较为客观的评价标准。

2. 合理化

营销目标应合理有效,切实可行。如果目标设置得过高,则会导致其难以实现,给企业带来过大的压力;如果设置得过低,则会失去激励意义,从而使社会化媒体营销策划难以进行。

3. 弹性化

在设置目标时应考虑环境等因素对目标实现的影响,因此营销目标不能是一成不变的,否则会过于僵化和呆板。弹性的目标应该在总体框架与大方向确定的情况下,能够做适当的调整,以适应环境等条件的变化,以免出现目标过于僵化、不切实际而无法实现的现象。

6.2.2 分析环境

策划人员将通过对企业的内外部环境进行调查和分析,了解企业自身的优势和劣势,识别市场机会和环境威胁,明确企业所在行业中的地位,为接下来的营销计划做出更加明智、有效的决策。

1. 外部环境和内部环境分析

(1) 外部环境分析

对于企业的外部环境,可以采用PEST模型进行分析,具体包括Politic(政治)、Economy(经济)、Society(社会)和Technology(技术)这4个因素。通过分析,初步确定企业所处的外部环境状况。

对社会化媒体营销而言,政治环境主要涉及关于各类社会化媒体的政策、法律法规等;经济环境分为宏观经济环境和微观经济环境;社会环境包括居民受教育水平、人口年龄分布等特征因素;技术环境不仅包括相关领域的技术现状,还应注意相关技术的发展动态和趋势。

(2) 内部环境分析

内部环境是企业经营的基础,是制订决策和计划的出发点和依据。具体而言,企业内部环境主要包括组织结构、资源条件、企业文化、核心价值等。结合企业内部环境因素,可以有针对性地为社会化媒体营销策划奠定基础,确定落脚点。

2. SWOT分析

基于上述外部环境和内部环境分析,策划人员可以运用SWOT分析法,对企业的优势、劣势、机会和威胁进行综合分析和归纳,明确社会化媒体营销开展的环境基础,为接下来的营销策划做出精准判断和优质决策。

6.2.3 制订营销策划方案

在进行目标确定、环境分析后,应首先对所收集到的信息进行汇总整合,并有针对性地进行分析和处理,着手制订营销策划方案。

1948年,美国政治学家、传播学家哈罗德·拉斯韦尔在其著作《社会传播的结构与功能》中明确提出了信息传播过程及其5个基本构成要素:谁(who)、说什么(what)、通过什么渠道(in which channel)、对谁(to whom)说、取得何种效果(with what effect),即"5W"模式。鉴于社会化媒体显著的传播性和社会性,在制订社会化媒体营销策划方案时,可以围绕5W模式来展开。

1. 传播主体

传播主体主要是指企业在进行社会化媒体营销时,传播营销内容的具体形象。这一形象对于消费者而言,是其通过社会化媒体渠道接收信息时重点关注的对象。在进行社会化媒体营销策划时,企业可以根据不同的营销目的,选择或塑造不同的传播主体。例如,知名零食品牌三只松鼠的官方微博自称"阿鼠",既契合品牌形象,又能给消费者以亲切感、认同感。

2. 传播内容

传播内容是社会化媒体营销策划的主体,是整个营销活动的核心。传播内容应包括产品竞争力、企业品牌、核心营销活动等信息。结合不同的营销目标,企业应选择不同的传播内容。例如,在塑造品牌形象、提升品牌好感度方面,可以选择公益类话题作为传播内容主体;如果以快速盈利为目标,则应在传播内容中着重突出优惠政策、价格折扣等信息,以便促使消费者做出购买行为。

3. 传播渠道

传播渠道即社会化媒体平台。企业应结合自身社会化媒体营销目标和产品特征,经过市场调研后,确定合适的社会化媒体平台。具体而言,在选择平台时,首先应考虑的因素是平台的热度,即应考虑通过该平台投放营销内容能给企业带来多少流量;其次,应结合用户的性质进行平台选择,不同的平台连接的是不同的受众群体。例如,当企业以短视频形式进行宣传时,可以选择短视频平台作为营销宣传的"主战场";如果是经验分享帖一类的内容,则可以选择小红书等社交平台作为宣传主阵地。总而言之,基于不同的形式、内容、受众,以及不同的传播目的,企业应选择适当的传播渠道,以达到效用最大化。需要注意的是,企业在进行多平台综合性社会化媒体营销时,应保持不同平台上营销内容的统一,并不断整合各平台资源,这样才能使社会化媒体营销实现价值最大化。

4. 传播受众

在信息传播链条中,受众是最后一个节点。企业在进行社会化媒体营销策划时,需要明确营销面向的受众属于哪个群体,该群体有何种特征,结合受众的特征化因素进行综合考量,才能避免社会化媒体营销陷入"翻车"的窘境。例如,当确定产品面向的受众主要是儿童时,就应在设计传播内容时注意避免采用过于成人化的表达方式,以免无法收获预期效果。

5. 传播效果

企业在进行社会化媒体营销策划时,应明确通过该营销活动预期取得何种效果,从而倒逼企业根据该种效果制订合适的营销策划方案。同时,在策划过程中,还应明确营销效果的具体测评方式和指标,以便在后期营销主体活动结束后能够对活动效果进行评估和总结。

6.2.4 撰写营销策划书

社会化媒体营销策划书是营销策划内容的书面载体,它本身具有一定的逻辑性和关联性。通过查阅营销策划书,可以对营销活动方案和内容一目了然,以便做出相应决策。其功能和作用主要有以下几点:第一,反映企业营销策划活动的成果。第二,借助于营销策划书,企业决策者可以判断营销方案的可行性。第三,为企业开展营销活动提供指导。企业实施营销活动方案时原则上应严格按照营销策划书执行,但同时可根据实际情况做出动态调整,以更加有效地实施营销计划,取得更好的营销效果。

6.2.5 方案实施及效果评估

1. 方案实施

方案实施是企业把营销策划书中的营销策划方案转化为具体行动的过程。企业必须根据营销策划方案的要求,整合资源,依照策划书中所展现的具体内容,开展营销活动,并将各种细节逐一落实。

2. 效果评估

(1) 注重对消费者行为的分析与回应

企业在进行社会化媒体营销内容投放后,通过收集与消费者相关的信息,密切关注他们的消费行为及购后反馈,以便对营销效果进行评估。这些信息对于企业而言是第一手资料,具有极高的分析利用价值,对企业后续的经营活动具有指导意义。

(2) 营销效果的评估和调整

企业可以从消费者的评价中发现产品和服务的提升空间,以及未来的发展趋势。企业需要对交流的内容进行深度分析和研究,并从中发现存在的问题及创新的机会。与传统媒体营销相比,社会化媒体营销成果能够得到更好的量化和统计。

延伸阅读 6-1

vivo X50 系列新机上市微博营销

6.3 社会化媒体营销策划方式

社会化媒体营销通过沟通来创造营销的价值,这种沟通包括企业与消费者之间的沟通以及消费者与消费者之间的沟通。企业利用社会化媒体平台与消费者建立联系,通过维系良好的社会关系以促进营销目标的达成。本节将围绕以下几种较为常见的社会化媒体营销方式进行介绍:互动营销、内容营销、关系营销、口碑营销及病毒营销等。

6.3.1 互动营销策划

互动营销是一种人群覆盖式的营销手段,企业与消费者以及消费者与消费者在互动过程中传递营销信息,达到企业的营销目的。互动营销策划是以互动营销为策划主体和主要营销方式开展的策划活动,符合社会化媒体营销策划的一般流程。

1. 互动营销的内涵

互动营销是一种基于社会化媒体自身特点发展起来的营销模式,充分体现了社会化媒体营销社会性、开放性、共享性的特点。互动营销的特点在于其改变了传统营销方式中企业向消费者单向传递信息的沟通模式,而改进为消费者与企业之间的双向互动沟通模式。企业应注重利用社会化媒体平台实现与消费者的对话和沟通,从而建立起情感联系,如果能够通过沟通和互动进一步提升用户黏性,就可以促进用户向消费者的转化,并进一步促使其做出购买行为,达到企业营销的最终目的。

2. 互动营销的作用

(1) 抓住消费者心理

互动营销之所以能够成为社会化媒体营销的一种较为普遍的营销方式,是因为其抓住了消费者日益变化的消费心理。随着市场经济的发展,消费者对品牌服务的要求逐渐提高,不仅希望得到商品本身,更希望能够通过社会化媒体与企业建立良好的互信关系。

(2) 建立与消费者之间的良好联系

此外,消费者还希望通过各种交流渠道,与他人分享购物体验和使用心得等。这也是互动营销生发的基础。目前,很多商家会开展评选消费者最优评价的活动,对愿意给商品提供真实、正面、有影响力评价的消费者给予鼓励,并给这样的消费者提供优惠福利作为奖励,这说明许多企业已经认识到了与消费者互动的重要性。如此一来,既建立了企业与消费者的紧密联系,又起到了提升品牌形象和公信力的作用。

3. 互动营销的形式

社会化媒体互动营销强调与用户保持长久的良性互动,以企业与消费者的沟通和消费者之间的沟通完成互动,增大企业的曝光率,提升消费者对企业和品牌的好感度。具体而言,互动营销主要包括以下几类。

(1) 社群互动营销

通常而言,社群是指拥有相同社交属性的人的集合,这里所指的社交属性既可以是兴趣爱好,也可以是价值观等因素。随着互联网时代的发展,如今人们所称的社群多指互联网社群,即被商品满足需求的消费者凭借相似的兴趣爱好和价值观形成的群体。这种群体组织的特征是去中心化、兴趣化,并且具有中心固定、边缘分散的特性。

目前热度较高、营销效果较好的社会化媒体平台主要有微博、微信、论坛等。以微博为例,它是各大社群互动交流的主要平台,对于企业而言,它也是一个重要的营销渠道。在激烈的市场竞争中,很多企业都会通过官方微博来进行企业品牌推广,扩大自己的知名度,帮助企业树立形象。同时,企业会在微博中运用营销策略,凝聚消费者群体,建立属于企业的社群。

小案例 6-2

三只松鼠品牌的社群互动营销

知名零食品牌三只松鼠积极与其他知名品牌合作,在微博上推出只要转发就能获得抽奖资格的活动,促使社群中的用户为了得到奖励而主动转发微博,企业因此而收获巨大流量。同时,与其他品牌的合作、IP自带流量效应使得转发抽奖的活动为三只松鼠与消费者创造了许多互动的机会,使企业获得了更多的曝光和关注。

由此可见,社群互动营销可以增强用户黏性,对培养和维系品牌好感度和忠诚度有所帮助。

(2) 弹幕互动营销

弹幕最初是 2006 年在日本出现的,随后在我国也得到了广泛应用。弹幕广告是指在电视剧、电影、综艺等形式的视频上所出现的像子弹一样密集的流动形式的文字,是广告与弹幕的有效结合。目前很多企业在投放广告时,便采取了投放弹幕的形式。例如,某手机品牌在进行视频广告宣传的同时在该广告上投放了弹幕,将该品牌手机的特性、销量、功能等方面的内容以弹幕的形式传递给消费者,而观看这则视频广告的消费者也可以发送弹幕,这样就形成了企业与消费者之间以及消费者相互之间的互动。这种富有创意的营销方式既可以吸引消费者的注意力,又可以增加消费者与企业的互动,有效地提高了企业的营销质量。弹幕互动营销是一种顺应时代潮流的营销方式,通过这种方式进行营销,可以提高消费者的参与度,满足受众对象对娱乐化消费的需求。

(3) 游戏互动营销

游戏互动营销是指企业以游戏的形式吸引消费者关注,将品牌信息融入游戏场景中,通过有奖游戏的形式提升用户服务体验,促使粉丝主动传播和分享相关信息,从而提升品牌曝光率、扩大企业影响力、促进消费者购买行为转化的营销方式。游戏互动营销避免了信息的直接灌输,消费者在收获乐趣的同时会对品牌和企业产生好感,进而自发产生分享和传播行为,进一步产生购买消费行为。

小案例 6-3

星巴克游戏互动营销

2020 年年初,星巴克在微信小程序等渠道发布了"玩聚新年"游戏。据公开数据显示,该游戏上线首日自然新增用户 97 544 人,分享率达到 30.12%,互动参与率更是达到 90% 以上。通过此次游戏互动营销,星巴克发放了超过 9 万张优惠券,通过分享裂变带来新用户的数量更是达到了五位数。

游戏互动营销在为企业节省成本的同时,更为企业带来了其他互动营销方式所无法比拟的收益。有关专家分析,星巴克倘若采用其他社会化媒体营销方式,对应"玩聚新年"量级传播效果在门户 App 上投放广告的花费将是小程序游戏的两倍之多。游戏的娱乐性和互动性避免了信息灌输带给消费者的负面体验,促进了消费者自发的分享行为。因此,游戏互动营销是一种成本较低而效果较好的社会化媒体互动营销方式。

延伸阅读 6-2

汉堡王"王牌的牺牲品"游戏互动营销

(4) 意见领袖式互动营销

意见领袖是指活跃在人际传播网络中,经常为他人提供信息、观点或建议并对他人施加个人影响的人物,其英文名称为 Key Opinion Leader,常缩写为 KOL。

意见领袖往往因其观点具有吸引力、影响力,在信息传播过程中起着首发造势的作用。作为媒介信息和影响的"中间人"和"过滤网",他们是连接人际传播与大众传播的中间环节,对大众传播效果产生重要的影响。

相较于其他社会化媒体营销方式,意见领袖式互动营销具有信源可信度更高的优势。在微信曾经推出的"为盲胞读书"互动营销活动中,意见领袖在其中发挥了极大的作用。

小案例 6-4

腾讯意见领袖互动营销

腾讯充分利用自身的公益资源邀请明星参与活动,第一期的三位名人分别是杨澜、杨锦麟和汪涵。作为领读者,他们发起号召,鼓励所有人一起来参与公益活动,为盲胞读书,录制相关声音片段。经过推广和宣传,活动效果非常好,不仅吸引了普通网友,许多明星也都主动请缨,表示希望参加此项活动。活动开展两周时间,相关公众号的阅读量已经达到5 000多万次,公众号粉丝突破了50万人,相关语音共收到了160万条,参与活动的用户达57万人之多。

由此可见,意见领袖的影响力和蕴含的能量是十分巨大的,通过名人效应吸引用户或消费者关注。

6.3.2 内容营销策划

内容营销策划是对以内容为主体的营销活动进行的策划。具体而言,内容营销是一种战略式的营销手段,这种营销方式要求企业能生产和利用内外部有价值的内容,吸引受众关注。内容营销首先应决定策略,明确概念上的不同,以便提出差异化内容。企业可以根据产品自身优势进行挖掘,从产品思维描述转化为营销思维描述,使内容营销可以更加立体直观地展示给客户。

1. 内容营销的内涵与作用

(1) 内容营销的内涵

内容营销是指企业以社会化媒体平台为传播渠道,通过构建、发布、传播合理的内容,将有价值的信息传递给用户,进而实现企业营销目标的营销方式。

从本质来看,营销方式和手段只是一种工具,关键因素依然是营销的内容本身。只有传播的内容本身具有很强的吸引力,才能使营销活动取得较好的效果。在社会化媒体时代,搭载信息的渠道和平台层出不穷,从博客、论坛到微博、微信,不一而足。如果只将注意力放在对传播工具的追求上,营销者永远赶不上媒体本身的变化,而且在这种被动跟随的情况下,无法占有主动权。好的内容才是不变的根本,好的内容永远是吸引受众的关键因素,即使媒体发展日新月异,只要内容质量高,在任何适当的平台上都会有十足的吸引力。因此,内容营销对企业而言十分重要。

(2) 内容营销的作用

首先是与消费者建立良好关系。通过对精心打造的内容进行投放和传播,企业可以收获消费者的关注和兴趣,收获消费者对品牌或商品产生的好感,如果营销效果足够出色,还能引导消费者做出分享行为,将营销信息向外传播和扩散。

其次是促进消费者购买行为的转化。根据 AISAS 模型,消费者在关注产品并产生兴趣后,会对产品相关信息进行搜索,而如果搜索结果能起到正反馈作用,便会在一定程度上促使消费者购买行为的达成。因此，好的内容营销应起到助推剂的作用。

最后是塑造企业品牌形象。企业可以通过精心打磨营销内容来塑造良好的企业形象，获得消费者的关注和青睐。同时，消费者将营销信息向外传播扩散后，可以帮助企业提升曝光率和知名度，进一步扩大企业的影响力。

2. 内容营销的基本原则

内容营销的核心是"内容"本身，但是该"内容"会因企业品牌的性质、企业营销目的、企业所处生命周期和媒体平台等因素的差异而有所不同，各个企业根据自己的产品及服务特色，也会有各自偏好的内容体系和叙事方式。例如，有些企业的营销内容以运动元素为主，有些企业的营销内容则多与时尚有关。这是由品牌和产品本身的性质所决定的，进而导致企业营销的内容会有所区别。此外，即使是同一个企业的同一类产品，因为营销目的和产品所处生命周期的不同，在内容宣传上依然会有很大的差异。例如，产品在投入期，企业宣传的内容更侧重于产品本身的功能及特色，起到广而告之的作用；当产品进入成长成熟期的时候，大多数企业的宣传会偏向于企业形象的塑造，这些因素是由不同阶段的营销目的所决定的，存在着一定的差异性。另外，在不同的媒体平台上所表达的内容是不同的。例如，在微博140字限制的情况下，行文会注重简洁明快；在微信公众平台上，考虑到读者具备深入阅读的条件，在内容上就会更偏向于描述性的文字。

优质的内容能够吸引消费者的注意力，及时地迎合和满足消费者的需求，在内容营销策划过程中需要遵循一些客观的原则，具体有以下几点。

（1）故事性

平铺直叙的产品介绍已经无法打动受众，在当下社会化媒体时代，受众越来越感性，他们眼中的产品不再是单纯的、物理形态的产品，他们希望能从产品中感受到更多有温度的情感。他们甚至开始将产品视作朋友、视作一种价值的认同，在产品身上注入了感情。企业在营销目标的指引下，设定故事梗概，注意故事本身与产品或品牌的相关性，给营销内容赋予故事情节，成为这种形象化情感表达的最好方式。任何一种产品都可以用故事性的方式表达，这其中既有转折又有悬念，再加上一些煽情的情节，成为成功的故事表现手法。很多消费者在选择产品时，往往喜欢追寻产品背后的故事，当故事与他们的个人经历、情感契合时，他们就会认为这是他们想要的产品。例如，"我是江小白"这一酒类品牌就将喝酒变成了在各种故事情节下的感情寄托。在江小白的营销内容中，总是会设定一个场景，如一个人下班之后、在朋友相聚之时，这种故事性的表达非常契合消费者的生活状态，导致在生活中出现类似的场景时就会不自觉地想起这一品牌，这种品牌联想在不知不觉间变得根深蒂固。

（2）趣味性

在信息化时代、新媒体时代，人们的生活节奏变得越来越快，多样的媒体平台使人们的时间碎片化。在碎片化的时间里，人们为了排解心中的焦躁等情绪，迫切希望能够有娱乐化的内容可供消遣，因而有趣好玩的内容正是广大消费者喜闻乐见的。这种娱乐化的内容往往还能打破年龄、地域的限制，引发消费者的传播和分享行为，让该内容得到更广泛的传播。例如，可口可乐作为传统企业，在捕捉到人们的这一情绪之后，迅速调整了营销策略，改变了以往传统的瓶身包装，将从网络上收录的各类流行词，如"小清新""文艺青年"等字样印在瓶身之上，让原本统一的瓶身包装立刻拥有了不同的个性，使得消费者在购买时会有意识地选择符合自身特点或感觉有趣的包装瓶。事实证明，这种策略上的调整带来的效果是十分明显的，成功的营销活动不仅给可口可乐带来了销量的增加，更使得其品牌形象变得更加年轻化，迎合了大众的需求。

(3) 互动性

在新媒体时代,越来越多的企业将自己定位为消费者的好朋友,是消费者可以倾诉、信赖的好伙伴。而成为伙伴的途径就是与消费者进行充分的互动。内容营销的互动性包含两层含义。一层含义是企业与消费者之间的互动,这种互动可以拉近二者之间的距离,促进品牌形象的传递。另一层含义是消费者与消费者之间的互动,这种互动能够在消费者的口口相传中帮助企业做免费的推广,使营销内容完成更大范围的扩散。这种消费者之间的互动和传播往往更具有说服力,从更深层次的方面来说,这种互动关系是带动内容营销不断发展的动力。因为无论是企业还是消费者单方面的智慧都是有限的,而在这种良性的互动过程中,往往能够有机会生产出更多有价值的信息。这种有价值的内容在互动中源源不断生产出来,能够提高营销活动的效率。因此,企业在进行内容营销时,应注重营造良好的互动氛围,与消费者进行有效互动,并促进消费者之间的互动,以实现预期的营销目标。

延伸阅读 6-3

你产生代入感了吗?——通过文案实现内容营销

6.3.3 关系营销策划

关系营销策划是指企业对以各种"关系"为核心的营销活动进行的策划。

1. 关系营销的含义

关系营销中的"关系"是指企业与消费者、供应商、监管部门以及其他公众等角色发生的沟通和互动等关系,关系营销是指通过一定的营销策划手段,与上述角色建立并维系彼此之间的良好关系,以达到企业诸如塑造品牌形象、促进消费者消费等营销目的。关系营销更接近伙伴关系管理,在很大程度上体现了企业的营销理念和合作精神。

2. 关系营销的实现方式

(1) 以情感维系关系

通过社会化媒体平台,企业可以向受众消费者输出自己的价值主张、品牌理念、情感基调等,进而体现对用户的价值关怀。基于此,企业可以获得消费者的认同和情感共鸣,通过这种情感和认知等主观因素上的一致性,来维系彼此之间的关系,进而便于企业开展营销活动。

(2) 以渠道整合关系

在社会化媒体飞速发展的时代,企业在进行营销的过程中,不可能只选取一种渠道和平台进行信息投放,而应该选取合适的媒介组合,全方位、多角度、宽领域地进行信息传播。通过不同的渠道,企业可以接触不同的受众,这就给企业进行关系营销提出了挑战。因此,企业应通过渠道整合关系,与各渠道的受众保持良好的互动,坚持传播优质信息,倾听受众用户发言,解决其问题。基于此,企业可以建立一张独特的关系网,以信息传播渠道为纽带,将自身与产业链中各环节角色都联系起来,以便企业开展营销活动。

(3) 以数据分析关系

在信息化时代,许多因素的测量指标都是各种类型的数据,在营销领域,则体现为广告点击率、企业曝光率、消费者购买行为转化率等。企业在进行分析时,应具备将上述各种类型的数据转换为前文所述"关系"的能力,例如,通过广告点击率得出与消费者之间的关系情况,通过企业曝光率得出与竞争对手之间的关系等。利用数据对关系进行分析,不仅能够更加准确,还能够使企业掌握一些以往未能掌握的细节。因此,在数据时代,通过数据进行关系营销对企业而言至关重要。

6.3.4 口碑营销策划

口碑营销策划是为企业的口碑营销活动而进行的策划。基于口碑营销的内涵及作用,可以明确口碑营销策划的实现路径。

1. 口碑营销的内涵及作用

(1) 口碑营销的内涵

"口碑"一词最初来源于宋代《五灯会元》卷十七:"劝君不用镌顽石,路上行人口似碑",后演变为"口碑"一词,意指群众间的议论、口头上的赞颂。而口碑营销则是指企业在品牌建立过程中,通过客户间的相互交流将自己的产品信息或品牌传播开来。

互联网时代的口碑营销是指应用互联网的信息传播技术与平台,通过消费者以文字等为载体的口碑信息(包括企业与消费者之间的互动信息)的传播,为企业营销开辟新的通道,获取新的效益。

(2) 口碑营销的作用

由于产品信息的不对称性会带来一定的决策风险,因此消费者在做出购买决策时往往会将口碑信息作为参考。具体而言,口碑营销的作用主要有以下两点。

首先,通过口碑营销,企业可以发掘潜在顾客,促进消费者购买行为转化。消费者在购买商品或服务后,往往会与他人交流购后感受,这对企业而言是一种免费的宣传,同时有助于发掘潜在顾客,引起更多人关注。在互联网时代,消费者在做出购买行为之前往往会先查看他人关于该产品或服务的评价,通过了解他人的购买或使用感受来影响自己的购买行为,以消除产品信息不对称带来的风险。因此,如果企业口碑营销适当,就可以促使更多消费者将关注和兴趣转化为购买行为,再将自身体验分享出去,形成裂变式口碑传播。

其次,口碑营销可以塑造品牌形象,提升消费者的品牌忠诚度。通过有效的口碑营销,企业可以扩大自身的正面影响力,给消费者留下深刻印象,使消费者在提及某一领域时,能立刻联想到该品牌。

2. 口碑营销的实现路径

(1) 提升产品或服务质量,打磨传播信息

由于产品或服务的评价信息在传播过程中对企业而言具有不确定性,因此企业若想收获良好口碑,就必须在产品或服务的各个方面下足功夫。同时,企业在进行宣传时,应将信息内容打磨得易传播、易记忆,以使消费者愿意传播,并受到信息的影响,促进自身消费行为的转化。

(2) 关注口碑传播者,找准切入点

企业在进行口碑营销时,应关注各类口碑传播者。在此过程中,不能局限于已经购买过产品或服务的消费者,对于潜在的顾客更应挖掘其传播价值,让其乐于分享优质信息。此外,企

业应注重与意见领袖的沟通,通过其影响力为自己"引流",获得足够大的讨论量和关注度,进而吸引消费者的关注和兴趣。

(3) 选择合适的宣传渠道

在进行"引流"之前,企业应结合自身产品特性、用户特征、市场环境、平台热度等因素综合考量,确定最合适的宣传渠道,以保证投放的信息能收获最大的效益,为企业塑造良好形象、打造口碑。

6.3.5 病毒营销策划

病毒营销之所以叫作病毒营销,是因为它有着"病毒"的特性,即病毒营销所传递的营销信息就如同病毒复制裂变般快速传播,其传播速度往往超乎人们的想象。简单来说,病毒营销就是以"人"为传播主体,自发地将营销信息进行传播扩散,该信息不断自我复制,形成裂变式传播,从而使越来越多的人对营销内容有所了解,以此达到企业进行病毒营销的目的。

1. 病毒营销的定义

病毒营销是利用受众的自发性和人际网络让营销信息像病毒一样传播和扩散的社会化媒体营销方式,其可在短时间内实现滚雪球式的传播效果。在互联网领域,病毒营销包括任何刺激个体将营销信息向他人传递、为信息的爆炸和影响的指数级增长创造潜力的方式。通过这种营销方式,产品和服务信息就像病毒一样快速复制传播,引发链式反应。

2. 病毒营销的基本特征

病毒营销是一种以社会化媒体为传播载体的营销方式,利用受众群体的自发性,使其自主地复制信息并传递给他人。在营销方式上,以受众作为传播者,通过"让大家告诉大家"的手段,将信息的传播范围迅速扩大。病毒营销的特征主要包括传播速度快、传播成本低、传播途径多样化等。

(1) 传播速度快

在互联网媒介兴起之前,传统媒体营销主要依靠大量的广告、人力等资源的投入来实现营销推广的目的。相较于传统媒体营销方式,病毒营销主要是借助于社会化媒体的力量,充分发挥人际网络的作用,以此作为传播渠道进行营销。营销人员先将包装好的"病原体"以持续性、扩张性的方式传递给一小部分受众,然后利用这部分受众的自发性和人际网络,将"病毒"传播至其他"易感染"人群。营销信息在一级又一级的传播下,逐渐形成一个"多对多"的传播系统,呈现几何式裂变增长的特点。由于企业传播的营销信息集创意性、娱乐性、社交性于一体,受众在不知不觉中对该信息进行自主传播,避免了强硬的广告植入引发的受众的抵触情绪,从而达到更好的传播效果,进而实现营销目的。

(2) 传播成本低

传统营销方式在推广时需要为传播渠道付费,支出相应的传播成本。相较于传统营销方式,病毒营销以互联网为载体,传播成本较低。营销人员只需要先精心制作具有感染力的"病原体",将其推广给首批目标受众,然后利用这批受众的自发性去实现产品的推广。二次传播及后期的传播过程主要是依靠受众之间的相互作用,营销人员只需实时跟踪病毒营销的发展状况,助推信息内容的扩散,在传播成本上投入较少,节约了推广渠道费用。

(3) 传播途径多样化

病毒营销是基于互联网进行信息传播的营销方式。随着技术的发展,互联网媒体渠道形式日益丰富,即时通信、社交娱乐等,不一而足。依托于互联网媒介的病毒营销可以充分利用这些平台和渠道实现营销效果，达到营销目的。由此可见，病毒营销的传播途径具有多元化、丰富性的特点，营销信息几乎可以在任意社会化媒体平台进行传播，而不受渠道种类的限制。

3. 病毒营销的主要类型

在信息碎片化的时代，每个人每天都在接收海量的信息。在营销过程中，为了吸引受众的注意力，企业营销策划人员必须要对营销信息的内容进行精心打造和修饰，以使受众愿意接收、乐于传播和分享。根据传播机制和"病原体"形式的不同，可以将病毒营销分为以下几类。

（1）文字病毒营销

文字病毒营销主要是将营销信息以文字的形式植入产品或服务当中，潜移默化地影响消费者，吸引消费者关注。网易云音乐文字病毒营销是一个较为典型的案例，其通过原生、优质的文字内容，吸引了一大批用户，将"音乐的力量"转变为产品的能量。关于文字风格，除了运用类似于网易云音乐的优质文字、情感投入，还可以采用风趣、幽默的文字风格，体现产品特色。总体而言，企业应根据产品或服务本身的特色，确定最适合自身的文字风格。需注意的是，相对于图片、视频的传播方式，文字较难吸引网络受众的注意力，要想达到良好的传播效果，营销人员应给文字内容赋予更多的创意和趣味，并紧跟潮流发展趋势。

（2）图片病毒营销

区别于文字病毒营销，图片病毒营销主要是以图片为传播内容主体，通过图片的复制裂变、传播扩散，实现为传播主体提升曝光率、扩大知名度的效果。图片病毒营销所使用的图片可以是明星照片，营销人员拍摄明星与产品的照片，通过对该照片进行创意发挥，吸引明星粉丝去关注产品，并利用粉丝的追星心理将该信息传播扩散。图片病毒营销所使用的图片还可以是其他创意图片，企业通过设计具有创意性、趣味性的图片并进行传播，以吸引消费者关注，并使营销信息进入传播链条中，最终实现裂变式扩散的效果。图片病毒营销是较为常见且容易实现的营销方式，与文字相比，图片带给受众的视觉冲击力更强，更具有娱乐性。

（3）视频病毒营销

网络视频兼具娱乐性与立体化的形式，相较于文字、图片来说，更为直观、生动。但由于网站代码、宽带速度等的影响，网络视频在传播过程中播放量会少于图片和文字。营销人员在制订营销策略时，应该结合产品或服务的特性，找寻最合适的传播形式。同时，企业在进行病毒营销策划时可以综合考量、全面应用，在视频传播受限的平台使用文字和图片等形式进行传播，保证营销收获最佳效果。

（4）其他形式的病毒营销

除了文字、图片、视频等较为基础的病毒营销方式以外，还有小程序类型的病毒营销。这种方式主要是指营销团队根据产品或信息的特性，制作互动小游戏，在推广小游戏的同时，营销信息随之扩散，从而使品牌的病毒营销得以实现。

6.4 案例分析——得物 App 社会化媒体营销策划

得物 App 是上海识装信息科技有限公司旗下的软件平台，现已被打造成为新一代潮流网购社区。该平台的两大核心服务分别是正品潮流电商和潮流生活社区。目前，得物平台内的商品品类已经覆盖服装鞋帽、配饰、潮玩、数码家电、美妆、汽车等。作为新一代潮流网购社区，得物 App 聚集了众多新潮、炫酷的商品，同时其自身也逐渐成为潮流品牌发售和运营的首选阵地。

在当下社会化媒体盛行的时代,得物 App 紧跟时代的步伐,运用内容营销、口碑营销、关系营销、互动营销等社会化媒体营销方式,开展营销活动,得到了很好的效果,而其自身目前也成为同类行业中的佼佼者,在近几年国民喜爱度不断攀升。

6.4.1 得物 App 发展现状

得物 App 的前身是毒 App。2015 年 9 月,毒 App 最初以资讯 App 的形象上线,帮助年轻人了解潮流资讯和球鞋文化。随后,毒 App 专注于打造国内球鞋互动社区,通过持续输出与潮流相关的话题内容,成为国内潮流文化聚集地。

2020 年 1 月 1 日,毒 App 启动品牌升级,正式更名为得物 App。得物 App 保留了毒 App 原有的业务架构,并将发展方向扩展到鞋类以外的更多领域。在运营模式方面,得物 App 致力于打造突破传统电商的运营模式,增加了检验商品真伪和瑕疵的服务,首创先鉴别、后发货的购物模式,为用户提供多重鉴别、正品保障的全新网购体验,更好地把控商品质量。此举措使得物 App 占据了其他大部分电商平台都未开发的细分领域市场。得物抓住了用户痛点和市场缺口,在虎扑体育的支持下完成了转型,形成了现在的"社区+电商"双业务模式。

1. 产品定位

得物在转型之后,自身定位变得更加明确,改变了单一的垂直类产品社区模式,随着消费升级转型成为综合性潮流社区。目前,得物的业务线包括球鞋交易、球鞋鉴定、社区分享、新品导购等,并通过持续输出潮流话题内容,强调社交化,成为年轻人青睐的聚集地。

2. 用户群体

基于垂直领域平台的特性,以及潮流前沿的特性等因素,得物 App 用户群体呈现出年轻化的态势。据艾瑞咨询提供的数据显示,得物 App 30 岁及以下用户占比达到 55%,31~35 岁的用户占比为 28%。在进入消费升级时代后,结合马斯洛需求层次论分析可以发现,年轻人在满足需求层次金字塔底层的物质需求的同时,更重视精神层面和自我满足层面的消费需求,得物 App 打造的潮流社区模式正好迎合了年轻消费者的这一需求特性,用文化和精神输出来提升用户黏性。

6.4.2 得物 App 社会化媒体营销

得物的"社区+电商"双业务模式深得年轻用户群体青睐。其中,"社区"版块吸引了大量的用户,主要包括潮流达人、球鞋玩家、明星及 KOL、情怀使者等,这些用户最初以球鞋为纽带进行社交互动,而后随着得物自身的业务版块拓展形成庞大的用户体系,以用户生成内容(User Generated Content,UGC)为交互点展开社群活动。"电商"版块的独特之处在于提供商品鉴定服务,当用户在得物 App 下单后,平台提供免费鉴定服务并给予鉴定证书,再向买家发货,以保障消费者的合法权益,解决消费者的后顾之忧。

1. 内容营销

得物在运营过程中精准抓住"社区"的特点,采用高频率输出话题内容的方式引导用户参与。得物在社交版块的活跃度远超其他同类产品,其领先优势在于着重培养 UGC 作者,推出有知识、有干货、多元化的帖子,提高社区的交互性和内容质量。得物采取根据实时动态制造当下话题的方式,以优质内容奖励优惠券的形式鼓励用户参与内容制造与互动。例如,当 vibe 元素(即复古气氛元素)受大家火热追捧时,得物创建了相关话题"今天你 vibe 了吗?",参与话题讨论的用户发布带有 vibe 元素的图片,或作为穿搭博主发布自己的原创经验帖,由此形成话题讨论圈。

对得物"vibe元素"内容营销进行分析,可以理清背后的机制。第一,通过创建"话题"形成讨论圈。得物紧跟时尚潮流和当下时事热点,把握用户关注点的走向进行内容投放。第二,设置奖励机制可促进户参与。平台利用相关算法,根据用户喜爱度以及帖子本身的质量,对优质帖子进行奖励,该奖励主要通过优惠券的形式发放。第三,以图片形式发布,让相关内容浏览起来更加直观。第四,添加商品链接,方便感兴趣的用户进一步深入了解。基于此,得物借助于社区化的优势,利用内外部价值,以"话题"输出的方式创造了许多优质内容,以内容形式将潮流元素及商品直观化、立体化地呈现给用户,完成了一次较为成功的内容营销。

另外,得物通过投放优质广告的方式,实现了另一层面的内容营销。得物在广告短片中打造了6个与潮流有关的场景,以夸张的方式演绎了潮流的装扮或潮物在人群中备受追捧的情景。通过这样一则广告,得物宣传了打造潮流生活社区的品牌目标,向用户展示了得物在品类层面的丰富性,反映了得物平台定位的升级,彰显了全新的品牌使命。通过这样一则内容丰富、优质的广告,得物向受众展现了更名之后的全新面貌,吸引了更多用户的关注,这次营销不失为一次成功的内容营销。

2. 口碑营销

随着潮流文化的领域边界不断拓展,联名跨界、明星流量加持、限量发售等方式常见于近几年潮流品牌的营销之中。得物借此机会进行了口碑营销,借助于明星及意见领袖的流量和影响力,通过直播等方式让用户进一步了解了平台和商品。具体而言,当用户打开 App 进行浏览时,在购买页面可以看到许多商品标签前都有某明星同款或某时尚博主推荐等标注,这样的标注形式起到了口碑传递的作用,为用户提供了了解明星及意见领袖的选择的途径,进而吸引用户关注,从而进一步促进用户购买行为的转化。

除此之外,得物还定期邀请明星及意见领袖在平台上开展直播活动,与平台用户一起探讨潮流、向用户安利品牌、与用户分享好物、为用户发放福利等。在此类明星效应下将产生精神驱动和口碑驱动,将内容不断向外传播和扩散,扩大平台推广范围,在用户数量上实现裂变式增长,从而达到口碑营销的效果。

3. 关系营销

近几年来,得物与各潮流品牌进行了多次深度合作,其中,以与国潮品牌的合作成绩最为突出。得物在国潮品牌与消费者之间建立了信息获取和沟通互动的渠道,让更多的人有机会了解国潮文化,让更多的国潮品牌能够走进大众的视野,实现了三方互利共赢的良好效果。

国潮品牌快速成长的背后离不开电商平台的助攻。得物与品牌之间从建立合作到亲密无间,主要得益于得物做到了品牌利益和平台利益的协同发展,在实现物质利益互惠之余也主动拉近了与品牌之间的距离,通过平台内的优先推荐、好物推荐、制造话题、算法推荐等营销手段使国潮品牌的热度和销量大幅度上升。同时,基于得物 App 和品牌方共有的垂直领域细分的特点,消费者对品牌和平台会产生不同程度的依赖,这样的双向选择使得物平台和品牌方建立了良好的关系,共同收获、共同成长,同时也标志着得物的关系营销获得了成功。

4. 病毒营销

得物曾在抖音平台上进行过病毒营销活动。在该营销活动过程中,得物设计了体量较大、内容丰富的广告文案,邀请了众多知名度较高、影响力较大的创作红人,在一定时间内以一定的频率将该内容发布扩散,吸引了巨大的流量和用户关注,实现了短时间内信息的裂变式扩散。

5. 互动营销

2020年4月底,得物举办了第一届国潮设计大赛,并在2021年成功举办了第二届。得物国潮大赛共设"当代艺术作品"和"老字号品牌"两个赛道,鼓励参赛选手以衣裤鞋帽、潮玩配饰为主体,进行融入国潮元素的二次设计。通过此次国潮设计大赛活动,得物实现了与专业设计师、高校设计专业学生、国潮爱好者等群体的良好互动,并在互动中提高了自身的曝光率与知名度,实现了品牌的互动营销,起到了良好的推广和品牌形象塑造的作用。

6.5 社会化媒体营销策划书

社会化媒体营销策划书是对社会化媒体营销策划的纲领性总结,是企业对策划活动的总结和对实务活动的指导。它通常以文字、图表等形式呈现,将实务中各种事项明确下来,包括封面、目录、前言、市场调研与分析、社会化媒体营销目标、社会化媒体营销策略、社会化媒体营销效果评估、社会化媒体营销预算、应急方案和附件等内容。

1. 市场调研与分析

市场调研与分析是社会化媒体营销的基础,主要包括以下内容。

① 市场环境与市场背景分析评估,主要包括对市场规模、市场竞争程度、相关政策及法律法规等内容的分析评估。

② 产品情况分析,主要包括对产品的市场占有率、竞品比较等方面的分析。

③ 竞争对手分析,主要是对同类竞争者的相关情况进行分析。

④ 消费者分析,主要包括对消费者群体定位、消费者购买习惯、消费者偏好等情况的分析。

2. 社会化媒体营销目标

社会化媒体营销目标是企业开展社会化媒体营销活动之前首先要明确的,具体包括以下内容。

① 服务目标。

② 销售目标。

③ 品牌形象目标。

④ 市场份额目标。

3. 社会化媒体营销策略

社会化媒体营销策略是社会化媒体营销的重点,主要包括以下内容。

① 社会化媒体营销定位。

② 社会化媒体营销目标受众。

③ 社会化媒体营销渠道。

④ 社会化媒体营销时间。

4. 社会化媒体营销效果评估

社会化媒体营销效果评估是对社会化媒体营销效果进行全方位、多层次的评价,主要包括以下内容。

① 社会化媒体营销效果预测。

② 社会化媒体营销效果评估。

5. 社会化媒体营销预算

社会化媒体营销预算涉及社会化媒体营销各个环节的费用,主要包括以下内容。

① 市场调研费。

② 渠道使用费。

③ 信息发布成本。

④ 项目人员工资。

拓 展 资 源

实 训 作 业

1. 实训任务

(1) 社会化媒体营销策划实战训练

① 以小组为单位,列举曾在微信朋友圈看到的商品推广广告,并简要说明该广告在微信平台所收到的反响。

② 以小组为单位,分析上述广告品牌开展的社会化媒体营销活动。

③ 采用创新方法,选择上述品牌中的一家,为其进行社会化媒体营销策划。

(2) 社会化媒体营销策划书撰写实训

小组协作完成一份社会化媒体营销策划书。

2. 实训目标

本章实训作业的目标:通过对社会化媒体各种营销策划方式的学习,加深对理论知识的理解;使同学们将课堂所学与具体实践相结合,更好地掌握社会化媒体营销策划的流程、策略、方式等内容,培养同学们独立思考、设计策划、撰写营销策划书的能力,以帮助企业解决营销方面的实际问题。

3. 实训要求

① 以小组为单位,每组4~5人,由小组成员通过头脑风暴,集思广益,合作完成。建议围绕企业如何选择和运用社会化媒体开展营销策划活动的主题,分工协作、集体讨论,召开不少于3次的小组会议。

② 目标对象的选择:既可以为成熟企业设计策划社会化媒体营销活动的开展,也可以针对初创企业,为它们如何运用社会化媒体进行自我营销出谋划策。

③ 结合课堂实训教学内容与小组创新想法,策划流程方案,要求设计思路清晰,内容完整。

④ 提交一份完整的社会化媒体营销策划书,并制作配套的幻灯片进行课堂展示。

第7章 微营销策划（微博与微信）

微博与微信营销以其方便、快捷、应用广泛、能互动的特点，成为一种独特、新颖的营销模式。企业在进行微博或微信营销时，每一位粉丝都是其潜在的营销对象。通过微博和微信，企业与消费者形成了双向的互动机制。微博与微信让企业能够以更低的成本和更高的效率与消费者直接沟通，已成为企业倾听或影响消费者不可或缺的平台。通过微博与微信营销，企业可以扩大潜在的消费者群体，提高企业的知名度和影响力。本章介绍微博与微信营销的基本概念、策划内容、策划步骤、案例分析以及策划书等内容。

7.1 微博与微信营销的基本概念

在这个网络自媒体快速发展的时代，自媒体商户借助于新媒体平台强大的交互性、时效性和方便性，呈现出百花齐放的传播效果。微博和微信都属于社会化自媒体的具体形态，具有极强的社交属性。

7.1.1 微博与微信

1. 微博

微博是一种基于用户关系的信息分享、传播以及获取平台，是通过关注机制分享简短实时信息的广播式社交媒体网络平台，允许用户通过 Web、Wap、Mail、App、IM、SMS 访问，通过 PC、手机等多终端接入，以文字、图片、视频等多媒体形式，实现信息的即时分享、传播互动。微博作为一种网络媒介形态，传播模式表现为人人都是传播者、传播内容碎片化、传播效果裂变化等特征。

微博账号包括个人微博、企业微博、政务微博、校园微博以及其他类微博 5 种。

2. 微信

微信是为智能终端提供即时通信服务的免费应用程序。微信支持跨通信运营商、跨操作系统平台通过网络快速发送语音短信、视频、图片和文字，同时微信提供公众平台、朋友圈、消息推送等功能。用户可以通过"摇一摇"、"搜索号码"、"附近的人"、扫二维码等方式添加好友和关注公众平台，可以将内容分享给好友以及将精彩内容分享到微信朋友圈。

在碎片化的移动互联网时代，微信用各种连接方式使用户形成全新的习惯，以人为中心、以场景为单位的连接体验催生了新的商业入口和营销模式，微信沿着"积累用户数量—增加用户黏性—培养用户习惯—探索商业模式"的路线发展。

3. 微博与微信的区别

作为分享和交流的平台，微博更注重时效性和随意性，更能表达用户每时每刻的思想和最新动态，微信则更能全方位地分享用户的生活态度和最新感悟；微博重视传播，微信重视交流；

微博是向外的宣传,讲究时效性和传播效果,信息刷屏快,而微信是内向的交流,需要使用双方同意加好友后才能双向互动,才能查看对方朋友圈的信息。从二者的使用功能上看具体有以下几点不同。

① 微信的朋友圈是私人的,微博是公开的。
② 微信的朋友圈内容不可转发,微博内容可随时转发。
③ 微信的朋友圈评论不可完全查看,微博评论可完全查看。
④ 微信的朋友圈无字数限制,微博有字数限制。

7.1.2 微博营销与微信营销

1. 微博营销

微博营销是借助于微博平台的流量为企业或个人创造价值而实施的一种营销方式。例如,新浪微博营销即以新浪微博作为营销平台,每一个网友(粉丝)都是潜在的营销对象,企业利用更新微博的方式向网友传播企业信息、产品信息,树立良好的企业形象和产品形象,促进用户购买。通过与粉丝的交流互动以及发布有趣话题等方式增强粉丝黏性。

微博是社会化媒体中用户极其活跃的社交平台之一,因其内容短小、发送信息方便,改变了媒体和信息传播的方式。微博的信息还可以产生病毒式传播效果,使微博具有极高的营销价值。微博的营销价值体现在品牌传播、客户关系管理、市场调查与产品推广、危机公关等方面。

(1) 微博是品牌传播的利器

微博可以帮助企业和个人进行品牌传播。企业可以通过微博打造产品或企业品牌,个人也可以通过微博建立个人品牌。例如,以个人微博原创视频火爆全网的 papi 酱、以写作为大家所熟知的冯唐、以为网友解答营养相关的各类疑难问题出名的顾中一等都借助于微博建立了较好的个人品牌。

(2) 微博是客户关系管理的助手

企业可通过微博完成对客户的挖掘、维护以及服务工作。越来越多的用户会分享线上购买、物流、产品包装、使用感受等线上线下各环节的体验,企业也引导和鼓励用户拍照晒单和分享评论。用户常常用微博吐槽产品和企业服务,企业可以及时与用户交流,快速解决用户问题,挽回不利影响。企业也可以在用户吐槽中及时发现产品存在的问题,可通过微博提前告诉消费者,快速消除影响,避免负面信息的大量传播。

微博模式的客户关系管理方式降低了企业管理运作的成本,低门槛使得各种规模的企业都能够轻松开展,为广大中小企业进行客户关系管理提供了新的思路和途径。

(3) 微博是市场调查与产品推广的创新工具

企业积累了一定量的粉丝后,通过微博进行市场调查成本低。企业只需注册微博账户,实名认证给账户加上"V"字,即可运作。企业以自媒体的形式发布信息不需要任何费用,只投入少量的人力就能与相当范围的受众交流。企业员工也可以注册普通的微博账户,以消费者的身份参与讨论,对用户反馈的有关产品的评论进行分析和总结,从而获得潜在消费者的意见和需求信息。

企业通过微博获取一批目标受众粉丝后,可直接推广产品做引流销售,为企业带来直接的收益。例如,很多企业借助于企业微博发布产品相关的博文,植入产品的购买链接,目标受众看到微博后,如喜欢产品便可直接购买。有的企业还配合微博的营销工具如微博粉丝通、微博橱窗进行精准宣传投放,为产品带来更多的曝光量,让更多的目标人群看到并购买。除了新浪微博自身的推广平台，企业还可与微博的营销大"V"或网红微博合作推广产品。

（4）微博是危机公关的理想选择

微博既是品牌推手，也可能成为扼杀品牌的利剑。涉及知名企业的产品质量问题、企业信用问题等公众事件一般都会迅速登上微博的热搜榜。在企业面临危机时，微博以其沟通快速、开放、透明的特点，相对软性的传播方式，成为企业预防和处理危机的理想工具。首先，企业可通过微博及早发现危机的苗头，及时反应，主动沟通，防患于未然。其次，当危机发生后，企业可通过微博把事实真相迅速准确地呈现在公众面前，让公众更全面、更客观地了解事件真相。再次，根据话题进行检索，企业可迅速了解到对事件高度关注的群体，从话题中可以全面了解公众对事件的评价和意见。由此企业能够迅速在微博上锁定危机公关的目标人群，了解危机发生的原因和经过，迅速做出更有针对性的应对。快速、有效地做微博危机公关，不仅能有效地将危机降到尽可能低的程度，甚至可能获得将危机转化为重塑企业形象的一次机遇。

2. 微信营销

微信营销是伴随着微信的火热而兴起的一种网络营销方式。注册微信账号的用户都可以进行微信营销，一旦成为微信用户，就意味着与所有已注册的人产生某种联系。这种联系犹如一张大网，一方面用户可以订阅自己所需的信息、享用自己所需的服务，另一方面企业也可以为用户提供相关的信息和服务，实现互动式的双向营销。微信营销通过微信公众号社交平台向粉丝传递信息、与粉丝互动，与微博营销有相似之处。微信公众号的营销价值主要体现在以下方面。

（1）信息入口

在 PC 时代，企业需要通过官网提供信息查询入口；在移动互联网时代，企业依然需要这样的官方入口。基于移动互联网的特点，用户不需要通过搜索引擎搜索关键词或输入网址访问官方入口，只需要搜索微信公众号就可获得企业介绍、产品服务、联系方式等信息，也可单击微信公众号中的菜单直接跳转到官网。

（2）客户服务

客户关系管理（Customer Relationship Management，CRM）的核心是通过客户分析实现市场营销、销售管理和客户服务，吸引新客户、留住老客户以及将已有的客户转化为忠实客户，增加市场份额。微信作为天然的沟通工具，极大地方便了用户与企业沟通。将微信公众号与企业原有的 CRM 系统相结合可实现多人人工接入，提高客户的满意度。通过设定好的关键词，微信公众号可实现自动回复，节约人工客服所需消耗的人力成本。

（3）电子商务

零售越来越成为全渠道的零售，企业需要尽可能让消费者随时随地方便地购买到产品，微信公众号可以实现销售引导，及时把产品或服务信息送达用户，促成交易，缩短营销周期。若消费者在看微信图文时想买某件商品，可以不用跳出微信，直接在微信上下单支付完成交易。物流查询、客户服务等功能都可通过微信实现，不需要下载 App 或跳转到天猫等电商渠道。

（4）调研

调研是企业制订经营策略的过程中非常重要的环节。大型公司的调研工作甚至由专门的研发部来负责，或者付费找第三方公司发放问卷、进行电访面访调研。这些方式成本高，所得数据不精准。通过微信调研，可直接接触精准用户群体，节省调研费用。

（5）品牌宣传

微信公众平台可以承载文字、图片、音频、视频等多元化形式，能及时有效地把企业最新的促销活动告知粉丝，具有互动性好、信息传递快和信息投放精准的特点，使用户接收品牌信息，方便地参与品牌互动活动,深化品牌传播,降低企业营销成本。

(6) 线上与线下

线上与线下(Online to Offline,O2O)营销的互通是必然趋势,微信为两者的结合提供了更便利的通道。

7.2 微博与微信营销策划的内容

微博和微信作为企业宣传推广的平台,每一位用户都是其潜在营销对象。企业将产品信息、品牌信息等通过微博和微信与用户进行传播互动,深化企业形象,达到营销目的。

7.2.1 微博营销的策略

1. 建立微博矩阵

微博营销首要先建立一个能够产生影响力的平台,建立链式传播系统,这就需要建立账号矩阵。一些成熟的微博运营企业都建立了完善的微博矩阵。

> **小案例 7-1**
>
> **华为的微博矩阵**
>
> 华为建立了以@华为中国、@华为终端官方微博、@华为手机、@华为终端云服务为主要阵地的微博矩阵。@华为终端官方微博及@华为手机主要发布产品、促销活动等信息;@华为终端云服务主要针对消费者云服务,定期发布相关话题活动。各子微博明确定位,各司其职。同时各账号的头像、页面装修、内部建设都保持统一,共同展现华为的企业文化和互联网品牌内涵。

建立矩阵前,要清楚企业微博的定位和功能分类,是产生销售、品牌传播、客户管理还是公共关系维护。微博的内容更新、活动策划、粉丝互动都要根据微博定位来运作。

例如,天猫将@天猫作为企业主账号,还建立了@天猫服装馆、@天猫电器城、@天猫美妆等一批企业相关的微博账号,通过这些账户跟粉丝分享不同细分领域的产品,增加粉丝留存度。

企业真正要建立的体系,除了官方账号、子账号外,还可建立一批小号。所谓的小号,一种是建立一批跟自己企业相关的账号;另一种是用于转发的账号,便于用第三方身份发布一些评论,带动传播。微博营销的一个重要工作就是不断分化主账户粉丝,用更精准定位的小号带动粉丝互动,吸引粉丝关注,从而方便在企业需要做爆款营销活动时,借助于"大V"带动小号传播,扩大声量。

延伸阅读 7-1

微博矩阵

2. 微博传播的创意策划

微博作为社会化自媒体，可以借助于社会化媒体传播覆盖更多人，因而做好微博传播的创意策划至关重要。

在微博热门转发中，以下几类内容会使互动效果事半功倍：情感类、新鲜类、实用类、娱乐类、消遣类、通用话题类。

不管将微博定位为品牌传播还是产品销售，微博内容策划首先要找到目标客户群想要听的话题，内容要对胃口、有营养、有创意。

① 了解目标人群。要清楚粉丝类型，了解用户喜好，以用户为中心，针对目标人群策划内容，锁定人群的职业、性别、年龄，结合他们的兴趣爱好，制作他们喜欢的内容，投其所好。

② 内容有价值。微博内容要对粉丝有用，若女性粉丝较多，则可多输出一些关于美容减肥、化妆购物的内容；若男性粉丝较多，则可多输出一些关于升职加薪、时政新闻的内容，要让粉丝感到内容有价值。

③ 内容有创意。内容要让粉丝觉得有新鲜感和转发欲望。形式上要常变常新，可以采用图文结合或视频＋文字的形式，把话题做得有趣味，提升用户的新鲜感。

3. 微博活动

微博活动是微博营销的一种具体实现形式。初期为了增加粉丝数量，企业要做活动；后期粉丝数量稳定后，企业要通过活动引爆品牌传播或回馈粉丝，增强粉丝黏性。在微博营销中活动是贯穿始终的，如何开展活动聚集人气、提升品牌影响力尤为关键。

目前微博活动可分为微博平台活动和企业自建活动两种。以新浪微博为例，微博平台活动形式多样，有大转盘、砸金蛋、晒照片等。活动的数据分析也很详尽，有转发人数、邀请人数、收藏人数、每日参与人数等详细数据分析，抽奖公正公平，管理规范方便，粉丝数量增长迅速。

企业自建活动主要是各种形式的转发抽奖。对于转发抽奖活动，数据统计比较烦琐，而且对主题活动要求较高。转发抽奖一般先基于内部粉丝相互传递发起，只有先有效调动内部粉丝的积极性，才能增加微博的活跃度。但是如果没有足够的粉丝数量，传播效果一般不会太好，除非奖品很给力或有"大 V"推荐转发。

7.2.2 微博营销的特点

1. 低门槛，低成本

微博营销的准入门槛较低，企业仅需注册微博账号即可开展营销工作。微博营销的经济性强，仅需前期一次性投入，后期维护成本较低，当然，企业若想产出吸引眼球的高质量博文，仍需持续投入，且内容越精良所需耗费的人力、物力就越多，但相比于传统媒介仍然是较具经济性的。对于中小企业而言，传统广告投放在营销组织能力和资金上都无法与大企业抗衡，而微博营销可使其通过持续输出高质量内容提升企业形象与产品营销效果。另外，微博营销更有效率，更容易及时跟进社会热点现象，降低了企业的营销门槛。

2. 创意空间大，易操作

微博营销可利用丰富的多媒体技术，以文字、图片、视频、直播等多种形式呈现，全方位介绍产品特性，使消费者能充分了解产品；同时，企业微博营销运营团队可借助于丰富的多媒体技术展示创意，用生动的图文内容打动消费者。

3. 传播速度快，影响范围广

微博营销广泛的影响力得益于微博庞大的活跃用户基数，新浪微博2021年第四季度财报显示,2021年12月,微博月活跃用户近5.73亿人,日均活跃用户为2.49亿人。在世界上的任意地点,只要接入互联网,用户就可在PC端、手机端及其他移动终端随时浏览微博信息,再加上众多粉丝的关注和微博名人效应,微博信息可在短时间内被阅读、转发,呈指数式扩散,拥有极大的影响深度与广度。

4. 互动性强,可及时获得反馈信息

微博作为企业与消费者之间沟通的平台,可较好地起到媒介作用,使企业能够直接倾听消费者对企业产品的使用反馈和未来预期,便于企业收集第一手资料,通过调整阶段性目标和战略来稳定市场份额,并在互动中树立企业形象,形成口碑效应,将更多的企业微博粉丝转化为实际消费者,增加消费者与企业产品之间的黏性,增强消费者的品牌忠诚度。

7.2.3 微信营销的模式

微信营销是指利用微信平台提供的功能开展营销活动。例如:利用漂流瓶功能用随机的方式推送信息;利用用户扫描添加功能锁定潜在消费者,扩大营销网络;利用个性签名功能设置路牌广告,在被搜索到关键字时出现,有一定的强制性;朋友圈推广是最常见的一种微信营销模式,通过将所营销产品的特性、优势和使用者反馈意见等信息散播到朋友圈中吸引更多的人购买;利用微信摇一摇功能交友带来的新鲜感和神秘感吸引一些想要通过微信交友的人,先建立好友关系,之后通过向其推送特定的营销公众号,将初始好友转变为客户。

微信营销模式如下。

1. 广告植入营销模式

广告植入营销是指在微信朋友圈或公众号中发表言论或动态,并植入相关广告信息的营销模式。广告信息多以图片的形式呈现。当广告内容发起者是意见领袖或非职业卖家时,会增加受众的信任感。强行推送广告会引起用户不满,微信营销多采取广告植入或软文推广的方式。软文是广告植入的常见形式,它是指通过特定的概念诉求、以摆事实讲道理的方式使消费者走进企业设定的"思维圈",以针对性的心理说服实现产品销售的文字(图片)。企业将对消费者说的话用软文形式表现出来,形成口碑效应,吸引粉丝,传播企业品牌,增加企业知名度。软文可以采用图片植入方式、故事植入方式、段子植入方式、热点植入方式、视频或语音植入方式以及用户体验植入方式等来实现。

2. 二维码营销模式

二维码是一个身份的标识,利用微信二维码配合微信的扫一扫功能,用户可以获得会员折扣、商家优惠或新闻资讯。利用二维码还可以进行个人之间的转账、公众号的推广、商品价格的评估。例如,顾客去某餐馆用餐,看到扫二维码可以获取折扣的优惠信息后,扫码获得折扣优惠,并关注店铺动态,商家与消费者建立连接。微信拥有十几亿用户,截至2022年4月,微信日活用户数为11亿,用户活跃度高,二维码营销方便快捷,成为商家微信营销的首选模式。

3. 口碑营销模式

以使用者报告形式,将使用者的使用心得放在相应的微信平台上,吸引更多的潜在消费者。企业利用微信营销的强关系特性以及微信的转发功能,使营销的圈子扩大,达到口碑营销的直接效果。

4. 公众号营销模式

企业利用微信公众号进行营销推广。选择具有吸引力、定位清晰、能吸引并刺激消费者购买的账户名注册公众号。公众号认证后如排名靠前,信息发送量多,容易被用户关注到。营销

者在公众号发"干货"文章,用户受内容吸引将公众号的文章转发给好友可使营销事半功倍,同时企业应做好公众号的后台维护,及时回复用户提出的问题,增加商品的成交率。

5. H5 营销模式

H5 是以文字、图片、音乐、视频、链接等多种形式进行展示的页面,丰富的控件、灵活的动画特效、强大的交互应用和数据分析功能使其能高速、低价地实现信息传播。H5 适合通过手机展示、分享。H5 具有灵活性高、开发成本低、制作周期短的特性,成为当下企业营销的利器,常用于企业宣传、活动推广、产品介绍、会议邀请、公司招聘等。

H5 页面有很多种类型且形式多变,既有比较简单的邀请函、贺卡、测试题等形式,也有比较复杂的抽奖、游戏等形式。

6. 微信小程序营销模式

微信小程序是一种不需要下载、安装即可使用的应用。用户可通过扫一扫或搜索的方式打开微信小程序,用完即走。从小程序的定位看,微信的核心价值是连接一切:订阅号定位连接人与资讯,为微信用户提供优质丰富的内容;服务号连接人与服务,建立企业和普通用户沟通的桥梁,将企业的产品和服务更好地传达给用户;小程序连接了人和应用,企业能为用户提供更复杂、更个性化的服务体验。

微信小程序的营销优势主要包括以下 4 个方面。

① 品牌呈现优势:微信小程序可替代企业官网,多维呈现企业品牌。
② 功能替代优势:微信小程序可实现 App 的大部分功能,提升用户体验。
③ 用户入口优势:企业可以借助于多个入口,引导用户使用微信小程序。
④ 成本结构优势:微信小程序开发成本低且维护成本可控。

7.2.4 微信营销的特点

微信营销是在智能手机快速发展的背景下成长的,其具有其他媒介所不能及的特征。用户可以免费注册微信账号,免费使用微信的各种功能,官方公众平台的认证也是免费的,商家开展微信营销的成本低。微信营销是在用户许可下进行的,用户需要先关注商家的微信号才会接收到信息,用户可选择是否接收营销信息。已被用户许可的信息不会受到用户非常强烈的排斥。此外,在商家微信公众平台上推发信息受到微信平台规定的次数限制,这样不致招来用户强烈的反感。微信营销的特点包括以下几个方面。

1. 传播更精准

微信沟通是点对点的沟通,形成一对一的强关系,具有私密性,每条信息一对一推送,让每个参与者都有机会接收到所推送的信息,营销者可获得大批精准客户。微信营销的精准性还表现在:微信作为连接一切的入口,可使相关产品和服务直接通过微信与客户对接,直接或间接地带动多行业的升级。

2. 互动更及时

互动的双方可进行文字、图片、音频等多种形式的沟通,有利于信息的高效传递。微博、博客也具有较强的互动性,但大多数时候是一方向另一方的延时传递,难以做到即时反馈。而对于微信来说,无论对方在哪里,只要带着手机就能够轻松地收到信息,完成整个沟通过程。

3. 强有力的关系网

微信点对点的产品形态注定了其能够通过多层面的互动,将人与人之间的关系拉得更近,与用户建立起牢固的联系,形成强有力的关系网,从而带动产品更大范围、更快速度地传播、推广与销售,为用户答疑解惑,提供信息和服务,甚至娱乐。微信让企业与消费者形成朋友强关系,谁都可以不相信陌生人,但一般不会不信任自己的"朋友"。当企业的"朋友"越来越多、关系越来越稳固时,传播面就会越来越广。

7.3 微博与微信营销策划的步骤

微博和微信是两个强大的营销平台,很多企业都渴望通过微博和微信扩大市场份额。要想在微博和微信上获得收益,就要熟悉微博和微信营销的步骤与策略。

7.3.1 微博营销策划

微博营销的策略和理论最终需要落实到企业的具体日常运营中,微博营销是一个复杂的涉及多步骤和企业多部门的过程,作为营销的一种形式,其过程和传统营销的步骤有相似和共同之处,也有其自身的特点。微博营销的基本步骤如图7-1所示。

图7-1 微博营销的基本步骤

微博营销步骤的划分和实施并无严格界限,各步骤也处在不断的变动中。微博营销整体策略、平台定位相对稳定,具体的营销计划和方案则常随企业具体产品和活动而变化。营销是一个长期的过程,企业必须通过之前营销效果的评价与反馈,调整团队构架和人员,修改和更新微博营销计划,并不断循环和重复这一过程。

1. 组建微博营销团队

组建一支合格的微博营销团队是进行微博营销的基础。组建团队的工作包括设置微博营销团队的构架、选择团队成员及确定其职责分工。

(1) 微博营销团队的构架

企业微博营销涉及产品的前期设计、调研、生产分销及后期的技术支持、售后服务等所有环节,牵涉所有这些部门的各类信息,需得到企业各部门的支持。因此,微博营销团队中必须有能够起到统领作用的协调型领导,负责不同项目信息收集、整理、传递的人员以及直接操作微博发布信息并与用户直接沟通的"微博客服"。根据企业对微博用途的定位和对微博营销的投入程度,企业官方微博营销团队构架可设计为"金字塔形"结构与"网格汇聚形"结构。

① 金字塔形结构。

大型企业的人员、资金运作规模庞大,企业的知名度高,拥有大批的品牌追随者,考虑到微博总信息量的巨大和其独特的即时性特征,单个官方微博发布过量的信息会导致信息利用度下降。所以,注册开通功能不同的企业微博组成微博营销团队是高效的选择。这些微博通常具有名称相似、功能互补的特点,一般直接以其功能特点命名,方便微博用户选择关注。金字塔形结构如图7-2所示,适用于大型企业的官方微博团队。

金字塔形结构的顶端是微博营销团队领导者。微博营销团队领导者必须在企业中拥有较高的地位,了解企业整体的运作情况,能及时获得各部门信息,领导整个微博营销团队朝企业

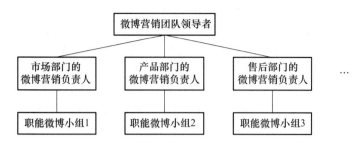

图 7-2　金字塔形企业微博营销团队构架

营销目标前进。同时,微博营销团队领导者必须熟悉微博功能,对微博的使用有实操经验,以方便指引工作方向。

金字塔形结构的第二层是各职能部门的微博营销负责人。职能部门的微博营销负责人对本部门涉及微博营销的信息和事务进行管理,接受和执行微博营销团队领导者的指导性意见,及时将重要的问题、信息向微博营销团队领导者报告;制订本部门的微博营销计划,引导下级更新发布微博、收集微博反馈信息的员工小组工作。

职能部门的设置数量决定了最底层职能微博小组的数量。职能微博小组的员工直接负责发布微博,回复用户,监测微博上有关企业的信息和言论,并对其进行收集和引导。在发觉出现问题或有出现问题的可能时,第一时间向部门负责人汇报,及时预警可能出现的危机。由于职能微博小组的成员直接与用户打交道,需注意微博的言辞和沟通的态度,通过微博展示和树立企业良好的形象。

② 网格汇聚形结构。

网格汇聚形结构带有信息聚拢和信息发散的特点,如图 7-3 所示。该结构适用于初步开展微博营销的中小企业,通常它们只开通单个微博,信息发送处理量不大,目的用途较为单一。在该结构中,各个部门在微博营销中的地位平等,只需向微博营销团队提供需要的信息即可。信息传递可以是程序式的定时操作,例如,每个工作日总结汇报一次,也可以是只针对临时性的市场变化或突发事件而做出的应变和预警。

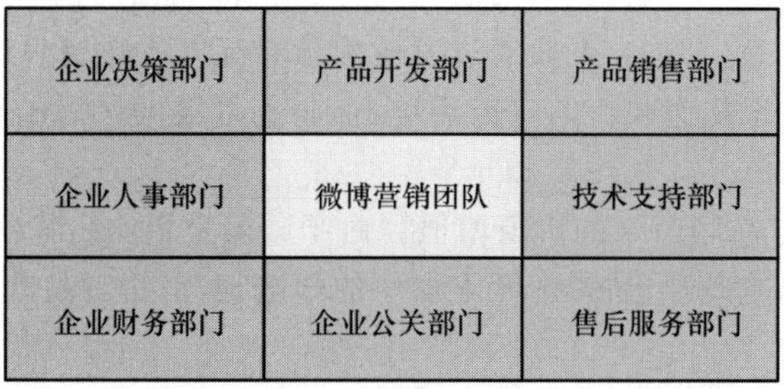

企业决策部门	产品开发部门	产品销售部门
企业人事部门	微博营销团队	技术支持部门
企业财务部门	企业公关部门	售后服务部门

图 7-3　网格汇聚形企业微博营销团队构架

在网格汇聚形结构中,负责微博营销的团队结构简单,专职人员规模较小,甚至可能只是 2～3 人的无领导小组。微博营销团队与企业的各部门直接接触,沟通便捷。每个部门都可以根据需要,与微博营销团队合作,微博营销团队将通过沟通、监测和观察到的信息分门别类地向不同的部门传递。网格汇聚形结构在信息传递方面的优点是层级少、传递速度快、信息原始程度高。

(2) 微博营销团队的职责分工

微博营销团队一般有运营经理、运营策划、文案编辑、信息发布、媒介管理、数据分析、客服监测、技术支持等角色。

运营经理(即操盘手)把握总体方向,包括营销策划的内容和节奏,与企业其他部门协调、联动,甚至渗透到产品研发环节,将潜在用户需求相关的信息数据提供给研发部门参考;运营策划负责制订策划文案、设定推广细节;文案编辑负责具体文案的编撰,及日常互动话术的设定;信息发布负责文案的发布,并在其他自媒体平台开展更广度内容的分发;媒介管理负责与相关媒介展开互动合作;数据分析负责定期分析数据、收集外部热点信息流、提供数据分析报告;客服监测负责回复互动评论,主动寻找潜在用户,建立基本的交流;技术支持在音视频、微博接口、网页制作、美工设计等技术细节上提供支持。

2. 确立微博营销在企业营销中的位置:找准定位,形成机制

团队组建后,面临的问题就是企业需要用微博做什么,即用微博这个平台实现什么样的营销功能。

应用微博的何种功能开展营销活动,要根据企业具体情况和需要而定。微博运营人员要明确微博在企业营销中的定位,才能更好地申请资源,并与其他的营销渠道分工合作。微博作为一个平台,与企业的各项业务有不同形式的联系,与其他的营销渠道进行各种合作,明确微博的营销职能,在企业进行业务和产品推广、市场调研等营销活动时,形成将微博作为可供选择的基本渠道的运作机制,有助于微博营销在企业中的长期发展。

微博营销团队要主动将工作渗透到企业的日常运营中,和其他同事多沟通,积极申请所需资源,对各种信息、活动的反馈效果进行监控和记录,用数据和事实说话,主动挖掘微博和各项业务之间的关联点。

3. 制订微博营销计划:做好计划,确立目标

微博营销是企业营销的一部分,其运作依赖于企业整体营销战略的指引。微博营销方案的制订要以企业的整体营销目标为依据,用微博营销促进,企业整体营销目标的实现。由于微博营销具有社会化营销的特征,其目标也有独特性,因此企业的销售额指标、投入产出指标等方面的目标可作为单项参考目标,不应成为微博营销目标的全部。微博营销是一个长期的过程,根据微博平台所擅长的营销功能,企业在制订微博营销计划时应考虑以下方面。

① 微博营销整个运作过程吸引培养的潜在客户数目、带来的直接促销效应。企业通过微博信息的传播达到一定的宣传效果,包括活动的传达、新产品的信息推广、企业知名度的提高和由此带来的销量增长等。例如,企业通过发放优惠券等方式开展活动,其带来的销量增加是可追踪和可统计的。对于某些独特的宣传活动,企业也可根据之后的销售情况统计微博营销带来的转化率。

② 微博营销给企业品牌带来的价值增值。由于微博是企业品牌营销的重要渠道,价值增值表现为企业品牌形象的提升、品牌内涵附加值的塑造、对消费者品牌认知的引导等与企业品牌价值增值相关的成效。

③ 企业通过微博获取的信息的数量和质量。信息是现代社会财富和价值的重要载体和表现形式,对企业来说,只要能够对微博强大的信息流进行筛选和辨别,就能够从中获得相当有价值的信息,从而了解消费者的偏好动态以及预警负面危机。

④ 企业通过微博预警和解决危机的情况。微博是企业进行危机公关的得力助手,企业可利用微博风向标,预防通过网络信息爆炸式传递造成的灾难性后果。

⑤ 通过微博运营形成 IP。这是微博运营的高阶目标,如果持续输出优质内容,形成知识产权,最终可以形成 IP,通过内容盈利。

4. 执行微博营销:建立账号,发布微博

这是微博营销实战的核心阶段。

(1) 建立账号，装修微博

① 用户名。设置用户名(昵称)是开通微博的第一步，企业常以企业的名称注册账号。有的企业以企业的名称为基础，进行"再加工"，使微博名字更加个性化。企业可结合产品和创意，利用名字为活动和宣传造势。例如，海飞丝公司旗下一款产品名叫"思源"，其微博名为"海飞丝思源复活"，结合"粉丝·源来是你"的创意，进行活动和产品的营销宣传。企业设置用户名的原则是：简单有趣，便于记忆；品牌一致，长期一致；拼写简单，便于输入；避免重复，便于搜索。

② 简介。简介需简明扼要，吸引用户了解企业的关键信息。简介可随时更改，可附加公司的核心理念、企业愿景等内容；可提示重要信息，很多企业会加上一句标明身份的"×××企业官方微博"；有的企业微博简介加上官方网站的链接和服务热线、企业微博营销团队的其他微博链接等。

③ 头像。企业微博头像常选择公司 Logo 或公司宣传图画，显示企业的专业化和身份。

④ 背景图片。选择合适的图片设置背景，可使用户对企业微博页面留下深刻印象。企业的重要信息除了放在简介部分，也可通过图片呈现，放在页面的背景图片中，要注意版面的整洁和美观。

小案例 7-2

华为中国的微博

华为中国的微博主页如图 7-4 所示。"用户名"为"华为中国"。"简介"是企业介绍："华为是全球领先的 ICT(信息与通信)基础设施和智能终端提供商，致力于把数字世界带入每个人、每个家庭、每个组织，构建万物互联的智能世界。我们在通信网络、IT、智能终端和云服务等领域为客户提供有竞争力、安全可信赖的产品、解决方案与服务，与生态伙伴开放合作，持续为客户创造价值，释放个人潜能，丰富家庭生活，激发组织创新。华为坚持围绕客户需求持续创新，加大基础研究投入，厚积薄发，推动世界进步。华为成立于 1987 年，是一家由员工持有全部股份的民营企业，目前有 18 万员工，业务遍及 170 多个国家和地区。"简介与企业官网信息一致，将微博作为企业宣传的另一途径，遵循一个形象一个声音的传播原则。

图 7-4　华为中国微博的主页(截图时间是 2021 年 7 月 1 日)

头像是企业 Logo,辨识度高。背景图片是云雾缭绕的山峦,大气磅礴,通往山峰和天空的红色云梯醒目,背景图片的色彩与 Logo 色彩呼应,寓意与愿景文字相得益彰。左上侧中英文文字表达的是企业愿景"把数字世界带入每个人、每个家庭、每个组织,构建万物互联的智能世界"。

(2) 发布微博,策划内容

① 选择发布形式。微博的发布形式有文字、图片、长微博(显示为"头条文章"和"文章")、视频(分为在线和本地上传两种形式)、音频(从新浪音乐库中选择内容或微博支持的其他外部音乐链接)、投票、点评等多种。在微博手机客户端可发布商品,直接用微博橱窗售卖商品。

② 设计微博话题。能够引发讨论和转发的微博就是话题。为强化微博话题,可在话题关键词前后加"#",引起更多人注意。如果话题引发很多人讨论,成为热门话题,就有可能进入新浪微博的热门话题榜,被更多人看见,引起广泛的讨论。企业微博的话题最好系列化、品牌化,有其发布周期,企业应长期经营,把话题品牌化。

③ 设计微博活动。结合新产品推广的活动设计可活跃粉丝群并扩大新产品的知名度。例如,华为中国微博 2021 年 7 月 13 日发起了关注带话题转发抽奖活动(如图 7-5 所示),以庆祝"美的全球首款搭载 HarmonyOS 的冰箱"全新上市。

图 7-5 华为中国微博活动

④ 注意发布微博的时间段。每天 24 小时都有人不停地通过微博发布信息、获取信息。企业并不需要做到覆盖这么广的时间段,相对有效率的方法是选择人们使用微博的活跃时段发布微博营销信息。据统计,微博是从早上 8 点左右开始活跃的,在 10~12 点到达一个峰值,下午 2~4 点、晚上 8~12 点信息的发布量相比于其他时段较多,晚上 12 点过后信息发布量急剧下降,凌晨 2 点后到达冰点。

5. 微博营销效果的评价与反馈

遵循科学性、系统性、可比性、可获得性原则,可从如下 8 个方面构建微博营销的考核指标,使企业对阶段性的成果进行检验。

(1) 粉丝数

粉丝数是微博被用户关注的数量,是衡量一个微博信息价值的重要数据。粉丝数越多,企业越能对更多的消费者施加影响。当一个账户的粉丝较多时,其发布的信息就有可能被较多的用户转发,从而扩大该账户发布信息的传播范围。

(2) 微博数

微博数是微博的使用者自注册以来发布的微博条目总数。信息发布的主动权在企业,微博条目的数量表明企业微博的活跃程度,是企业微博营销的基础。从内容上看,微博一般分为两种:原创和转发,两者之间的比例可反映企业对微博的态度。原创内容多的微博倾向于成为信息的发布者和制造者,而转发内容占绝大多数的微博倾向于成为信息的分享者和渠道商。一般来说,微博数与微博营销效果有正相关关系。微博数的多少反映了该账号的微博在线率、自我表达能力、表现欲望、传播圈的大小、分享的意愿等方面的情况。

(3) 日均微博数

与微博数不同,日均微博数是判断企业微博恒定更新频率的一个重要指标。该指标衡量企业微博账号平均每天所发出的信息量。微博营销的效果是通过在微博上信息的快速传播、分享、反馈、互动获得的,日均微博数考查企业微博自建立以来的持久信息和影响力的释放情况。

(4) 转发数

微博的转发数是微博账户影响其粉丝的重要指标。转发数是其他微博的账户对某一条微博转发次数的总和。一条微博的传播范围与转发数正相关,转发数越多,企业的微博营销信息传递的范围越广,效果越好。从信息内容角度看,引发信息在微博上被人们自觉转发、口口相传的最基本保证有两个,即可信度和吸引力,这也是实现口碑营销的两个主要要素。微博的转发数反映企业发布的微博内容是否有吸引力,是否能引起用户的兴趣和共鸣,衡量企业在微博用户中是否具有可信度和影响力。

(5) 评论数

评论是微博的一项基础功能,被评价的用户可以就评价的内容进行即时回复。评论数是其他微博用户对某一条微博的评论的总量,其中包括原发布者对他人评论的回复数目。微博评论数的多少能反映多方面的信息:第一,高评论量代表微博条目水平较高。如果是转发的微博加上自身的评价得到了很多回复,则说明企业微博发布者眼光敏锐,对问题有较深刻的认识。第二,评论数的多少反映了企业博主对粉丝的影响力。第三,评论数包含了企业自身的回复数目,反映了企业主动与用户进行互动的意愿。

(6) 关注率

关注率是第三方数据平台"微博风云"定义的一个指标,含义是微博中活跃粉丝关注某企业账号的比例。例如,假设整个微博平台的总体活跃粉丝为100个,其中有7个粉丝关注了某账号,那么该账号的关注率为7%。"微博风云"对于活跃粉丝的定义是"粉丝数大于30,微博数大于30,一周内有互动"。该指标反映了企业在整个微博平台活跃粉丝群的位置,关注率高说明企业微博账号在真实微博用户中的影响大,微博的营销效果好。

(7) 活跃粉丝率

微博存在较大规模的僵尸粉丝,粉丝数不能完全反映某企业微博账号的受欢迎程度,可用活跃粉丝率来判断微博的粉丝质量。活跃粉丝率指企业微博的活跃粉丝数占该账号总粉丝数的百分比。活跃粉丝多,说明企业微博粉丝的质量高;粉丝质量越高,企业开展营销活动所取得的营销效果就越好。

(8) 互动率

互动率指参与转发或评论企业微博的粉丝数占总粉丝数的百分比。例如,某微博用户成为企业的粉丝,但他并不和企业微博互动,这说明该用户对企业所发布的信息不感兴趣,企业微博营销的效果也很难体现。互动是粉丝与企业之间连接的纽带,反映粉丝对企业信息的喜好程度。企业微博的互动率高,粉丝参与转发以及评论的意愿高,说明该企业所发布的信息更能引起粉丝的兴趣。

7.3.2 微信公众号营销策划

1. 选择微信公众号的类型

微信公众号分为订阅号、服务号和商家号 3 类,区别在于功能上的不同。

(1) 订阅号

订阅号是人们最常见到的公众号。订阅号为用户提供消息和咨询,凭借内容优势吸引用户关注订阅。

订阅号分为微信认证过的和没有认证的两种。认证过的订阅号更容易被用户搜索到,运营者应认证微信公众号。微信公众号的认证可通过关联其他已认证过的社交媒体账号完成,也可收费认证。

高质量的内容是保证订阅号长久运营的基础。运营较好的微信订阅号,内容有趣味性,能吸引用户。订阅号可通过流量变现,也可通过其他商户借订阅号打广告的方式获得收益。订阅号的粉丝数超过 5 万时可打开后台的"流量主"功能,这时再产生的流量可直接变现。

(2) 服务号

服务号是为用户提供服务的公众号。服务号申请门槛比订阅号高,审批较严格,只有商家或官方的组织机构等主体才能申请。

服务号的出现使微信成为一个社交生活圈,许多事不用离开微信就可完成。微信服务号会出现在用户的通讯录中,当用户有需要时,可打通与其他程序的壁垒,实现多种业务的联通。服务号的缺点是它所推送的信息显眼,会给人一种"骚扰"的感觉。因此,服务号一般很少推送营销内容。

许多有流量基础的服务类商家会优先选择服务号作为商家微信营销的主阵地。因为这样不仅方便用户办理业务,也提高了商家的效率,节省了服务费用。没有太多流量基础的商家可通过服务号获取流量,获取用户认可。

(3) 商家号

微信商家号给商家提供移动平台的入口,用来帮助商家建立员工之间、上下游供应链与商家后台系统之间的相互关系。商家利用商家号实现高效、便捷的移动管理。商家号对于商家实现生产、管理、协作和运营的移动化具有一定的作用。商家号作为商家微信营销信息技术的移动化解决方案,在快速移动化办公、低成本开发、零门槛使用这 3 个方面具有明显的优势。

订阅号、服务号和商家号各有千秋,了解了这 3 种公众号的不同定位,商家可根据需要选择,明确微信公众号定位后,微信营销才能更得心应手。

2. 确定微信公众号的规划策略

(1) 定位策略

企业要想做好微信公众号营销,首先要找准适合自身发展、符合自身形象的定位,这样才能确定目标受众,形成品牌效应。

① 企业需求分析。

企业对微信公众号的需求包括以下方面:第一,吸引用户关注。企业期望微信公众号通过内容传播及运营增加用户量。第二,扩大传播度。利用微信公众号推送与企业、产品和品牌相关的高质量、高阅读量的文章,提升企业的曝光量或公关形象。第三,增加与用户的互动。利用微信公众号发送推文,使用户以转发、评论、点赞、收藏等方式进行互动,缩短企业与用户之间的距离,提高用户黏性。第四,提高销售量。利用微信公众号以广告植入等方式对产品进行曝光,使用户通过微信公众号了解产品的特点和功能,从而提高消费者的购买意愿,实现产品的营销转化。

明确了企业需要什么,才能确定运营目标,才能在庞杂的运营系统中抓住核心,有的放矢。

② 用户精准画像。

做好定位的思路是针对所要服务或推送内容的目标群体,根据他们的特点,设计微信公众号的功能特色、服务模式、推送风格等,进而打造品牌形象,实现运营目标。具体可从以下3个角度进行用户画像。第一,客观显性属性,指客观的用户资料,如地域、性别、收入、年龄、受教育程度、行业特征、产品使用场景等。第二,主观隐性属性,指群体的个性化标签,如爱好、三观、习惯、圈层、文化等,这些在线上表现得更为突出。这一部分属性需要运营者与用户深入接触才能了解到。第三,平台价值属性,即用户希望通过平台获得什么样的价值。在信息爆炸时代,用户关注一个微信公众号,期望从中获取的价值包括"有用""有趣""共鸣""参与"等。

(2) 品牌策略

有些有品牌积累的企业,仅把微信公众号当作一个新的推广渠道,不考虑微信的生态特点,或简单地复制过去在其他平台的运营经验,最终的结果是公众号运营无亮点。如果想通过微信公众号扩大品牌影响,就需要在原有的品牌积累上围绕微信公众号的特点重新设计。

小案例 7-3

"科技每日推送"的成功转型

"科技每日推送"致力于做一家科技生活类账号,从手机硬件、应用软件和智能设备3个点切入,表现科技与人的关系,传达科技生活时代的喜怒哀乐。该账号曾用名为"App每日推送",原本在PC端和客户端已有了一批用户,也积累了很多较好的内容。那么开辟微信公众号这个平台后,是不是把这些内容重新用微信推送一遍就行了呢? 该运营团队认为,原来PC端和客户端的内容更偏功能性,而微信公众号的阅读需要更生活化,要有专业性和趣味性,所以该微信公众号推送的内容突出生活化特点,转型成功,成为知名的科技类微信公众号。

(3) 推送策略

微信公众号的文章应选择合适的时间推送,以培养用户的固定阅读习惯。

① 推送时间。

第一,黄金时间推送。以下4个时间段是推送的黄金时间:7:00—9:00,上班路上的时间,人们对信息的需求量较大;11:30—13:30,吃饭、午休的时间,人们玩手机的概率较大;18:00—19:00,下班路上排队等车、坐车的时间,人们需要打发时间;22:00以后,现在很多人睡觉前的最后一件事就是玩手机。

第二,错峰时间推送。以上这4个时间段是推送的黄金时间,也是各类微信公众号文章推送扎堆的时间段,错峰推送也不失为一种策略,不过还应结合用户画像,找准用户的使用时间场景来推送。

第三,活跃分析推送。可通过分析数据把握用户活跃的时间段,在合适的时间推送。

② 推送频次。

针对不同的营销对象，企业可采用不同的推送频次。很多企业做订阅号，特别看重每天一次的推送机会，但天天推送也容易使用户取消关注。

3. 制订微信公众号的运营模式

（1）内容运营

内容运营是指通过图片、文字、音频、视频等形式，采用创作、采集、编辑等手段生产内容来满足用户的需求，达到吸引并留住用户、为产品或品牌带来商业转化的目的。微信公众号的内容产出有以下 3 种模式。

① 原创。

原创即独立完成的创作，而非改编、翻译、注释、整理他人已有创作而产生的作品。持续输出原创内容很有挑战性，需要在不同的选题下创作出新的内容，各内容平台流量之争的思路已落点到对优质原创作者的争夺。

② 转载。

能够写出高质量原创的作者是少数，很多微信公众号选择转载一些与自己定位相关的内容来缓解压力，但要注意转载需要获得原作者授权。

③ 约稿。

约稿是指内容创作者根据运营团队提出的创作要求完成原创文章或其他形式的作品。若运营团队自身不具备某个类别的内容创作能力，则可以向擅长该内容创作的创作者约稿。约稿是指和作者达成长期或短期合作关系，签署正式的合作协议，明确责权利，并约束双方履行合作事项。

（2）用户运营

用户运营工作分为拉新、促活、留存和转化。拉新是增粉，提升用户量；促活是让留下来的粉丝活跃起来；留存是把新增的粉丝留下来；转化则是让用户付费，实现营收。

① 拉新：获取微信公众号的目标用户。

一个微信公众号的目标用户主要聚集在以下区域：一是已建新媒体平台，如企业官方网站、官方微博。这些区域会聚集精准的老用户，他们有一定的品牌熟悉度和信任基础。二是用户属性相同的大体量公众号。需寻找目标用户重合度高且用户量大的微信公众号合作。三是其他新媒体平台。要想做出影响力，在明确用户画像之后，多渠道覆盖进而获取大量用户是必经之路。

知道了目标用户的聚集区域，接下来就要采取一系列运营手段涨粉。获取新用户可以从以下 3 个方向着手。

第一，流量。直接通过导流获取用户，如购买微信广点通，在平台大号上投放广告；与意见领袖合作，利用其粉丝量实现流量引入；与目标用户相同但彼此没有竞争的公众号互推，实现涨粉的目的。运营者要知道自己需要什么样的用户，能吸引用户的载体是什么，这样才能优化导流的各环节，提高转化率。

第二，挖掘。微信生态中有大量可以聚集某一特征人群的场景，如通过线上主题微课将潜在用户挖掘出来聚集在一起，进而再导入微信公众号。另外，每一个人都有圈子，运营者要善于挖掘老用户背后的用户群，在运营过程中通过裂变营销策略让老用户引来新用户。

第三，利益。通过利益诱导用户关注或诱导老用户带动新用户关注。例如，关注领取礼包或邀请好友关注可获得课程免费名额、产品打折优惠等。

② 促活：使目标用户保持活跃。

不活跃可能是以下的3种情况：用户不活跃（如没时间看推送内容）、用户看不到内容（推送内容被其他信息湮没）、内容被用户忽略。促活主要有以下3个方面的运营手段。

第一，持续产出优质内容。如每期内容都能吸引用户，长久以往，用户就会对公众号推送的内容充满期待，内容上线时，用户会第一时间关注。

第二，策划阶段性的活动。可定期策划一些活动，将一些有用的福利回馈给用户，让用户惊喜。

第三，搭建粉丝社群（会员体系）或者话题平台。可在微信菜单栏开创一个专门的板块，创建一个微社群，引导用户在社群内积极发言、讨论相关的话题等。

③ 留存：增加粉丝黏性。

企业希望关注了自己的用户能够永远留下来，但常有用户取关。保持用户黏性的关键是内容对用户有价值。因此，需要了解用户的需求，持续地为其提供所需内容。例如，选择某个擅长的领域，保证公众号内容的统一和调性。

另外，增加互动内容，让用户感受到自己的存在（如投票、评论功能等）；策划一些活动，让用户感觉到有利可图；科学合理地发布规划，包括内容更新的频次和时间等；清晰的排版构架等也是留存所需做的工作。

④ 转化：促使用户购买和其他变现方式。

转化是企业微信营销的目标之一。微信公众号有以下3种主流的付费方式。

第一，软文广告。在微信公众平台上发布的文章中植入广告，收取广告费。将产品融入文章情节中，"无意"中将产品的信息传递给消费者，使消费者能更容易接受该产品。

第二，流量广告。用微信公众号中指定的位置为广告主打广告，收取广告费。

第三，电商盈利。提供销售盈利。

（3）活动运营

活动运营是需要在一定时间内提升相关运营指标的、有目的的运营行为，涉及活动设计、资源确认、宣传推广、过程跟踪、效果评估、活动复盘等一系列流程。常见的微信公众号活动形式如下。

① 投票。

投票一般是比赛制，通过设计物质或精神方面的奖励，吸引用户报名参加，利用微信公众平台自带的投票功能拉票，根据最终票数决定获奖者。

② 好友邀请。

用户参与活动时，在活动页面输入个人信息，或直接通过"点击查看"的方式进入具体活动页面，用户想赢取奖品，就需要转发至朋友圈或微信群邀请好友助力。为提高助力者的积极性，可让参加助力的好友抽奖，通过报名者及其众多好友的关注和转发，达到为微信公众号"吸粉"或为其他平台引流的目的。例如，微信公众号"美团"在春节期间举办了一次送电影票的活动，用户可通过邀请好友助力的方式，在微信小程序中获得电影票优惠券。

③ 发红包。

红包是聚集人气的有效手段，也是订阅用户的一种福利，有助于增强用户黏性。红包类的活动一般会提前预告，并在活动周期的某个整点发红包。为控制成本，一般红包数量有限，抢完即止。

④ 留言抽奖。

根据当下热点、近期活动、时间节点等准备一个互动话题，让用户在活动时间到微信公众号推文的留言区写留言互动,通过随机抽选或按点赞数排名等规则选取中奖用户。该方式简单易行,可控性强,只要话题互动性足够强,用户的参与热情就会比较高。例如,微信公众号"汽车之家"举办了一次主题为"我买不起豪车,但世界上只有一个我"的活动,用户需要对比自己5年前的样子,在留言区说出自己的平凡故事,最后根据点赞数的高低产生获奖用户。为降低活动参与的门槛,在说明活动规则后,"汽车之家"还给出了留言示范。

⑤ 征文征稿。

微信公众号给定主题,让用户创作。用户创作的内容可在微信公众号发布和推广,同时公众号会给予优秀作者一定的奖励。这类活动的用户参与门槛较高,适合用户质量和黏性较高的微信公众号。例如,"堆糖"是一个专注于研究日常生活的微信公众号,其举办了一次主题为"我有独特的住家技巧"的征文活动,参与用户需从衣、食、住、行等方面入手,撰写原创文章参与评选。

7.3.3 微信小程序营销策划

1. 确定微信小程序的需求场景

在开发小程序前,运营者需进行场景评估,只有确认用户在该场景下对小程序有使用需求,才能开始策划和开发小程序。对小程序需求最多的场景包括低频类场景、碎片类场景、社交类场景、移动办公类场景及服务类场景等。

(1) 低频类场景

低频类场景指用户生活中出现频率较低、不会每天多次进入的场景,如房屋交易、车辆购买、家政保洁、旅游出行等。用户不愿意为某个低频场景特意安装App,导致低频类场景的App推广转化效果欠佳。小程序无须安装的特点可弥补此类场景下App的不足,用户在低频类场景下可直接进入小程序进行相关操作,降低了企业产品与用户的接触门槛。例如,"房天下"开发了小程序"房天下+",用户无须安装App即可进行成交总览、房屋查询、房贷计算等操作。

(2) 碎片类场景

碎片类场景指用户每日打开次数较多,但每次使用时间较短的场景,如工作之余玩小游戏、乘坐地铁时看视频或网上购物等。用户对这类场景产品的主要需求是"快进快出",最好一键进入或退出。小程序可很好地满足用户的这类需求,用户有多种快速进入小程序的方法,点击右上角的圆圈即可退出。解决碎片类场景需求的小程序包括"跳一跳""我最在行""腾讯视频""京东购物"等。

(3) 社交类场景

微信本身是一款社交软件,由于微信的产品设计力求简洁,社交场景下无法进行更丰富的玩法。小程序可以很好地满足用户对社交类场景的多样化需求,如群打卡、群聊精华、群投票、好友红包、聊天猜谜等。"群空间助手"是一款基于微信群的小程序,为用户的社交类场景提供了更多功能支持。群成员可以共享相册与动态、进行群内运动比赛及投票,且内容可以永久保存,不被清空。

(4) 移动办公类场景

移动办公类场景指借助于无线网络使用智能手机或平板电脑等移动设备进行商务活动的场景。在该类场景下,用户希望能高效地完成公文撰写、日程查看、文件管理、公告发布等事项。小程序可为移动办公类场景提供产品支持,围绕此类场景开发的小程序包括"微信发票助手""微考勤""销售管家"等。小程序"微信发票助手"支持发票信息的编辑、分享和保存,为移动办公类场景下的用户提供了发票抬头添加、发票查验、发票管理等功能。

(5) 服务类场景

服务类场景多指线下服务场景,如在饭店点餐、在景点买票、在营业厅排号、在KTV点歌等。小程序可以为服务类场景提供支持,用户无须等待,直接用微信就能进行线下操作。

小案例 7-4

兵马俑小助手

"兵马俑小助手"是秦始皇帝陵博物院开发的一款小程序,用户可直接在小程序内收听景区在线语音导游讲解,了解景区实时拥挤程度。借助于小程序,该博物院降低了导游讲解的难度,不需要通过人工方式反复告知游客最佳游览路线,提升了景区的服务效率。

2. 微信小程序的运营推广

小程序是一种基于场景的轻应用,很适合借助于某个特定场景或事件传播。

(1) 研究平台规则

在进行小程序推广前,必须先研究国家互联网信息办公室的相关规定及微信小程序的官方规则,避免违反小程序的基本原则,发生"踩红线"行为。例如,2018年1月30日晚,答题比赛类微信小程序"头脑王者"由于题目审查不严谨而违反《即时通信工具公众信息服务发展管理暂行规定》,导致该小程序被暂停服务。作为一款拥有上百万名同时在线用户的热门小程序,违反规则带来的经济损失及社会影响很大。

(2) 借助于场景推广

运营者需要分析用户的应用场景,结合场景进行产品推广方式的设计,使产品友好地"出现"在用户面前。部分常见互联网产品的场景推广如表7-1所示。

表7-1 互联网产品的场景推广

序号	互联网产品	切入场景	场景推广
1	"车来了"App	出行、等待公交车	在公交车站开展地推
2	"大众点评"App	饭店选择、饭店评价	在饭店及商场入口处进行地推
3	"新东方"官网	考研英语、百度搜索	分析用户热搜词,进行搜索引擎优化
4	"微信"支付功能	线下结账	联合超市进行海报宣传

小程序的推广需要围绕场景,做好以下两方面的工作。

第一,研究用户的微信使用习惯。小程序是基于微信的一款产品,因此需要分析用户在使用微信聊天、阅读、支付、游戏时的细节场景,找到小程序的线上最佳切入方式。

第二,分析用户的线下场景。运营者需要分析用户聚会、旅行、开会、学习等场景,尝试通过这些常见场景引出小程序。例如,新东方留学业务的大部分用户是学生及职场新人,这部分用户的常用交通工具是地铁,结合此出行场景,新东方将其小程序宣传广告投放至北京地铁10号线沿线,吸引目标用户扫码进入。

(3) 激发用户传播

场景推广需要运营者不断尝试新的创意并吸引用户关注,但过度依赖场景推广,会增加运营团队的人力成本,推广效果也会随竞品增多及推广周期变长而减弱。因此,小程序需要尝试让用户在场景体验后,自发参与产品推广,增加产品的用户数量。

用户传播有助于降低推广的人力投入和广告支出,有利于提升用户的认可度。如果小程序运营者将一部分广告费用回馈给用户,鼓励用户分享给好友,那么会得到现有用户的认可,提高用户的忠诚度。例如,星巴克的小程序"星巴克用星说"尝试将推广与社交相结合,用户在线下消费后可一键分享"立减金",其好友进入小程序即可领取"立减金"。

3. 微信小程序营销数据分析

小程序的后台数据有 6 个类别:概况、实时统计、访问分析、来源分析、自定义分析和用户画像。小程序数据分析主要有以下意义:第一,有利于运营者了解用户属性特征(包括性别、年龄、地域、终端机型等),构建粉丝群体画像;第二,有利于运营者分析各个页面的变化趋势,了解用户访问、留存等数据,从而掌握用户喜好,指导页面布局,优化迭代;第三,通过分析用户来源渠道,运营者能判断精准用户的来源途径,了解核心用户所在渠道,方便产品传播运营。

延伸阅读 7-2

轻应用的适用领域与未来发展

7.4 案例分析

7.4.1 微博营销案例——小米

2011 年 6 月 29 日,小米手机发布第一条微博,宣告小米手机进军微博。2012 年 12 月,小米与新浪微博达成合作,50 000 台小米 2 在微博开售,标志着小米手机微博营销的开始。截至 2022 年 6 月 1 日,小米手机微博粉丝数量突破 2 847.9 万,博文达到 23 820 多条,为其创造了可观的经济收益。

1. 微博定位

(1) 人群定位

小米对手机市场进行精准细分。首先把 25～35 岁年龄范围的消费群体视为主要目标客户,这个年龄段的人大都心态积极向上,乐于接受新事物,对市场的选择有自己独特的见解。然后在这个年龄段的用户群中再找到喜欢使用手机操作的用户人群,最终把手机发烧友确定为小米精准营销的客户对象。这群年轻的手机用户消费敏感性强,能够抓住消费时尚动向,消费行为容易引发消费群体的跟风。目标客户的精准定位为小米手机找到了市场空白点。

(2) 风格定位

小米手机微博的风格定位是艺术性人格定位,以独特的情怀和感觉,使人们对小米手机形成强烈的认知。不是用技艺压倒众生,而是与"米粉"寻找共同点,用艺术让"米粉"买单。

小米手机微博(如 2017 年 2 月 8 日发布的初音未来限量版、2018 年 5 月 8 日发布的大英博物馆联名版以及 2020 年 8 月 28 日发布的哆啦 A 梦限量版等)都做足了时尚、艺术和二次元的功课。小米手机艺术风格微博如图 7-6 所示。

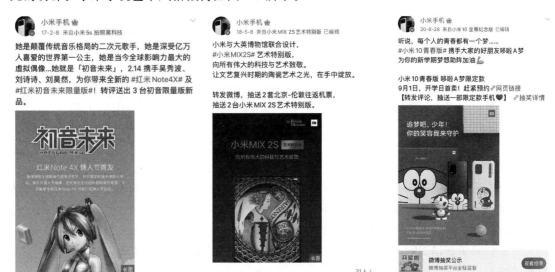

图 7-6　小米手机艺术风格微博(2021 年 7 月 17 日截图)

2. 微博设计

微博设计的风格直接体现了企业的形象。微博设计包括背景图片、微博头像、橱窗焦点图、微博简介、友情链接、自定义客服、领导和品牌账号以及企业标签等。在移动端 App 上,小米手机微博(查询时间是 2022 年 3 月 16 日)的背景图片是含有代言人的手机产品海报,头像为新款手机小米 12。微博认证是北京小米科技旗下手机品牌小米手机,代表其权威性。在微博认证下方可直接点击进入微博小店和粉丝群,微博小店中陈列有小米的新款产品及其详情页,使消费者在浏览微博的同时可以快速地了解产品信息,方便导流。在橱窗焦点图板块设置了视频、直播、文章和相册等,可浏览多个小米产品视频或一些广告信息视频,整体颜色明亮,清新素雅。微博简介是小米手机官方微博。基本资料中展示小米公司的其他微博,包括小米公司、小米之家、小米商城、MIUI 官网、小爱同学等,便于用户进一步接触和了解小米,为其增加关注量。橱窗下方是醒目的微博活动信息,方便用户第一时间确认微博活动的相关内容。另外,还展示了小米公司最近参与的超话和关注的微博群体。小米微博的设计简洁大方,信息完整清楚,是小米公司和微博粉丝高度互动的良好平台。

3. 微博矩阵

小米公司开设多个不同定位功能的微博,与各个层面的网友互动,以达到全方位塑造企业品牌形象的目的。小米在微博营销方面建立了一个完整的微博矩阵,如图 7-7 所示。

小米从一家普通的创业团队成长为明星企业,构建了庞大的生态圈,生态链中包含了小米自营的体系,如小米科技、小米通讯技术、小米软件技术等。而小米生态圈则由电商平台、移动互联网、智能硬件这三大模块组成,无论哪一个模块、哪一项业务,用户体验和用户至上都得到了有效的验证,而微博作为其载体所提供的数据和互联网思维起到很大的作用。小米通过微博的应用有效地扩大了消费场景,从首次消费到多次消费并最终引发用户群体能量的聚变,这些因素共同造就了小米神话般的发展速度。

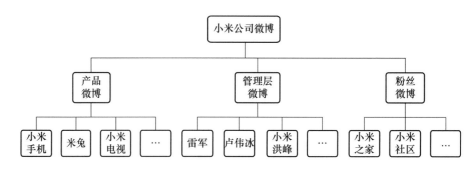

图 7-7　小米公司微博矩阵

4. 微博内容营销

微博营销最重要的是通过话题激发大量用户参与并传播,扩大微博信息的影响力。微博内容的策划是小米营销策略中的重要环节。

小米微博矩阵中的微博内容丰富,图文并茂,温馨和谐,有时会附上小视频,制造惊喜,也经常就一些时事新闻、娱乐消息发表看法。小米微博紧跟时事热点,制造舆论,标新立异,不时制造关注点。

内容是企业做品牌宣传、用户互动、产品推广的重要支撑,要将内容融合至品牌文化中,通过全员参与,贯穿到销售活动中。小米以微博发布的内容为基础与小米用户进行积极的交流,引发话题的热议及探讨。年轻人看重产品的各类功能参数,用数据来吸引用户是小米微博的重要内容。

小米将话题、视频或商业信息贯穿到微博营销上的例子很多,最经典的要数小米发布首款"青春版"手机时推出的名为《我们的 150 克青春》的视频所引发的"青春和回忆"话题讨论,米兔追忆了自己的大学生涯,引起了"米粉"的共鸣。

"我们的 150 克青春"话题事件的微博内容运营过程如下:从 2012 年 4 月 26 日开始,"小米公司"微博持续用漫画形式发布大学生活话题(图 7-8),主题有烧烤、小树林、入学送行、足球场、站军姿、食堂、教室、逃课、ATM、女生宿舍、图书馆占座、学生会、网吧通宵、小纸条、男生宿舍、毕业照、桌球室等,引发"米粉"共鸣,并制造悬念。

图 7-8　小米公司微博

2012年5月10日,微博推出首部米兔微视频《我们的150克青春》的相关话题。在微博中提到,只要网友在24小时内转发抽奖微博并@好友,每2小时送出5件MI TEE(T恤衫),通过抽奖活动继续扩大该话题的传播范围。5月11日微博推出关于《我们的150克青春》微视频预告,如图7-9所示,同样以抽奖的方式吸引更多的"米粉"讨论。5月11日继续发布漫画微博,主题有天台、下馆子、挂科、分手、打包行李、毕业照等。3天40万人报名关注"我们的150克青春"事件。5月15日推出微视频。该话题引发了全民普及和吐槽的病毒式话题传播,微博被转发200多万次,100多万名用户参与评论。

图7-9 小米公司青春事件微博

与文艺和青春相关的内容也是小米内容运营的重要主题,与小米本身的风格定位契合。例如,在2020年新冠肺炎疫情下的最难毕业季,小米手机微博上线毕业季短片,用内容感动年轻人,如图7-10所示。

图7-10 小米手机毕业季短片微博

5. 微博粉丝营销

小米的粉丝最初是一些铁杆的MIUI用户，他们从用户变成粉丝，最终加入小米工作，成为运营人员。这些铁杆粉丝时刻影响着其他用户，成为小圈子里的意见领袖。当粉丝抱怨小米某个功能不完善或出现应用错误时，小米团队会即刻做出反应并在下一个手机版本中进行改进。粉丝在微博互动中提出问题或建议往往会得到大力表扬，这让粉丝们拥有一种神圣的参与感。虽然他们没有亲自参与手机的研发过程，但是他们扮演了需求者、系统检测者甚至部分功能设计者的角色。因此，小米手机不仅仅是小米的产品，也是粉丝参与制造的产品。铁杆粉丝的深度参与使得他们对小米手机有着自然的亲切感。在小米产品发布会的现场，观众大都是小米的粉丝。这些粉丝直接转变成新产品的用户。

小米粉丝和小米用户有重叠性。2022年6月1日，小米手机的微博粉丝高达2 847.9万人，小米公司的微博粉丝达1 380.8万人。这两大群体通过网络媒介的精心运营，形成彼此互助的两大力量。这种制造商和消费者关系的新型模式初具后工业时代"以消费者为中心、定制化生产、网络化协作"的雏形。热爱小米的"米粉"永远位于小米微博营销的最前线。无论是顶帖、发表意见、对产品进行体验、对小米管理高层微博的转发还是对周边的品牌推荐等，"米粉"都体现了极强的参与感。"米粉"是小米最好的代言人。

6. 微博危机公关

2014年8月，央视在《每周质量报告》节目中曝光了小米移动电源等存在虚报电池容量等问题。针对央视的报道，小米在微博上进行了公开回应。小米在声明中表示，他们在央视报道前就已经和国家质量监督检验检疫总局相关人员取得联系，并表明参与抽样调查的小米移动电源并非是从小米官方渠道或授权渠道购买的正规产品。该声明称，小米一直严格按照电芯实际容量标注，并通过了国际权威机构SGS的严格检测。小米也提醒消费者，请一定通过小米官网等正规渠道购买小米产品。小米及时发布微博对危机进行了公关处理，没有让危机持续和蔓延，小米的处理方法十分见效，不仅解决了产品质量危机，还对产品的性能进行了宣传。

7.4.2　微信公众号营销案例——丁香医生

"丁香医生"是丁香园旗下专门针对C端普通大众人群的健康问诊及科普资讯服务的品牌。产品有专注在线问诊服务的"丁香医生"App和小程序，有以专注科普资讯、知识付费及电商的"丁香医生"微信公众号为主打的媒体矩阵（还有"丁香妈妈""丁香健康"等）。截至2021年7月，"丁香医生"App日用户咨询量过万，"丁香医生"微信公众号矩阵用户粉丝数超2 000万。

"丁香医生"公众号于2012年6月创立，最初是一款仅面向家庭用户的药品信息服务工具"家庭用药"，经过改善和摸索，另辟蹊径，挖掘了很多之前没有涉及的领域。通过不断地将有关医疗的知识细化整合，形成了既能进行知识传播，又能提供疾病问诊的新兴产业链。以健康知识的主题推送为契机，形成专属的消费群体，构建出了一条完整的产业销售链条。

1. 公众号的栏目设定

"丁香医生"公众号的栏目设定有消息、视频号和服务3个板块，如图7-11所示。

日常推送的消息包括以下主题。

① 不含广告的主推送健康科普文章，如图7-11所示的"奶茶喝多了，有个意想不到的坏处（不是长胖）"。

② 含有推广产品且与主推送文章相呼应的"好课""好物"等。

③ 丁香医生"直播间",直播内容包括健身运动、美容护肤、生活小妙招等与用户需求相关的主题。

④ 医疗专家说健康。"有医说医"栏目是医患问答,"健康百科"栏目是推送各类健康科普知识,"名医在线"推出不同疾病专场,提供在线问诊服务。

⑤ 以一页日历的形式分享健康知识的"健康日历"栏目等。

从发布时间统计看,公众号的推文一般分为3个时间段发布,即早上9:00—10:30、中午12:00—13:00以及晚上21:00—22:00,符合受众日常作息规律,能达到比较大的受众覆盖范围。

关注公众号后,在页面下面细分有3个服务板块,包括"下载App"、"问诊&疫苗"和"健康商品",如图7-11所示。"下载App"以推广丁香医生官方App为主,转移用户至其用户终端,在该栏目下另有疫情地图、查健康问题、看热门话题、看科普直播4个链接,可跳转到相关服务。"问诊&疫苗"是公众号的普惠服务栏目,包括特惠义诊、问诊福利包、名医问诊、疫苗预约等分栏目。在该栏目中提供服务的医生均为三甲医院的主治医生,有专家团队双重审核和6项监管措施。"健康商品"栏目包括丁香家健康商店、促销活动信息、合作/转载/招募、在线客服等4个细分栏目,跳转到商店后,营养补剂、控卡美食、口腔健康、个人护理等各品类商品应有尽有。合作/转载/招募栏目的功能是人才引进和伙伴合作,在线客服是对消费者问题的反馈和互动。

图 7-11　丁香医生公众号首页 (截图时间是2022年3月19日)

2. 推送文章的标题、内容与形式

"丁香医生"的推送文章标题疑问句使用频率较高,语言轻松、口语化,这与推送文章正文的风格契合。标题与正文的呼应体现在内容和语言风格两方面。"丁香医生"标题中经常使用代词,如《嘴唇干裂,别做这件事|DXTV057期》的标题,就用了"这件事"来代指文章中的具体内容,使读者必须点开正文才能得到答案,确保点击量。

"丁香医生"推送文章的主题较多样,贴近读者生活。其中关于"秋裤""脱发"等短时吸引受众的主题具有一定的时效性。幽默型的推送体现在"DXTV"视频模块和时事热点主题或者与粉丝互动中。严肃语言风格的推送一般是关于基本疾病防治、药品使用等方面的主题推送。

推送文章图文结合,让文章不单调乏味。图片的选取一般与自媒体轻松、幽默为主体的文本语言风格相关,使得文章带有一些幽默色彩。"丁香医生"DXTV栏目利用短视频的特点,传播碎片化知识,语言轻松诙谐,有趣亲切。从点赞数量看,读者对非广告类推送的喜爱程度高于对广告类的喜爱程度。利用评论区,"丁香医生"与粉丝群体拉近了距离,有助于其人格化传播。

3. 增加粉丝的技巧

(1) 账号本身的吸粉作用

呼吁用户将健康知识传播给关心的人,引导用户口碑传播,以增加粉丝数量。

(2) 微信公众号矩阵的导流和互推

丁香园品牌多年来沉淀了大量的粉丝,形成了品牌效应,并通过一系列的公众号打造了微信公众号矩阵,微信公众号矩阵形成的导流和互推为"丁香医生"带来了大量粉丝。

(3) 在其他平台上的推广

知乎上多次出现"丁香医生"的推荐信息,也有大量关于"丁香园""丁香医生"的话题讨论。

在知乎上推送关于健康类话题有上百万人关注,知乎的话题和广告位也给"丁香医生"带来了大量的粉丝。

4. 商业回报

"丁香医生"公众号的商业回报形式有以下几种。

(1) 知识付费

目前丁香医生推出的付费课程服务对象主要是妈妈群体,形式上包括音频和视频两种,栏目有"科学育儿""宝宝护理""孕产健康""女性健康"等。

(2) 电商平台

电商这部分的功能集中在"丁香好物馆"平台上,目前的切入点为母婴领域,售卖玩具、绘本、洗护用品、美妆个护等与妈妈和孩子相关的产品。

(3) 在线问诊

公众号中嵌入的"丁香医生"小程序引入三甲医院主治及以上级别的医生,为用户提供免费和付费的在线问诊服务。

7.5 微博与微信营销策划书

以微博营销策划书为例,介绍微营销策划书的主要内容。一个完整的微博营销策划书应包括以下几个部分。

1. 企业品牌和产品背景

介绍微博营销企业品牌和要推广的产品背景,明晰微博营销的策划对象。

2. 微博营销环境分析

利用相关的环境分析工具分析微博营销环境,基于环境分析对企业品牌和产品进行定位,明确微博营销的目的与意义。这部分的撰写关键点包括微博营销宏观环境分析、微博营销微观环境分析、微博营销SWOT分析以及微博营销的目的与意义等。

3. 微博营销的策划目标

明确微博营销策划的长短期目标是什么,根据目标执行微博营销。

4. 微博营销策划方案

该部分是微博营销策划书的重点,要明确微博营销策划的主要步骤,以及各个步骤如何细化执行。该部分的撰写关键点包括组建微博营销团队、确立微博营销定位、制订微博营销计划、执行微博营销、微博营销效果的评价与反馈。

5. 其他

该部分包括微博营销策划的时间规划、预期效果以及费用预算等内容,明确微博营销的执行细节。

拓 展 资 源

实 训 作 业

1. 实训任务

（1）微信公众号实训

选择一个微信公众号，提出其改进方案；搭建并尝试运营一个微信公众号。

（2）微博 IP 打造训练

小组讨论如何通过微博运营成为 IP，形成完整的运营大纲。

（3）微营销策划书撰写实训

小组协作撰写一份微博或微信公众号营销策划书，在课堂上展示。

2. 实训目标

训练运用微博与微信制订营销战略和计划的能力，协作完成微博或微信营销策划书的撰写，理论与实践结合，围绕创业企业展开，着重培养实操能力。

3. 实训要求

① 小组成员合作完成，集体讨论，分工协作，统一策略。

② 结合课堂实训教学内容与小组创新想法，思路清晰，策划完整。

③ 微博、微信平台二选一。

④ 建议 3 个实训任务在同一主题中深耕。

第8章 网络视频营销策划

视频是网络传播中最常见的应用之一,网络视频营销随着短视频和视频直播的火爆而逐渐成熟,成为当今企业有效的营销方式。尤其是创业公司没有大量的资金投入和成熟的传播渠道,网络视频营销能够实现小成本大传播。

8.1 网络视频营销概述

8.1.1 网络视频营销的定义

视频营销是以视频为载体,以内容为核心,以创意为导向,通过精心策划进行产品营销与品牌传播的营销方式。网络视频、电视广告、宣传片、微电影等都是视频营销的常见形式。

网络视频营销是一种建立在互联网技术基础上,以互联网为传播渠道、以视频内容为媒介的营销方式,企业借助于网络视频展示产品和服务、推广品牌。视频与互联网的结合使网络视频营销兼具互联网快速传播和多媒体生动形象的优势。

早期网络视频营销中的视频常以企业产品营销视频和企业形象宣传视频为主,企业将这类视频短片以各种形式放到互联网上,通过吸引观众流量达到一定的宣传目的。现今的网络视频营销形式越来越多样化。

网络视频作为营销工具的影响力近几年持续飙升。越来越多的企业制订和执行网络视频营销战略,越来越重视视频内容的重要性,努力挖掘产品品牌中的深层次内容,以更好地适应新的传播环境。网络视频营销策划也成为企业营销策划的重点工作。

8.1.2 网络视频营销的背景

网络视频营销不只是企业实现营销目的的一种手段,也是自媒体提升个人形象的一种营销方法。网络视频营销的价值提升与大数据时代的发展、消费者的广泛参与及视频平台的服务密不可分。

1. 大数据

在大数据时代,视频网站优质的内容资源为品牌广告营销提供了很多可能性及传播机会,品牌元素与视频内容的精准结合催生出了更具价值的营销方式。各大视频网站如爱奇艺、腾讯视频、抖音等,都建构了各自的大数据分析平台,通过大数据分析实现用户精准画像,实时掌握多维度动态的受众行为取向,为企业提供更丰富的视频营销服务。

2. UGC

UGC,即用户生成内容,指网友或客户将自制内容上传至互联网平台进行展示和传播。

UGC 是视频网站成功的重要推进力量,为了实现 UGC 营销,各大视频平台服务商相继推出了一些工具及平台服务,让用户和企业的 UGC 分享变得更便捷,如腾讯的"V+"、优酷的"拍客"等。企业通过 UGC 方式上传营销视频,可实现低成本营销。移动 UGC 成为视频营销新的增长点。

3. 社交

社交网络的兴起使企业生产和创造的与品牌相关的视频内容可以在社交媒体上传播推广,从而放大了网络视频的营销效果。大品牌可通过社交视频营销巩固其在消费者心中的地位;普通电商企业可利用社交视频营销内外配合,实现一站式触达销售。

为了满足广告主的需要,平台企业如腾讯以客户需求为核心,通过"立体触达""享受型体验""二次传播"构建视频营销闭环,形成以视频为源头、以微博和 QQ 空间为主要载体的关系链营销,让视频成倍曝光,将营销价值最大化。

4. 视频 RTB 广告

RTB(Real Time Bidding)广告即实时竞价广告,广告主通过竞价获得在用户面前展示的机会。RTB 广告的特点在于,广告平台(即供应方平台、互联网广告提供者)售卖的是访问这个广告位的具体用户,这个用户有自己的兴趣爱好,广告投其所好产生最大的收益。RTB 广告放大了网络广告的指向性和精准度,使需求方效益最大化。

8.1.3 网络视频营销的模式

网络视频营销的模式从企业对视频内容的参与度角度看,可分为企业制作视频营销和他人视频营销;从视频营销推广方式看,可分为视频贴片广告、原生视频广告和新型的互动视频广告。

1. 企业制作视频营销

企业制作品牌或产品的宣传片,传播品牌,促进产品营销。企业制作的视频包括演示视频和创意视频。演示视频展示实体产品的制造过程、安装和使用方法等,突出产品的核心优势和突出卖点。创意视频通过创意将企业产品品牌信息植入视频,找到合适的品牌诉求点,配合幽默、惊奇等元素进行推广。一个好的创意生成的小而美的视频可以带来轰动的传播效应。

企业制作视频根据其视频长短和内容丰富程度可分为长视频与短视频,前者以完整、清晰的故事线贯穿所有内容;后者以一种出乎意料的方式直奔主题。关于视频分类,一般长视频指网络剧,短视频或微视频是时长 20 分钟以内的视频。而企业制作的网络营销视频长短分类有所不同。

(1) 长视频营销

长视频的时长为 1~10 分钟,内容丰富,逻辑连贯。长视频营销通过讲述一个背景完整、叙事连贯、场景多变的长篇故事达到营销目的,多数视频时长为 1~5 分钟。长视频营销的优势是内容饱满,容易引起观众共鸣;发挥空间较大,可使用丰富的画面进行多维度展示。它的劣势是观众的注意力集中度会随着时长增加而降低,长视频营销对于内容的架构、场景的过渡要求高。内容新奇有趣、能够引起观众共鸣的长视频仍然具有较好的营销效果。

(2) 短视频(微视频)营销

短视频一般指时长短于 1 分钟的视频,也称微视频。短视频主题明确直白,可在短时间内吸引观众注意并留下深刻印象。短视频营销的重点和难点在于创意的构思和呈现,如果短视频的主题内容可以创新性地与观众达到共鸣,就可以在短时间内吸引观众。短视频营销的优势是时长短,观众观看意愿强;内容精炼,观众印象深刻。它的劣势是对视频的创新性要求很高。

在信息爆炸时代,用户的注意力越来越难集中,短视频营销的效果多数情况下优于长视频营销。抖音和火山等短视频平台为创业企业提供了低成本、高流量的营销渠道,因此越来越多的初创企业选择通过短视频营销拉近与观众之间的距离,许多创业品牌在短视频平台上定期发布短视频,以达到一定的营销、宣传目的。

2. 视频贴片广告

视频贴片广告是指企业将广告贴到他人视频上做推广。视频贴片广告可位于视频片头、插片或片尾,以及视频背景中,是视频中的"硬广"。视频贴片广告的强制性显示和广泛性存在使其成为一种成本较低、成效较高的营销方式。但视频贴片广告一般会在视频播放前或播放过程中自动播放,给用户观赏视频内容造成打扰,用户体验较差,接受程度也较低。为改善用户体验,有些视频广告已增加"跳过""角标"选项,将广告的点播权下放给用户,改善了用户体验,但降低了广告效度。

对于网站首页的视频广告和视频加载时播放的广告,广告内容与载体内容无关,类似于视频贴片广告。网站首页的视频广告一般是弹出式广告,广告时间控制在 5 秒以内,最快最直接地表达广告诉求。在视频加载之初播放的视频广告通常为 10~30 秒,跳出率低,可以完整播放,该类广告要有趣味性,并完整表达广告诉求。

3. 原生视频广告

原生广告(Native Advertising)是和产品环境融为一体,通过"和谐"的内容呈现品牌信息,不破坏用户的体验,为用户提供有价值的信息的一种广告形式。原生广告与网站融为一体,与用户接触更为精准、传播效果更具冲击力、与受众之间的关系更为融洽。

原生广告可以呈现在各种移动网络应用(如微博的信息流广告)以及传统的广告形式中。

原生视频广告指以视频形式投放的原生广告。早期视频营销中的原生广告是电视剧、电影中的植入广告,将产品信息植入剧中,达到宣传效果,一些看似不经意的摆设和台词都是经过了精心设计的推广方式。

原生视频广告的形式和内容与平台本身的形式和内容高度融合,看起来不明显。目前我国的相关法律法规规定,这种广告应当明确标明"推广""广告"字样。

原生视频广告有较高的创意性和可看度,较受用户青睐。不论是《来自星星的你》等网络热门影视剧,还是《向往的生活》等热门综艺节目,都是通过潜移默化地植入产品形象来影响受众,达到推广目的的。

原生视频广告包括形式原生视频广告和内容原生视频广告。形式原生视频广告是一种让广告作为内容的一部分植入实际页面设计中的广告形式,让用户自然地接收信息。形式原生视频广告包括信息流视频广告、压屏条、角标广告、边看边买等。内容原生视频广告包括冠名、联合赞助、创意中插、前期植入、后期植入、口播、定制视频等。形式原生视频广告标准化程度高,容易形成规模化;内容原生视频广告的可定制性更强,更容易打造出个性化的广告产品与服务。两者的区别如表 8-1 所示。

表 8-1 两种原生视频广告的区别

	形式原生视频广告	内容原生视频广告
概念	基于视频展现形式的原生	基于视频内容的原生
形式	信息流视频广告、压屏条、角标广告、边看边买等	冠名、联合赞助、创意中插、前期植入、后期植入、口播、定制视频等

续表

	形式原生视频广告	内容原生视频广告
特点	标准化	可定制
实用场景	品牌曝光＋效果转化	品牌曝光

4. 互动视频广告

互动视频广告(Interactive Video Ads,IVA)指在视频内容中添加了交互元素的新型广告,是观众可自主选择广告内容、决定剧情导向、探索隐藏内容的互动广告。互动视频广告作为一种趣味性的广告形式,在用户触达上可覆盖更广泛的人群;互动带来的参与感和趣味性能够更好地感染用户,提升用户对广告和品牌好感度。此外,针对用户对不同广告选择的倾向性,广告主可收集相关数据用以优化广告创意。从用户的角度来看,互动视频这种新颖的形式能够充分调动用户的好奇心,使其主动地选择观看广告内容,降低了用户对广告的排斥心理。广告不再是强制观看的干扰信息,这样就优化和提升了用户体验。

互动视频平台(Interactive Video Platform,IVP)通过增加互动功能、拼接完整剧情,最终将视频投放到平台上,帮助广告主便捷高效地打造出高品质的互动视频广告。

互动视频广告执行示意如图 8-1 所示。

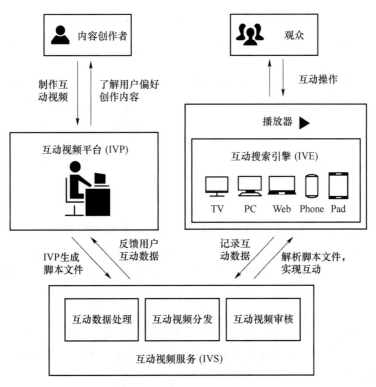

图 8-1 互动视频广告执行示意图

使用互动视频平台,广告主可以实现为视频添加分支剧情、视角切换、画面信息探索等互动功能,从而与观众产生互动。

① 分支剧情:该互动功能支撑观众基于自身立场或偏好进行选择,参与、影响广告剧情发展,不同选择进入不同的内容进行体验。

② 视角切换：该互动功能支持观众在多个视角间切换，进而从不同角色、物理位置等视角来获得不同的内容体验。

③ 画面信息探索：该互动功能支持将文字、视频等信息内容加入主视频中，并以自然沉浸的方式提示、引导观众探索，从而引出彩蛋剧情。

美国的互动广告局曾将网络视频互动广告分为交互广告、覆盖广告、邀请广告、伴随广告等。谷歌的互动视频广告以移动端为突破口，在手机上提供互动视频和互动插入式广告单元等，不仅提供投放服务，还提供相应的开发工具，帮助第三方广告商动态识别屏幕分辨率大小以及网速，支持其制作最佳的广告。

从广告内容与内容视频是否有关联方面看，互动视频广告可分为互动贴片广告和互动原生广告，前者与内容无关，后者与内容有关。

8.1.4 网络视频营销的优势

1. 成本低

相比于传统广告动辄投入几百万元、上千万元的广告费用而言，视频营销成本低，只需一个好的创意、一个专业拍摄团队，就可以做一个好的短片，免费放到视频网站上传播。

2. 目标定位精准

网络视频营销能精准地找到企业想要找的那群潜在消费者，通常只有对产品、品牌、视频内容感兴趣的用户，才会点击观看视频，进而持续关注，甚至由关注者变为传播分享者，将视频分享给有相同特征和兴趣的用户。

网络视频通过搜索引擎优化、设置好的关键词，可在搜索引擎结果中获得更好的排名。访客都是有需求主动搜索的用户，因此都是精准流量。企业把做好的视频上传到各大视频网站，设计好视频标题和标签，就可能有成千上万的人主动搜索相关视频，目标用户会点击观看视频。

3. 视频的营销效果好

在文字、图片、音频、视频这4种传播媒介中，视频涵盖了前3种形式，视频可以将要传播的内容立体地展现出来，形成形式丰富的视频内容，这种立体呈现形式对人的视觉和大脑感官的冲击力远大于图文广告。一个内容价值高、观赏性强的视频在让顾客全方位了解产品的同时，会锁住观众的心，与文字、图片、音频相比，视频更能形成人的情绪化反应，更能引起用户的情感共鸣。画面感能够缩短用户对产品或服务产生信任的过程，促使用户作出购买决策。

4. 互动＋主动

视频作者在发布视频时取好标题，可引发感兴趣的用户点击、评论和转发，形成互动。用户将视频转发到自己的博客或其他社交平台中，使视频实现主动性的"病毒式传播"，这一优势是电视广告所不具备的。

5. 传播快、侵权复制难

文字、图片都较容易被复制，而视频较难被侵权复制。在视频里加上网站信息和公司Logo，并在编辑时无规律地插入联系方式和企业网站等信息，别人很难复制篡改。同时，视频转发方便，只要复制粘贴视频的网址，通过其他网络渠道转发就可进行快速传播。

8.2 网络视频营销策划的内容

8.2.1 前期调研定位

企业在进行网络视频营销之前,首先应针对其产品或服务,对视频营销市场进行调研,调查行业背景,了解大众偏好,监测趋势变化。基于调研结果,定位产品视频营销的目标和内容。

网络视频传播的目标不同,视频内容也不同。网络视频传播的目标可分为品牌宣传类和产品销售类。这两类视频的呈现方式不同,品牌宣传类视频广告要找到与品牌形象的结合点来创作内容,以更好地诠释品牌精神、品牌主张;产品销售类视频广告需要让用户在短时间内切换视角,从"观看者"变为"消费者",通过极具代入感的共情化内容,撬动用户的购买决策,利于留存和转化。

完成视频营销内容定位后,需进一步明确营销的目标受众。视频营销内容为王,只有了解目标受众,才能为其创建有针对性的视频内容,满足目标受众的某方面需求。

8.2.2 网络视频制作过程的设计

网络视频营销定位完成后,需要选择一种合适的视频类型,进行专门的策划和设计。策划和设计工作包括对制作过程的设计和对视频内容的设计。视频制作过程如下。

1. 构思内容

内容是视频的灵魂,视频制作的第一步就是做好内容规划,传递一个清晰、明确的理念、故事,将产品和品牌信息完美地嵌入视频中,不影响用户对视频内容的理解和观看体验。

2. 剧本创作和故事线设计

拍摄前要设计一个完整的剧本,通过人物、对白、动作、情节、背景、音乐等元素设计,准确地向用户传达视觉效果和情感效果,引发用户共鸣。

3. 角色派定

如果需要通过角色来传递信息,那么角色选择需要符合视频和品牌定位,体现产品和品牌特色。

4. 视频拍摄

使用专业拍摄设备或移动设备拍摄特定外景或内景、拍摄剧情故事镜头,场景风格要与视频内容匹配。

5. 剪辑制作

将拍摄的视频整理成一个完整的故事,剪除多余影像,进行声音、特效等后期制作。在剪辑过程中要注意考虑产品和品牌推广信息的添加。

6. 压缩、格式转换和上传

视频制作完成后,将视频压缩成大小和格式合适的文件,上传到相关视频平台。

8.2.3 视频内容的策划和制作

在上述的网络视频制作过程中,内容构思和剧本创作是核心环节。

1. 通过建立期待打造视频吸引力

短视频内容创作的核心问题是如何打造视频吸引力,让人能"看下去"。要想让用户"看下去",需要建立期待。

在内容里埋上"诱因",诱因有很多种,如音乐、人物魅力、视觉奇观、身份代入、文案预告等,通过诱因植入的期待可以是会好笑、会好看、会感动等。

以抖音短视频内容的重要元素"音乐"作为诱因为例,不同的音乐风格会带给用户不同的情绪反馈,直接建立起相应的观看期待。例如:诙谐的音乐可建立"会好笑"的期待;煽情的音乐可建立"会感动"的期待;励志的音乐可建立"会很燃"的期待;而附带"反转梗的音乐"则可建立"会怎样"的期待。

2. 通过人群洞察生成优质内容创意

触发用户的观看动机,要深度洞察用户的真实诉求。洞察人群分为3类:消费人群、社会人群和参与人群,通过对每一种人群的洞察,都能够产出优质的商业内容创意。

(1)消费人群洞察

首先洞察产品的核心消费人群,了解其在购买和使用该类产品时最普遍的认知和行为;然后整理出"共性",植入内容创作,以建立最广泛的共鸣;最后给出解决方案如推介某款产品,才更具有说服力。

> **小案例 8-1**
>
> ### 水冷散热的 vivo
>
> vivo 某系列的手机目标消费人群为"爱玩手机的年轻人",先洞察这类人群在玩手机、买手机时最大的诉求和关注点。例如,害怕手机过热带来操作受阻,企业便可基于这个关注点来创作内容,给出新品手机的解决方案——"试试水冷散热的 vivo"。这样可使用户建立"会有用"的期待,带来更有效的转化。

(2)社会人群洞察

重点是根据传播目标来挖掘社会人群的共性,基于洞察通过内容创意来营造情境。

(3)参与人群洞察

分析平台上最火的内容是什么,包括热门视频、热门音乐等,找到它们火的原因,预埋能够激发用户互动参与的机制赋能内容创作,激发更深层次的互动。

3. 内容创作的常用方法

在深入洞察了用户需求后,就到了设置"诱因",以建立用户观看期待的内容创作环节。内容创作的常用方法如下。

(1)模仿法

模仿当下最热的视频,通过翻拍、使用原声或同款背景音乐、积极参与挑战赛等方式进行内容创作。也可在创作中基于自己账号的情况加入个人特色。在原视频的热度期,能形成较好的效果,得到更多的曝光。

(2)二次创作法

根据热搜、新闻以及知名影视剧等,进行发散创作。相比于简单的模仿,这样的创作形式更深入,且能很好地与热点挂钩,赢得流量。

（3）反转法

大家预想的事件的发展结局是 A，可以抛弃这个点，另辟蹊径，转换结局，让它出其不意发展成 B，这样的方法在剧情类视频爆款中很常见，反转设置得越多，剧情的可看性越高。

（4）专业提取法

将自己的专业知识储备通过简单易懂的方式传递给用户，这类方法适用于垂直类内容创作（如美妆、汽车、母婴等），容易获得黏性高、有需求的粉丝。

（5）生活观察法

发挥民间智慧，记录你和家人、朋友身上发生的故事，提取其中的精华进行内容创作。接地气的生活更容易获得普罗大众的共鸣，从而能达成更好的传播效果。通过生活观察法，从第一人称视角来记录生活、情感，容易拉近与用户的距离。

4. 常见爆款内容的主题点和结构

爆款视频往往具备以下主题点中的一点或几点：热点、笑点、知识点、正义点、冲突点、泪点，这些主题点导向的价值核心是让用户产生共鸣点。

好的视频内容本身有相对稳定的结构，其要点如下。

① 亮出关键梗，不要挑战用户的耐心，这是提升完播率的关键。

② 控制好内容发展的节奏，设置足够多的诱因来"吸"住用户，包括音乐、人物关系等，避免因内容枯燥带来的用户跳出。

③ 在视频片尾要做到出其不意，有惊喜，有反转，有互动鼓励，以促进用户反复观看，提升复播率和互推场景。

小案例 8-2

爆款短视频《啥是佩奇》

一支 5 分多钟的短视频《啥是佩奇》引发了全网刷屏。在该视频中，长期生活在农村的爷爷给城里的儿子打电话，问小孙子想要什么东西，一句"想要佩奇"让爷爷问遍全村人，跑遍所有路，只为找到孙子想要的"佩奇"，尽管爷爷不知道"佩奇"是什么。

首先，以这种打问号的手法让观看视频的人印象深刻，一开始便抓住人们的好奇心，围绕"啥是佩奇"的疑问展开叙述，情节安排得当，该视频恰好在年关放出，放大了人们期盼回家过年见父母家人的迫切心理。其次，空间维度拿捏恰当，利用人文关怀这一亘古不变的主题给即将上映的电影埋下伏笔。

8.2.4 网络视频营销的运营模式

网络视频营销的运营模式是从运营角度来讨论网络视频的投放和运作。

1. 硬广投放

通过付费的形式达到品牌曝光和宣传的目标。网络硬广是最传统的一种广告形式，按时间段计费，在此时间段内不论该广告位点击次数和访问次数多少，费用不变。硬广投放面对人群广，适合提升品牌知名度的品牌推广投放，对销售的直接拉动效果不明显。

2. 内容植入

短视频内容植入形式多样，如节目冠名、口播植入、品牌和产品露出等。常用的品牌和产品露出有如下几种方式。

(1) 台词植入

通过演员的台词把产品的名称、特征等直白地传达给观众。该方式直接，容易获得观众对品牌的认同。台词衔接要恰当、自然，强行插入容易引起观众反感。

(2) 道具植入

将需要植入的物品以道具的形式呈现在观众面前。该植入方式直观，品牌和产品宣传"润物无声"。但如果太频繁地给道具特写，广告特征明显，也会让人不适。

(3) 场景植入

把品牌融进场景背景中，通过故事的逻辑线使品牌自然露出。例如，在2017年的热播剧《我的前半生》中，海尔为女主角罗子君定制了一套智慧家电。在第20集中，老金带了一堆食材到罗子君家，他边打开冰箱边念叨："你看你这个冰箱，有干湿分离的功能，像茶叶什么的，你一定得放在这个干区里，还有面包、水果、牛奶，你放在这个湿区里……"这种场景的植入凸显了海尔冰箱的干湿分储功能，非常成功。

(4) 奖品植入

在视频中通过发放奖品来引导观众关注、转发、评论，如发放某店铺的优惠券、某产品的代金券或直接抽奖等。

3. 内容定制

通过拍摄相关产品内容，引发传播。例如，在京东秒杀日时，采用内容定制的方式，通过定制短视频，将京东超级秒杀日的信息传递给用户。视频定制营销的内容与产品密不可分，完美结合，可以流畅、形象地传达产品利益点。要重视视频内容的故事和情节，因为视频首先是一个可消费的内容，其次才是一个广告。

4. 网红活动与 KOL 选择

通过选择和产品相符的网红和 KOL（关键意见领袖），利用他们的影响力，触及他们背后的粉丝群体，激发用户的深度参与。

随着短视频应用的爆发性增长，短视频 KOL 的营销价值凸显，短视频 KOL 营销成为企业营销的新方式。凭借优质内容、粉丝影响力和细分领域的专业能力等优势，KOL 成为影响消费者心智的关键因素。

基于短视频平台的内容营销，不论通过 KOL 拉动还是通过 UGC 产生，都和垂直场景强关联。不同垂直场景与短视频的匹配度或关联度有所不同，关联越强越容易产生购买效应，短视频能快速刺激多巴胺，用户面对 KOL 容易冲动下单，购买决策链条短。

企业可根据需要和营销目标，选择与不同类型的 KOL 合作，可以在 KOL 视频中投放、植入或定制广告。与短视频头部 KOL 投放广告相比，中腰部 KOL 投放成本低，试错成本相对较低。中腰部 KOL 的转化效果也较理性，受众对中腰部 KOL 推荐的产品兴趣度更高，粉丝评论中有更高的比例与产品相关。

对于创业公司而言，中腰部 KOL 是最佳的选择。中腰部 KOL 的核心优势和竞争力如下。

① 触达圈层的影响力强。垂直化的 KOL 已建立了各自的流量圈地，中腰部 KOL 的内容在垂直领域的针对性更强。

② 真实，可信度高。中腰部 KOL 的粉丝和流量相对更真实。相对于头部 KOL，小众但精准度高的中腰部 KOL 粉丝的质量和转化率相对较好，投放效果突出。

③ 用户参与度高。中腰部KOL更重视与粉丝的互动,更适合向粉丝输出品牌理念,产生共鸣。

④ 内容相关度高。头部KOL粉丝互动的内容与KOL个人相关性更强,而中腰部KOL的粉丝对于介绍的产品有更高的关注度。头部KOL更具有扩散优势,更适合做品牌曝光,中腰部KOL粉丝购买动机更强。

⑤ 情感引导能力强。KOL社交媒体营销的价值在于情感引导,信任度可直接带来产品的转化。头部KOL的营销指数(也就是覆盖声量)更高,而在情感指数和实际购买意向方面,中腰部KOL的表现力更好。

⑥ 投放性价比高。中腰部KOL投放成本低,转化好,性价比高。

5. 账号运营

企业建立官方账号,传播自制内容视频,进行持续化的社会传播,保持品牌方和用户的长期有效沟通。例如,长隆度假区在抖音上开通官方号,每天发布抖音作品,宣传度假区的各个景点等。

6. 整合营销

整合营销是指汇集多种新兴营销方式,品牌方在构建的营销矩阵中触及关注、兴趣、搜索、购买和分享各个环节。例如,将直播营销和短视频营销进行整合,对直播内容进行剪辑加工,作为短视频二次传播,进一步扩大新品的关注度,弥补直播在营销上传播力的不足。

8.2.5 网络视频营销平台的选择

网络视频无论采取什么方式运营,都涉及视频平台的选择问题。选择平台,首先要了解不同平台的特点。

1. 主流内容视频平台的特点

目前主流视频内容平台有抖音、快手、小红书和B站等。抖音、快手用户规模体量庞大,2020年8月,抖音(含火山版)平均日活用户超6亿人,2022年第一季度,快手平均日活用户为3.46亿人。四大内容平台用户画像清晰,定位的目标群体各不相同。抖音侧重于一、二线城市,主打潮流类产品;快手则侧重于下沉市场,以高性价比产品为主要带货类别;特色化平台小红书及B站精准定位一、二线城市的女性用户,专注"Z世代"建设,主打美妆时尚类消费品、二次元及IP衍生品。

(1) 抖音

2016年9月,抖音短视频上线,通过抓住用户碎片化的移动使用场景,掀起了一场短视频风潮,实现了爆发式增长。抖音平台的特点如下。

① 用户群体量大。抖音平台的用户量大,且用户边界不断扩展,用户多元化,活跃度高,使用频次高,黏性强。

② 流量分发逻辑以"内容"为中心。抖音以滚动式推荐为主,流量分发的核心是算法和内容质量反馈,粉丝关注成为次要标准。平台基于内容质量给予短视频初始流量池,推送给相关用户及部分粉丝,根据完播率、点赞率、评论率、转发率等反馈指标进行下一步流量分配。管控较强的分发逻辑易于制作爆款和获取粉丝,但不利于社交属性的发展。初次流量分配后,较好的内容反馈可获得二次甚至三次流量推荐,进而扩大优质内容的辐射范围,打造爆款视频。同时内容创作者凭借单支爆款视频获取十万甚至百万粉丝的概率较高。用户通过优质内容连接KOL,无法快速建立对创作者个人较高的信任度。

③ 以广告营销和电商变现方式盈利。专注于内容及强曝光度的广告营销是抖音的优势业务。官方任务接单平台是星图平台，为品牌主、MCN 和明星/达人提供双端服务并从中抽成，同时给予 MCN 签约型创作者相关优惠。该平台为商家、MCN 及达人提供订单接收、签约达人管理、项目汇总、数据查看等服务。电商变现以短视频带货为主，通过自有＋第三方双线引流便利用户。从布局 DOU＋、商品橱窗、抖音小店、自建电商小程序等一系列产品，到完善抖音购物车功能、打通"鲁班"功能，抖音为网红电商提供了全面的自有产品体系。抖音接入第三方平台，如淘宝/天猫、唯品会、京东等，缩短了粉丝购物决策的时间。

④ 短视频吸粉＋直播变现的双渠道模式。自 2018 年抖音引入直播后，多数 KOL 选择以短视频积累粉丝，同时借助于直播引流变现。KOL 以短视频吸引的粉丝群不会因内容过度商业化而流失，并且直播中信息交换的即时性有利于主播与粉丝之间的黏性转化为购买力。抖音独特的算法模式给予 KOL 相对均匀的曝光度，粉丝数量较少的 KOL 或凭借优质内容可以获得更多传播机会，商业潜力大。同时，抖音也会为品牌方提供大量头部 KOL 资源，支持 KOL 结合品牌特征挖掘内容创意，带动品牌更好地吸引目标用户。以彩妆及个护品牌为例，御泥坊依托头部 KOL 集中投放，屡出内容爆款，在视频带货榜上获得了最佳投放表现。

（2）快手

快手在 2012 年完成转型，从一款用来制作、分享 GIF 图片的手机应用转型成为短视频社区，并在 2015 年迎来市场爆发。

① 快手男性创作者和男性用户更多。快手创作者相对下沉，快手对于四线及以下市场覆盖更深入，下沉市场的"老铁"们更愿意活跃在快手上。

② 流量分发逻辑是"普惠式"的。快手基于社交＋兴趣进行内容推荐，优先基于用户社交关注和兴趣来调控流量分发，主打"关注页"推荐内容。

"普惠式"分发机制不易制造爆款，但能造就独特的"老铁关系"，弱运营管控降低了平台内容质量的稳定性，瀑布流式则影响用户沉浸式体验，限制了视频内容的辐射范围。但弱运营管控直接"链接"内容创作者与粉丝，增加双方黏性，沉淀私域流量，诞生了信任度较高的"老铁关系"。据 QuestMobile 统计，2019 年 6 月，快手活跃用户 7 日留存率达到 84.4％，位居短视频 App 之首，留存率仅次于微信。

③ 以广告营销、直播打赏及电商变现为主实现商业变现。相较于以广告营销为主的抖音，快手依托独特的"老铁关系"，在直播领域更具优势。广告营销以"快接单"平台运营为主。平台以双轮模式驱动，围绕定制化或标准化模式接受商家发布的商品推广等任务。电商变现以直播带货为中心，打通主流平台。平台围绕"老铁关系"形成"先认人再认货"的商业转化模式。

（3）小红书

小红书打造了高活跃度、高用户黏性的分享社区，通过搭建自有商城，实现了从种草到消费的商业生态闭环。2021 年 7 月，用户量突破 3 亿，月活用户量达 1 亿多，用户画像为一、二线城市的 90 后女性，用户购买力较强。内容形式为图文笔记和短视频，美妆、护肤为核心优势品类。

① 平台用户有消费意愿。小红书早期是围绕着推荐产品做内容，很多用户是奔着买东西去的。小红书与抖音不同，抖音是娱乐化平台，用户为了娱乐刷抖音，没有消费意愿，而小红书用户是有购买意愿的。在小红书上进行推广，转化效果更好。

② 用户消费水平高。小红书早期的内容大多是推荐高端产品，打造贵妇生活。

③ 能做百度搜索优化。用手机端百度搜索美妆、个护等领域的关键词,可以看到大量的小红书笔记。只要关键词排名做得好,小红书就能从百度获得自然流量。

(4) B 站

B 站(哔哩哔哩)是一个高黏性、高活跃度、高内容质量的弹幕视频社区。根据 B 站发布的 2021 年第四季度财报数据:第四季度平均月活用户(MAU)为 2.72 亿人,每日活跃用户(DAU)为 7 220 万人,月均活跃 UP 主数量为 304 万,月均视频投稿量为 1 088 万。用户画像为一线及沿海城市 90 后,粉丝与 UP 主的关系黏性强,视频内容以动画、游戏、生活类为主,二次元周边、IP 衍生品带货潜力大。

① 平台用户黏性强,活跃度高,弹幕互动形成特色。B 站用户日均使用时长长,2021 年第四季度用户日均使用时长为 82 分钟,会员留存率高;日均视频播放量大,2021 年第四季度,日均视频播放达 22 亿次。观看者用弹幕方式抒发情感,与 UP 主及其他用户互动。

② 平台内容以 PUGV(专业个人用户制作视频)为主,社区文化多样化。B 站用户观看的视频都是 UP 主创造的 PUGV,视频质量有专业水准,视频运营灵活自由,B 站的内容自产自销,吸引很多发烧友粉丝,形成融洽的兴趣社区和独特的社区文化。

③ 截至 2021 年 8 月,B 站已经形成了 200 万个文化标签、7 000 个核心文化圈层及多样性的生态内容。UP 主不断探究新内容,推动社区文化积极有序发展。

2. 平台的选择

(1) 平台调性和内容定位是否匹配

每个平台都有各自的属性、特点及用户。例如:今日头条用户男性多,比较适合投放科技类、汽车类短视频;而美拍用户多为年轻女性,适合投放美妆、时尚类短视频。如果短视频是游戏方面的,就更适合 B 站这类游戏用户聚集的平台。

选择渠道前需思考短视频的定位及营销的目的,全面了解各平台调性与用户特点,看与自己的目标用户是否吻合。

(2) 了解并适应平台规则

与平台调性一致的内容,会更受平台欢迎,企业需要自我调整,使短视频内容符合平台的要求。平台用户也有各自的偏好,推广企业需根据平台用户进行相应的修改,以便更容易被平台观众接受。视频多渠道分发时,可视不同平台规则分别剪辑视频。

例如,抖音评价在冷启动环节中的表现时主要看点赞量、评论量、转发量、完播率这 4 个指标,因此想要获得推荐,就必须在视频发出之前,发动资源提升这 4 个指标:在视频描述里,引导用户完成点赞、评论、转发或完整观看视频的动作,设置一些互动问题,引导用户留言评论;通过回复用户评论,提炼视频核心观点,引导更多用户参与话题讨论;提前准备"神评论",视频发出后,发布到评论区,引导用户围绕这个话题展开更多互动。

(3) 获取渠道资源

一个好的平台推荐位至关重要,如果可以获得好的平台推荐位,如绿色通道等,就可以将其作为内容分发的重点渠道。

(4) 调整发布时间

根据用户使用习惯,选择发布时间。一般视频发布时间选择工作日中午 12:00、下午 18:00、晚上 21:00—22:00 或周五的晚上以及周末。

(5) 积极参与平台活动

上热门的方式有很多,简单而又效果好的方式是利用平台的"热门挑战"功能。以抖音为例,在抖音上每天都会有不同的挑战,可以先根据综合的对比来判断话题火爆的潜力,然后选出最有可能会火的话题进行模仿,从而提高被推荐的概率。

8.2.6 视频数据分析

跟踪和分析视频效果,有利于针对性地改进视频效果。衡量视频效果的指标如下。

① 参与率。视频获得了多少次互动?用户观看视频的时间是多长?参与率显示内容的质量以及视频是否过长。

② 查看次数。视频被观看的次数是多少?每个平台观看次数是多少?

③ 播放率。播放率主要指在每个平台上有多少独立访问者点击了视频播放按钮,从这个数据可以得知受众对不同平台的使用情况。播放速度可能受缩略图、副本或视频大小的影响。

④ 社交分享。社交分享指视频在社交媒体上被用户分享了多少次。如果用户对视频感兴趣或认为视频内容价值较高,就可能会转发。若视频被大量转发,就意味着内容与潜在客户产生了共鸣。

⑤ 评论。若用户在视频下方留下评论,则可以利用这些反馈信息制作能够与观看者保持良好互动的新视频。

8.3 网络视频营销传播的策划

网络视频被投放后,为了使它发挥更好的传播效果,需要进行整体的规划,因此网络视频营销传播的策划也是网络视频营销策划的重要内容。

8.3.1 用户参与营销策划

吸引用户参与视频创作和传播在营销传播中能够达到事半功倍的效果。

1. 用户参与创作

互联网的快速发展为网络用户提供了良好的自主创作条件。在各大视频网站上,观众不再只是被动地接收各类信息,而是可以自制视频并上传至网站和他人分享。因此,企业可以把广告片以及一些有关品牌的元素、新产品信息等放到视频平台上吸引网络用户的参与。企业可以通过以下方式吸引用户自主参与网络视频营销。

(1) 征集创意作品

可向用户征集视频营销创意点、视频广告短片,或通过大赛的方式获得相关创意。

(2) 发起对新产品的测评

可以发起对新产品的试用或测评活动,鼓励用户分享使用体会。AI换脸软件发起的"AI换脸挑战"通过用户参与的方式引发了一波换脸潮。AI换脸软件是一种利用深度学习技术识别和交换图片或视频中人物脸部图像的工具,也被称为深度伪造(Deepfake),制作过程简单,逼真度惊人。很多用户通过它制作视频并上传,如徐锦江版的海王、杨幂版的黄蓉等。软件所定位的目标用户是对新奇事物接受较快的互联网用户,这类用户在看到别人上传的视频后,自己也会因为新奇而体验并上传换脸视频,AI换脸软件正是借助于这些视频的病毒式传播达到了很好的营销效果。

(3) 发起话题挑战

话题挑战的核心是在预埋好能够激发最多用户低门槛参与动机的同时,设置好首批追随者(即 KOL 众创),让首批追随者带动更多的追随者自主参与,实现营销的破圈,从圈层爆款逆袭成为大众爆款。

例如,"不怕辣"挑战是一家韩国的火鸡面品牌面向全球消费者发起的一项挑战,挑战者在食用一整杯火鸡面的过程中,不被辣出眼泪即视为挑战成功。看似"简单"的规则吸引了很多人参与挑战,而大部分挑战者都败给了火鸡面的超辣口味。很多用户参与挑战,并上传视频,各种表现让人捧腹。

用户参与创作在宣传产品的同时,也可以帮助企业跳脱出自身思考框架的限制,对用户的想法有更深刻的了解。

2. 用户参与传播

网络视频可借助于互联网实现快速高效的精准传播,实现病毒式营销。传播过程是,起初对产品、视频内容感兴趣的用户率先关注视频,然后这部分用户由关注者变为传播分享者,而下一阶段的被传播对象是有着和这部分用户一样兴趣特征的人,这一系列的过程实际上是在潜在目标用户群体中进行的精准筛选传播。以视频为载体展开的网络营销是指经过用户的口碑宣传,使信息像病毒一样传播和扩散,应用快速复制的方式将信息传向数以万计的受众。该种传播方式是建立在强有力的"病毒携带者"和具有创意的视频基础上的。

病毒式营销通过提供有价值的产品或服务,"让消费者告诉消费者",通过他人自发地为营销者宣传,实现"营销杠杆"的作用。病毒式营销的优势在于宣传成本低。

小案例 8-3

何同学的用户参与设计

"我拍了一张 600 万人的合影"的案例体现了用户参与的魅力。微博视频博主"@老师好我是何同学"在微博和 B 站粉丝数总和突破 600 万之际,选择用视频的方式为粉丝送出"豪华宠粉大礼",600 万名粉丝的 ID 被 4 亿像素相机记录在一张 360 度全景照片内,实现了博主与 600 万名粉丝的历史性同框。粉丝可在指定网站上找到何同学上传的全景图片,并根据 ID 的字数和开头找到自己的 ID 名,这使粉丝用一种特殊的方式出现在视频中。有网友感叹:"理科生的浪漫太震撼了!"很多网友在照片中找到了自己的 ID,转发到社交网络上并称:"感动到此生都不会更改账户名。"

8.3.2 事件营销策划

网络视频的事件营销是指策划有影响力的事件故事拍摄成视频传播。有事件内容的视频更容易在潜在目标用户群体中传播,网络视频事件营销的价值不可小觑。

事件营销策划有两个要点。

① 企业或自媒体运作的事件应注重社会道德和社会责任的规范,策划的事件要保证对消费者无任何负向影响。

② 事件营销的着眼点在于制造或放大某一具有新闻效应的事件,引发媒体自觉报道宣传,从而吸引公众的注意力,因此事件营销的深层次运作就是借助于传媒力量将形象与热点事件相结合。

1. 热点事件营销策划

制造或借助于热点事件开展视频营销传播是事件营销的常见做法。热点事件关注度高,借助于热点事件讲述品牌故事，品牌和事件融合传播，能够达到理想的传播效果。

小案例 8-4

短视频《三分钟》的热点事件营销

iPhone X 的《三分钟》是由陈可辛导演的短视频，该短视频使用 iPhone X 拍摄剪辑而成，而它之所以能够成为事件营销的经典案例，原因有二。

① 紧抓热点：中国人最重视的节日是春节，在社会节奏越来越快的时代，人们对于亲人相聚的传统节日越来越重视。《三分钟》以春节为主题，抓住了大众关注的热点事件，吸引了观众的眼球。

② 洞察人性，细节制胜：《三分钟》描述的是春节期间，一位列车员因为工作原因和孩子只有三分钟的团聚时间，故事的情节令人感动，视频的背景音乐，人物的台词、表情、出场顺序等都带领观众朝着既定的主题走心、入情。

2. 危机事件营销策划

危机事件营销策划的核心任务是化解危机，提升企业形象。网络视频《卑微小钉，在线求饶》的传播显示了网络视频借危机事件传播、有效化解危机的威力。

小案例 8-5

短视频《卑微小钉，在线求饶》的危机事件营销

2020 年春季，受疫情影响，很多学校延期开学，教育部下发了"停课不停学"的通知后，全国各地的教师们化身"全职主播"，通过直播为学生们上网课。

钉钉作为 2019 年教育部公布的首批教育移动互联网应用程序，成为大多数教师上网课的首选，收获了巨大的流量。有数据显示，钉钉在疫情防控期间的累计下载量超过 10 亿次，一度超过微信的下载量。

可有些学生却不乐意了，明明可以延长寒假继续玩，却因为定时上网课，使梦想破灭，网络一代立马拿起手机反击。一时间，不管是在苹果商店还是其他平台，钉钉都被淹没在一星差评的海洋中，来自 B 站的"鬼畜"文化更是将这场差评潮带向高潮。B 站拥有大量年轻乃至低龄用户，钉钉和网课自然也成为他们疫情防控期间关注的焦点，并且他们用特有的"鬼畜"文化，表达了对钉钉的"深恶痛绝"。

在大量热门"鬼畜"视频中，钉钉都被作者塑造成了反面形象，诸如"授课直播 老师讲评 我活在梦里""你钉起来真好听，像午夜的凶铃"之类的吐槽比比皆是，这其中有学生们因为假期学习而产生的牢骚，也暴露了钉钉网课确实存在的服务质量差、服务器卡顿等诸多问题。随着负面口碑的持续发酵，钉钉的危机公关问题已迫在眉睫。

2 月 16 日，钉钉在 B 站官方账号发布鬼畜歌曲《卑微小钉，在线求饶》，表达了对"少侠们"的服软，阐述了自身的难处。视频放出后一下子就击中了"少侠们"的爽点，使他们既能看到偌大一个品牌向他们"低头"，满足了群体虚荣心，又能从"鬼畜"视频中找到文化认同感，不仅钉钉的评分开始回暖，B 站中也开始出现为钉钉"洗白"的热门"鬼畜"作品，随之而来的媒体报道和热议为钉钉带来了正面的二次传播。钉钉求饶视频界面截图如图 8-2 所示。

图 8-2　钉钉求饶视频界面截图

8.3.3　整合营销传播策划

每一个用户的媒介和网络接触行为习惯不同,这使得单一渠道的视频传播很难达到最佳效果。要想实现较好的网络视频营销效果,企业可从以下几方面实现网络视频的整合营销传播。

(1) 形象整合

形象整合的目的是确保视频信息的一致性和媒体传播的一致性。这里的一致性指的是视频所有的视觉要素之间的一致性以及在不同媒体上投放视频内容的一致性。为了实现形象整合,企业需要在网站平台上建立官方账号及专区,以确保视频传播源的权威性和规范性。专区可以在吸引潜在目标用户进行订阅关注的同时,增加用户的黏性。

(2) 协调整合

协调整合指营销传播要素之间的整合。为实现这一层次的整合,企业应与流量社交平台合作(如微博、微信等),在扩大用户接触面的前提下促进用户自主转发传播,提升视频的影响力。

(3) 基于消费者的整合

网络视频营销要精准定位消费者,通过促销、吸引消费者自主营销等整合营销方式提高目标消费者的参与度。这一层整合是整合营销的最高层次,是基于消费者的营销策略的整合,能够使战略定位的信息直达目标消费者的心中。

延伸阅读

B 站短视频《后浪》的整合营销传播

8.4 案例分析——李子柒的视频策划与传播

2020年8月17日,李子柒新媒体账号的国内微博粉丝数量为2662万,哔哩哔哩粉丝数量为678万,YouTube订阅人数超过1190万,平均每条视频都有千万播放量,这创造了"李子柒现象"。在YouTube上,国外受众将其称为"东方美食生活家",许多人表示因为她而开始关注和了解中国文化,学习中文。李子柒的视频内容所呈现出的文化吸引力和价值观,助力了中华文化的海外传播。

1. 定位年轻受众

李子柒视频的人群定位是年轻受众。通过百度指数的人群画像功能发现,李子柒的粉丝群体年龄集中在20~29岁,女性多于男性,这类群体会主动获取有关李子柒的信息并分享,在视频观看上有着较强的主动性。"受众为王"是新媒体传播的核心准则,进行精准的受众画像,重视受众体验,内容上精耕细作,才能实现有效传播。

2. 定位古风美食内容及中华文化主题

李子柒的视频属于原生态的美食短视频,通过传统与时尚、美食与文化的有机结合,赢得了海内外粉丝的认可。

李子柒的视频定位于"古风美食",完美地呈现了海外受众理想中的"中国风"特色美食,成为众多美食节目中的独特存在,既传承了中华文化,又映射了人们对理想生活的愿景。李子柒视频的浪漫、唯美、田园风格,是能够突破语言障碍的共性符号,是赢得海外受众理解和肯定的关键因素。

李子柒的视频中所呈现的"中国风"实际上是中华文化中所独有的田园文化,并以传统文化符号的形式呈现。在与受众的长期互动中,经由自身内化的情感,以及文化意识层面的沟通,逐步构建起长期稳定的良性互动关系,达到文化的浸润式传播效果。这种隐性、柔性的传播方式符合海外受众的接受习惯。通过对宏大文化主题的内涵化,将温情、孝顺、和谐等传统精神文化元素巧妙地融入生活场景之中,无形中激发了海外受众了解中国的兴趣,实现了中华文化"润物无声"般的传播效果。

3. 制作精美视频

精美的视频制作使受众观看视频、了解美食的同时,获得美的享受。

① 拍摄。李子柒的视频拍摄专业,画面质量高,看李子柒的视频时,好的声音效果配合唯美的画面,给人身临其境的感觉。

② 服装穿戴。在每一期作品中,李子柒的服装穿戴都很讲究,服装的搭配与内容呼应,突出内容主题。

③ 环境选择。在视频中,李子柒生活环境优美,跟随李子柒一双善于发现美的眼睛,受众被带入美的境界。

4. 全面传播运营

李子柒没有固定单一的视频发布平台,在国内很多视频网站平台(包括优酷、微博、抖音、B站等)上都有官方账号。李子柒在海外的YouTube上也有账号,是该网站上很火爆的中国文化传播者。

与在国内视频网站上发布不同,YouTube的推荐机制以"内容为王"为原则,视频的观看时长是评判推荐价值的核心指标。虽然亮眼的标题和封面能够增加点击量,但YouTube更看重的是完播率,这就对视频内容的专业生产提出了较高的要求。除了文案还要涉及音乐版权、粉丝互动、市场公关等诸多领域,再加上不同平台的推荐机制不尽相同,以及变现模式的多种多样,必须要有MCN机构的专业支持与全面运营。李子柒的海外成功离不开MCN机构的专业运作。李子柒视频的拍摄大多需要数月,需要从大量的拍摄素材当中剪辑出时长为十几分钟的短视频,需要强大的专业团队支撑。MCN机构的全面运营为李子柒的海外走红提供了重要助力。

5. 视频带动热卖

视频带动观众食欲。在李子柒的螺蛳粉视频中,她亲自去山中采摘新鲜竹笋,用山泉水腌制酸笋,在自己家的菜园采摘豆角,用鸡汤熬制螺蛳汤底,配料丰富,让人食欲大增。庞大的粉丝基础使电商变现水到渠成,李子柒在全球有上亿粉丝。她的螺蛳粉单品一上市便销量火爆,成为螺蛳粉界的黑马。

8.5 网络视频营销策划书

1. 策划背景与市场分析

策划基于调研,需要分析与产品相关的营销背景,了解产品的受众。策划人员需要明确以下问题:该次视频营销活动的目的是什么?是为了单次的促销行为宣传、宣传产品还是品牌宣传?需要视频传达的核心内容是什么?本部分撰写的关键点有:行业现状与商业分析,包括行业现状、同类型视频营销的现状;市场分析,包括产品的市场定位,网络视频的目标人群定位、营销目的、传播的核心内容等。

2. 视频制作前期准备

营销策划人员需要根据调研和定位来决定视频类型选择、平台选择、发布方式选择等。视频类型是长视频还是短视频?视频营销模式是什么?视频发布在官方账号还是邀请KOL协助发布?发布平台和合适的KOL是怎样的?本部分撰写的关键点有:方案选择,包括视频类型选择、视频营销传播方式;视频平台、KOL选择等。注意,要写出选择依据。

3. 视频制作

营销策划人员需要回答为了推广产品、活动或品牌,应当怎样制作视频,根据视频制作前期的准备,决定视频制作的风格和最核心的传播内容;根据平台特点、KOL特点决定内容如何呈现。本部分撰写的关键点有视频内容策划、脚本撰写、拍摄。

4. 视频福利策划与效果预测

如果视频营销的目的是促销,在这一部分中,营销策划人员需要对可以给KOL的福利、优惠券、奖品等制订计划,决定可以接受的成本范围,并预测视频营销效果。本部分撰写的关键点有视频福利策划、视频营销效果预测。

5. 视频资源使用策划

视频资源使用策划包括总体营销活动预计持续的时间、各阶段推进的时间表、需要调配利用的企业资源、需要的活动资金预算等。这部分内容要基于事实客观撰写,不应与实际执行出现严重偏差。

6. 附件

附件包括策划书的调研资料、与合作方的合同文本等。

拓展资源

实训作业

1. 实训任务

（1）网络视频营销类型点评实训

以小组为单位，每个小组收集并点评1个视频贴片广告、1个原生视频广告和1个互动视频广告。

（2）微视频拍摄与发布实训

以小组为单位，构思视频内容，设计视频剧本，协作完成一个创意视频的制作，上传到视频平台，小组之间相互监测一周内的观看效果。

（3）网络视频营销策划实训

小组协作完成一份网络视频营销策划书，制作配套的PPT进行课堂展示。

2. 实训目标

通过实训，学生可以将所学的理论知识熟练地运用于解决实际问题，更好地掌握网络视频营销策划的步骤、内容和策划书的撰写技巧。

3. 实训要求

① 小组成员合作完成，集中讨论，分工协作。

② 结合课堂实训教学内容与小组创新想法，思路清晰，策划完整。

第9章 直播营销策划

随着移动互联网的发展和基础设施的完善,网络直播逐渐成为一种新兴的娱乐和购物方式。直播电商的发展拓宽了企业产品营销渠道,尤其是2020年"直播带货"成为许多品牌面对疫情冲击、增长业绩的有力方式。电商直播用户规模不断增长,中国互联网络信息中心(CNNIC)的数据显示,截至2020年12月,网络直播用户规模达6.17亿人,占网民总体的62.4%,其中电商直播用户规模为3.88亿人,占网民总体的39.2%,直播成为2020年增长最快的个人互联网应用。

在"直播+"时代,直播成为一种企业经营方式,而不仅仅是销售方式。如何开展直播营销的运营,企业需要进行系统的规划。

随着直播经济的发展,直播行业规范化管理同步进行。2020年6月,中国广告协会发布《网络直播营销行为规范》,其成为首部针对直播电商行为的全国性规定。2020年11月,国家广播电视总局发布《关于加强网络秀场直播和电商直播管理的通知》,国家互联网信息办公室起草的《互联网直播营销信息内容服务管理规定(征求意见稿)》向社会公开征求意见。这些规范性文件的发布保障了直播营销的健康发展。企业在开展直播营销策划时,需认真研读相关文件,保障网络直播营销依规开展。

9.1 直播营销概述

9.1.1 直播营销的概念和特点

直播营销是随着现场事件的发生和发展,同时制作和播出视频节目的营销方式。直播营销以直播平台为载体,通过主播直播与受众互动,实现企业品牌提升或销量增长的目标。

直播营销的特点如下。

1. 媒介设备简单,参与门槛低

网络直播可以通过智能手机等终端接收和传播,直播平台操作便利,使得不管是企业还是个人都能够通过网络随时随地进行直播营销活动,开放式的参与门槛使得网络直播营销可以吸引更多的受众参与。

2. 目标受众精准

在各种各样的直播营销中,观众会选择自己感兴趣的直播营销内容或喜欢的主播观看。企业或个人在进行直播营销活动之前要明确自己的产品所对应的客户群,研究其需求特征,针对性地提供直播内容和宣传引流。

3. 实时发布信息,直达用户,互动性强

直播营销直达用户,能够消除品牌与用户之间的距离感。通过直播,实时地向用户介绍产品特点,展示产品制作流程,交流企业文化,加深用户对品牌的理念和细节的了解,使用户切身感受到产品及其背后的企业文化。

网络直播更加注重传播过程中的双向互动,在直播营销过程中,消费者可以通过弹幕和主播互动,提出对产品的疑问并得到解答。消费者之间也可以通过弹幕沟通交流,在形成社群归属感的同时营造良好的购物氛围。

4. 直播过程的不可控性

直播实现信息的实时传播,但直播营销过程存在一定的不可控性。一是技术上的不可控性。直播过程中可能会出现信号中断、网络延迟、画面卡顿、声画不一、画质欠佳等情况,而且这不是直播者所能控制的。二是内容上的不可控性。直播过程中的未知因素可能会存在风险并带来负面影响,破坏直播的效果。三是信息传播的不可控性。直播平台属于自组织的横向平台,具有公信度更低、言论更自由、传播更广泛、更难遏制的特点,直播过程中可能会产生负面信息。遭遇这些突发状况,不但达不到营销的效果,还可能会使品牌声誉受损。

9.1.2 直播营销的优势和风险

网络直播能够将品牌、营销、用户、交易和社群整合贯穿起来。企业可以通过网络直播召开发布会,面向网络世界在线的海量网民传播品牌信息,可以实时在线答疑,在与消费者开展社交互动的同时,直接让在线用户一边看直播,一边完成购买,一步到位完成营销目的。

1. 直播营销的优势

(1) 成本低,有价格优势

直播销售的商品一般有价格优势。进行网络直播的企业商家和个人不需要花租金以及布置场地、招待媒体等费用,大大降低了产品的营销成本。同时,在用户直连制造(Customer to Manufactuer,C2M)模式下,主播直接对接品牌和工厂,省去了中间费用,形成价格优势。

(2) 娱乐方式营销,能吸引用户关注,抢夺用户的碎片化时间

直播营销本身就是一种娱乐方式,每个主播的营销过程不尽相同,有的主播通过有趣的话题拉近与观众的距离,有的主播通过出众的才艺吸引观众或通过普及知识获得观众认可。直播的趣味性能够吸引用户,人们愿意利用碎片化时间观看消遣。

(3) 营造身临其境的购物体验和热烈的购物氛围,激发顾客的购买欲望

直播为用户打造身临其境的场景化体验,用户在观看网络直播时容易产生在场感,与主播建立更为紧密的关系。主播促成用户对商品的了解、兴趣,用户在主播的影响下接收产品信息,激发起购买欲望。同时,主播利用自身的号召力和专长,根据其对饮食、服装、护肤品等方面的研究进行专业性推荐,减少顾客的筛选时间,激发顾客的隐形购买欲望。

直播现场营造的购物氛围刺激了顾客的购买欲望。在直播过程中,如果有用户通过直播间进入商品链接,在其他用户的直播界面上就会显示"＊＊＊正在去买",烘托出浓浓的购物氛围。消费者从众心理的作用再加上主播适时发放的有数量限制的优惠券,会激发消费者的冲动购买行为。

(4) 有利于销售关系向情感关系的转变,培养品牌粉丝群

在场景互联时代,传媒的边界不断被消解,传播者的建构符号和公众的临场式体验成为场景服务的重要构成因素。网络直播有助于促进消费者和主播之间的互动,随着这种情感性交往的逐渐增加,主播可以在受众中培养稳定的粉丝群体,建立与消费者之间的信任感、认同感,

逐步将双方的经济利益关系转变为情感关系。在情感连接形成后,消费者的参与感进一步上升为深度体验感。这种情感的转变不仅体现在购买力的上升上,还会以正面的情绪评价在媒介空间里不断转化并影响其他潜在消费者的认知和态度。

在网络直播聚集的这一群精准用户接收企业信息并与企业互动的同时,他们之间的交流也会产生很多优质的内容。用户生成的内容满足了用户娱乐需求、信息需求和社交需求,可以帮助企业实现更好的品牌营销。

(5) 通过社会化传播,具有高引爆性

很多爆款都是在直播中产生。直播营销是一个高社会化交互的过程,主播由具备一定影响力的人来担任,在传播产品信息时能使传播范围更广。除通过直播环节吸引大量消费者观看外,还可通过将话题、视频等分享在微博、微信等社交媒体上,达到二次曝光,进一步扩大营销范围的目的。

主播的粉丝们在获取产品信息后,出于社交和交流信息的需要,会自愿地把信息传递给另一些人,形成多级传播,产生巨大的宣传效应。

(6) 营销反馈快速有效

为了更好地推广产品和改进营销方式,企业需要注重营销反馈,了解顾客意见并加以改进。直播双向互动,主播在直播时,将直播内容传递给观众,观众通过弹幕、评论的形式实时表达自己的想法和感受。企业通过直播平台,可以直观地看到使用过该产品的消费者的反馈意见,根据这些意见来改进产品;通过观察观众的观看反馈,也可以改进主播对于产品的介绍方式,提高销量。

2. 直播营销的风险

(1) 直播过程不可控,现场展示有失败的风险

由于直播过程不可控,各种难以预测的问题可能会导致现场失控,给营销带来负面影响。

小案例 9-1

小米直播失控

2016年5月,小米科技董事长雷军通过直播的形式推出小米无人机新品,发布会同时在27个直播平台上播出,在小米直播App上就有超过50万人围观。但在直播过程中的一次试飞场景中,小米无人机突然坠落,现场直播被迫暂停。网友对新品无人机产生怀疑,给企业新品的发布带来了负面影响。

(2) 传播不可控,评论翻车

如果直播内容不符合观众期望,负面反馈会立即呈现。而社会化媒体传播速度惊人,一旦直播出现问题,必然会引发消费者的关注和负面评论的迅速蔓延,如果处理不当,非但不会达到原有的营销目的,还可能会造成难以挽回的损失。

(3) 违规风险

在直播营销发展中,有的企业或主播存在违规问题。例如:直播带货商家未能充分履行证照信息公示义务;部分主播在直播带货过程中存在夸大宣传产品功效或使用极限词等违规宣传问题;产品质量不达标;平台主播兜售"三无"产品等。这些问题都会带来投诉、追责等后果,使直播营销失效。

9.1.3 直播的类型

网络直播起初依托于 PC 端,目前网络直播逐渐向移动端转变。经历了 2016 直播元年以及近些年的发展,网络直播形式及内容都逐渐多样化,各类视频 App 层出不穷。根据直播内容的不同,可将网络直播分为以下几类。

1. 秀场直播

秀场直播从 2005 年开始兴起,是直播行业起步较早的模式。秀场直播是主播展示自我才艺的最佳形式,观众在秀场直播平台浏览不同的直播间,类似于走入不同的演唱会或才艺表演现场。以 YY、六间房、映客花椒为代表的秀场直播,通过使用虚拟道具打赏获利。

2. 游戏直播

直播内容以电子竞技游戏为主,此类直播的娱乐性和互动性强,观众有很强的参与感。主播通过虎牙、斗鱼等平台,将自己正在进行的《DOTA》《英雄联盟》等竞技类的游戏以直播的形式呈现给观众。盈利方式有虚拟道具、赛事竞猜、游戏联运等。游戏爱好者通常会较为规律地登录游戏直播平台或追随某位游戏主播。

3. 垂直行业直播

网络直播行业的火爆和竞争加剧使平台应用逐渐走向垂直化趋势,商务直播、财经直播、购物直播、教育直播等细分领域直播应用陆续发展。其中,商务类直播最为火热,利用商务类直播平台,企业以更低的成本吸引观众,增加销量。

商务类直播可分为常规商务直播和电子商务直播两大类。脉脉、微吼等直播平台属于常规商务直播平台,在脉脉 App"职播广场"内的直播专门针对职场人士和公司职员,让直播观众了解到不同职业和行业从业者的想法,分享职场经验,给职场人提供一个可以交流的平台。而京东、天猫等直播平台属于电子商务直播平台。

4. 直播电商

上述垂直行业直播中的电商直播指电商平台引入直播方式吸引购买者购买商品。而直播电商范围更宽泛,是各类直播通过销售商品,实现流量变现。自 2018 抖音和快手相继引入直播电商模式后,直播电商成为直播的标配盈利模式。电商直播和直播电商融为一体。

以上分类是从平台主打内容角度划分的,绝大多数平台并不是单一属性的,会出现游戏直播、秀场直播、教育直播、电商直播和直播电商等多维融合。

9.1.4 直播平台

直播营销以直播平台为载体。常用的直播平台有电商直播平台、内容直播平台和专用直播平台 3 类。

1. 电商直播平台

电商直播平台是将直播嵌入电商平台中,通过开通直播间,引入内容创作者直播,用户可以不离开直播界面,实时购物。直播营销的运作模式是"电商+直播"。常用的电商直播平台有淘宝直播、京东直播、蘑菇街直播等。

(1)淘宝直播

淘宝直播是淘宝购物平台打造的直播频道,通过场景式的方式进行产品和品牌营销,实现商家边播边售、用户边看边买的营销目的。在直播中,用户可随时提出疑问和要求,主播现场答疑,双方紧密互动。淘宝直播凭借着完善的商业基础设施、丰富的内容展现形态、多元的粉丝运营方式,打造出中国电商直播较为完整的产业链。

"淘宝直播"入口在手机淘宝首页。打开淘宝 App,用户登录后点击进入"淘宝直播"页面,即可看到淘宝达人发布的直播。淘宝直播有时髦穿搭、一起变美、亲子萌娃、乐活时光等 19 个分类。手机淘宝直播界面如图 9-1 所示。

(2) 京东直播

京东直播是京东商城打造的直播频道,也采用边播边卖模式。打开京东 App,"京东直播"入口在首页中部的明显位置,点击进入直播频道,即可看到各类商品的直播售卖。京东直播有家电、母婴、居家等 19 个分类,还有"优选好价""品牌好店""达人精选"和"千县名品"4个特别分类,其中"千县名品"类别突出原产地好产品,尤其是原产地农产品销售。京东直播界面如图 9-2 所示。

图 9-1　手机淘宝直播界面

(截图时间是 2022 年 3 月 19 日)

图 9-2　京东直播界面

(截图时间是 2022 年 3 月 19 日)

(3) 蘑菇街直播

蘑菇街作为最早布局直播电商的平台之一,拥有较成熟的直播运营机制。2017 年,其打通了微信端的直播小程序,在直播流量的获取上具有明显的优势。

2. 内容直播平台

抖音、快手、小红书等通过接入第三方电商平台布局电商,其运作模式是直播＋电商。抖音直播的引流速度快,但垂直度不高,大部分用户看直播只是为了娱乐。在供应链上,抖音直播间直接对接京东、淘宝等综合电商平台。

在内容直播平台上,大量优质内容创作者转型成为电商主播。利用直播内容,如形体直播、跑步直播、广场舞直播等,激发观众对内容周边产品(如蓝牙耳机)的兴趣,产生购买行为。用户先被触点(如跑步)吸引,唤醒需求,进而购买,这种方式触达与转化路径更短,用户对价格不敏感,客单价与转化率更高。

3. 专用直播平台

专用直播平台指专注于直播领域的平台。目前主流专业直播平台有一直播、美拍、映客直播、花椒直播、虎牙直播等。

(1) 一直播

2016年5月,新浪微博和秒拍宣布共同推出移动直播应用"一直播",用以承担微博直播业务的支持职能。微博用户可通过一直播在微博内直接发起直播,也可通过微博直接观看、互动和送礼。

图 9-3 虎牙直播 App 界面
(截图时间是 2022 年 3 月 19 日)

(2) 美拍直播

美拍直播是美图公司 2016 年推出的移动直播平台,主要以生活类直播为主,通常直播时长在 30 分钟以内。

(3) 映客直播

映客直播于 2015 年 5 月上线,是一个定位于全民生活的移动直播平台。

(4) 花椒直播

花椒直播于 2015 年 6 月上线,定位是手机直播社交平台,主要直播明星发布会、生活趣闻等内容。

(5) 虎牙直播

虎牙直播前身为 YY 游戏直播。虎牙直播是以游戏直播为主的弹幕式互动直播平台,累计注册用户数达 2 亿多。虎牙直接提供热门游戏直播、电竞赛事直播、游戏赛事直播、手游直播等,同时引入多元化直播内容,如户外直播、娱乐互动直播等。2020 年 2 月,虎牙开通在线教育服务,在新冠肺炎疫情防控期间,在"一起学"品类中专门开放教学直播间。

虎牙直播的分类有网游竞技、单机热游、娱乐天地、手游休闲等,还有以不同的游戏划分的更具体的分类。虎牙直播 App 界面如图 9-3 所示。

9.1.5 主播

在直播营销中,产品是营销的落脚点,但主播起着不可忽视的作用,是整个直播营销活动的催化剂。一个合适的主播可以为营销活动带来更好的效果,并且主播会随着流量的增加逐渐成为一种面向互动营销的 KOL,引爆新式粉丝文化和消费热潮。

1. 主播的分类

直播平台不同,入驻的主播类型也不同,有游戏主播、秀场主播、营销类的主播等。在直播营销中的主播一般分为 3 类:一是拥有一定粉丝数量的网络名人,他们拥有一定的号召力,能在一定程度上影响用户的购买决策;二是网络社区中的意见领袖,他们对产品有深入的了解,具有专业背景知识,能够给专业决策提供参考;三是卖家自身,通过直播平台展示商品的生产过程、使用方法等,通过互动加深用户对商品的了解,提高用户使用体验,进而提升用户购买意愿。

2. 如何成为头部主播

并不是每一个主播在直播时都能获得巨大流量,只有头部主播才能创造惊人的销售量。跻身头部主播行列是每一个主播的愿望。合理运用"4I"原则有助于提升主播的热度以及企业品牌的知名度,增强消费者的忠诚感和依赖感。

(1) 主播品牌化:个性原则(Individuality)

要想成为直播界的网红,主播要做到自身品牌化。打造属于自己的独特的个人形象及风格,增强竞争力。将主播打造成人物 IP,不断深化自身的文化符码意义,借助于多方媒介,通过文化符号制造不断衍生、创造出与自身领域一致的内容。

(2) 直播内容有趣:趣味原则(Interesting)

由于直播的入门门槛低,草根网红层出不穷,主播除靠外表来吸引粉丝以外,必须保证直播内容的充实有趣。

(3) 直播内容有用:利益原则(Interests)

明确受众群体的需求,满足粉丝需求。通过优质的内容生产,聚集兴趣点相同、同质性较高、具有一定影响力的群体,以认同感、归属感为核心,在消费、营销中赋予受众群体身份和地位,满足核心粉丝的导向需求,使其感到满足和愉快,通过粉丝消费带动路人、新粉丝消费,增强黏性。

(4) 互动维持影响力:互动原则(Interaction)

主播与粉丝之间交流互动,拉近双方的距离。主播需要灵活运用直播平台、社交平台、微博微信等媒介,多方建立与粉丝联动的场景,维持自己的地位和活跃度,扩大自己的影响力。同时可参考影视明星的发展策略,就自身特色、专业领域包装相关项目与内容,以专业领域为踏板,实现多方向辐射发展,跨界延续消费文化,成为 KOL 自明星,推动建成良好的文化生态圈。

3. 流量变现,粉丝价值最大化

网红直播电商模式中的商业价值建立在网红粉丝基础上,粉丝受网红颜值、推销能力、影响力等影响而购物,通过网红主播的介绍,粉丝建立对厂商的信任感,形成购买力,这种购买属于快消式冲动购物。而网红的"红"有其生命周期,网红的商业价值随生命周期的变化而变化。所以,对于网红主播电商,一方面要快速引流,提高电商转化率和留存率,将网红的粉丝价值最大化;另一方面要创新内容模式,进行社区化模式的演变,增强用户黏性,将其影响力持久化。

9.2　直播营销策划的整体思路

在展开直播营销活动前,策划者要厘清活动的整体思路,有目的、有针对性地策划与执行。直播营销的整体思路设计包括 3 部分:直播营销目标分析、直播营销策略组合和直播营销模式策划。

9.2.1　直播营销目标分析

直播是企业的一种营销手段,企业直播营销不能只是简单的线上才艺表演或互联网游戏分享,而是需要综合产品特色、目标用户、营销目的等,提炼出直播营销的目标。目标不同,企业对于营销策略和营销模式的选择也会不同。

1. 内容型

该类直播营销的核心目的是为产品、方案、品牌做推广宣传。内容型的直播营销特点是运用科技手段(包括 AR/VR、AI 等),实现丰富的创新性内容展示,重视受众对直播内容的深刻理解与记忆。很多内容型直播营销善于给用户讲故事,现在更多的内容型直播营销力争做到让用户从听故事转变为"融入故事",最大限度地引发用户的即时情感共鸣,加深用户对产品的认知,提升品牌形象。

2. 互动型

其核心目的是营造高热度的互动效应,通过用户互动的高参与度,快速加强营销传播强度、速度,扩大影响范围,实现信息的双向交流与传播,从而加深品牌给用户的印象,快速获得用户反馈信息,营造口碑。这种直播营销追求的是让观看者"燥起来"、"说起来"和"动起来"。

3. 销售型

其目的是发挥互联网与新媒体的快速传播对销售的促成作用,通过独到的营销政策吸引和快速转化的流程设计,如观看直播营销内容—对产品产生兴趣—直播期间特惠营销政策——键购买/预约—自动订购/预约 & 付款等,更快地传达信息,提高业务效率,减少信息不对称,促成即刻成交。该类型直播营销是最大化降低交易成本的手段之一,目标就是让用户"看了直播就要立刻订购"。

9.2.2 直播营销策略组合

确定直播目的后,企业需要在各种不同的营销策略中,选择其中与企业相契合的一种或多种策略进行组合,完成营销策划。

延伸阅读 9-1

口碑营销的5T模型

1. 谈论者策略——主播

企业网络直播营销中的主播有着非常重要的地位:一方面,主播是直播过程中的主持者,也是话题的引导者、问题的回答者,其言行会对企业形象产生一定效益;另一方面,主播本身的影响力对于用户的吸引作用巨大。移动社交平台陌陌发布了一份《2017主播职业报告》,通过对近万名网民及主播进行抽样问卷调查发现,直播圈并不是大家常说的"颜值即正义",主播和观众均认为"亲和力""才艺"排在"颜值"之前。因此企业在主播的选择上,既要考虑主播对企业业务的熟悉程度,也要考虑其外表、身份背景等对用户的影响能力。

企业直播的主播一般有企业管理者、明星和网红3类,这3类主播各有其利弊,企业管理者对企业业务最为熟悉,但并不是所有企业的管理者都被大众所熟知,都能为营销带来人气;明星有较高的人气,但在直播活动中,用户容易把注意力放在明星身上而忽视了企业的营销活动;网红的影响力介于两者之间,有一定的影响力又能配合企业的营销宣传,因此成为众多电商平台主要的主播人选。企业开展直播营销,需要从企业营销需求和聚合人气两方面着手对主播人选进行培养。

直播虽然是由主播发起和引导的,但由于直播的社交特性,参与到直播过程中的用户言论也同样发挥着重要作用。在社交网络中,按对信息的反应与传播影响力划分,参与者可分为意见领袖、跟随者、控制者和旁观者4种角色。直播的开放性使得参与的用户并不完全受企业控制,企业在组织直播之前需加强与粉丝之间的交流,充分了解粉丝在社交中所扮演的角色,特别是意见领袖。意见领袖在信息传播过程中具有较强的号召力、影响力,在直播过程中也对谈论内容的走向起着重要的作用。企业在直播过程中需快速识别意见领袖并与之进行充分的互动,调动其积极性,活跃直播中的气氛,带动营销话题的讨论。直播营销消费者的忠诚度相对较高,一部分消费者在与主播的长期互动中形成了较高的忠诚并成为意见领袖。企业对于通过这种方式成为意见领袖的消费者需要有保留策略,用会员制或发放优惠券等方式调动这类消费者的积极性。

2. 话题策略——内容

企业直播营销的目标是打造企业品牌形象或销售产品。直播话题可以是企业经营理念、产品特色、新产品发布等,话题要突出趣味性并与企业的营销目标相结合。电商平台上直播竞争激烈,需要以新颖有趣的话题吸引大众参与,或通过促销活动吸引用户观看直播并购买。

3. 工具策略

企业直播营销会作为一场整合营销战役的引爆点,与其他营销方式配合达到最佳的营销效果。直播营销时效性强,需要用户在约定好的时间内看直播,虽然过后依然可以通过回放观看直播的内容,但缺乏互动的环节,影响效果。因此,在直播营销之前需要借助于其他营销手段,如微博、微信等社媒向消费者发布直播信息,为直播活动预热。在直播过程中,直播平台提供了弹幕、跳转产品链接、发放优惠券、主办方抽奖等工具,合理运用这些工具,能够提高用户在观看直播过程中的积极性,减少直播过程中的用户流失。

4. 参与策略

企业直播过程中需要提高与用户互动的频率及质量。用户接触产品、品牌的时间越长,参与互动的积极性越高,购买产品的概率就越大,并有可能形成正面的口碑效应。在直播营销中,主播要通过及时回应用户的问题和意见、营造快乐的气氛、打造社交化的氛围等方式激励用户参与。在直播过程中,若观众体验到快乐,就会产生点赞、评论、分享、转发等行为,用户参与可以扩大传播效果、增强用户黏性。

5. 跟踪策略

借助于直播营销平台可以了解用户在观看直播过程中观看人数的变化、购物行为以及评论、回复的相关数据和信息。由于直播不可控的特点,在直播的过程中需要对用户言论进行引导,以防止产生负面营销效果。直播过程中用户追求趣味性,在话题被引爆的同时要继续跟踪话题的走向,保证话题在可掌控的范围内。

每次直播结束后,需要对其所产生的后续效果进行跟踪,完善用户直播评论的收集工作,后续跟踪了解用户对直播的看法和态度,追踪直播所产生的营销效果、产品的销量以及所带来的口碑效应,使得直播营销不断完善。

9.2.3 直播营销模式策划

直播形式和不同的元素结合产生不同的直播营销模式,企业可根据品牌特性和活动主题策划与之相契合的营销模式。常见的直播营销模式策划有以下几种。

1. 直播＋明星＋流量

明星进入直播间和主播一起进行营销活动。主播和明星本身自带流量,很多明星还自带话题,在粉丝经济盛行的时代,这样的组合所带来的成绩和热度不难想象。很多品牌都借助于这种模式来扩展市场,提高品牌知名度或增加销量。

2. 直播＋发布会

产品发布会在直播平台上举办,使互动方式更加多样和有趣,直播地点也不再局限于会场。发布会直播省去了巨额的广告费用,发布会地点和场所也可任意选择,为企业带来了较大的便利。

3. 直播＋场景＋生活方式

泛生活化是当下直播的热门形式之一,不那么正式,但能带来较好的带货效果,比起仅仅传递知识的说教式直播,观众更需要贴心的陪伴式、聊天式直播。例如,小红书等电商通过生活化、场景化的方式,让营销与生活融为一体,不突出宣传商品本身的特点,而是告诉消费者,拥有了这个商品后将能享受到怎样的品质生活。随着抖音、快手等短视频平台开通直播营销板块后,与生活结合的直播远比像上课一样介绍产品的直播形式更受用户欢迎,能吸引用户长时间观看并关注主播。

小案例 9-2

编辑直播人设

在出版行业,编辑可为自己立起一个主播的人设,将自己打造成"通过阅读使生活变得更有品质"的文艺青年,倡导阅读生活化,将用户下单买书的购买行为转变为提升生活品质的行为,从而实现高效的转化。2020年的世界读书日,抖音平台联合北京出版集团、人民东方出版社、北京大学出版社、中信出版集团等23家出版社参与直播售书。抖音邀请了单霁翔、阎崇年、杨澜、马未都等嘉宾助阵,倡导阅读生活化,实现直播的带货效应。

4. 直播＋电商

这是一种企业和商家为实现精准化营销,通过直播形式拉近用户和产品的距离,具有强交互性和社会性的电商营销模式。电商能快速实现销售额变现,直播能快速引入消费者的流量,两者结合相得益彰,被大多数企业所采用。例如,完美日记小狗眼影盘在李佳琦直播间就创下了10秒卖光16万份的纪录。

5. 直播＋企业日常

社交时代的营销注重人性化,企业分享自己日常做的事情是其与公众建立密切联系的一种社交方式,公众对企业日常感兴趣,对分享日常的企业会产生可信可亲的感觉。为了宣传新品,宝马Mini联手《时尚先生Esquire》杂志在映客上连续3天对时尚大片拍摄现场进行了直播。直播主角是几位明星,利用明星效应吸引了众多年轻用户,映客上有530多万人在线观看了该直播。

6. 直播＋内容＋广告植入

在原生内容的直播中植入广告,自然而然地进行产品推荐,能够收获粉丝的好感。例如,主播在直播中与粉丝分享化妆秘籍,植入面膜等护肤品广告,导入购买链接,顺其自然地获得购买转化。

此外,还有直播＋综艺、直播＋访谈、直播＋活动等诸多直播营销模式供选择,企业也可创新直播营销模式,形成差异化竞争。

延伸阅读 9-2

京东、北京卫视玩转"综艺＋直播电商"

9.2.4 利用新 4C 法则提升直播营销效果

社会化营销的"新 4C 法则"指社群、内容、连接和场景,即在合适的场景下,找到特定的社群聚集社区,通过合适的内容、话题,在社群网络节点触发人与人的连接,形成传播价值扩散。直播营销作为社会化营销的一种形式,可以从新 4C 角度探索提升直播营销效果的途径。

1. 打造分众式直播社群

直播社群的价值并不是以成员数量来衡量的,而是以目标人群、有效用户作为判断标准。要锁定目标人群和有效用户,企业在开展直播营销时,应结合产品定位,对受众进行细分,考察不同群体的特性、偏好、情感和价值诉求,打造分众式直播社群,推动直播向垂直和多元化方向发展,增强用户黏性。

小案例 9-3

哈珀·柯林斯出版公司的分众直播

世界著名出版公司哈珀·柯林斯在美国最大的社交视频网站 YouTube 上先后建立了"史诗读物""哈珀少年""第 16 图书影像室"3 个分众式直播社群,这 3 个直播社群分别面向不同的受众群体。"史诗读物"的目标群体为历史和传记类题材爱好者,话题广泛且富于创意,如"漂亮的图书陈列""边吃冰激凌边看书""保护作者签名页""跟有光泽的书来个自拍吧""躺着阅读被书砸伤脸了"等。"哈珀少年"面向 13～18 岁的青少年读者,旨在为成长中的青少年开启一扇心灵的美好窗户,主要内容为推介该公司的畅销书。直播话题反映青少年读者的日常生活和愿望,他们的迷茫、奋斗和青春成长故事极具流行性和励志性。"第 16 图书影像室"面向文学类图书爱好者,话题包括对读者最喜爱作家的采访、图书封面设计展示、新书预告片等,节目内容丰富多样。此外,哈珀·柯林斯公司还在 Facebook、推特、照片墙等社交网站上创建了相应的直播社群,通过开展多群直播,实现信息扩散和精准传播。

2. 丰富直播内容,进行内容的系列化开发与推广

目前的直播营销存在着内容同质化、主题选择碎片化的问题,在进行直播营销策划时,要注意开发差异化的内容,对内容进行精心策划和持续化、系列化推广,提升直播的吸引力,构建品牌竞争力。

3. 转变受众角色,与受众建立新的连接方式

推动受众由直播观看者向内容制作者转变。当前,直播内容主要由企业策划,即专业生产内容(PGC)模式,观众只以参与者的角色与主播交流互动,个体的生产和创造动能未能得到释放和激活。通过转变角色,让观众参与内容制作,让有直播技能和专业特长的受众有展示自我和发挥才能的机会。观众参与直播内容制作和分享,有利于发挥口碑传播的作用,更能让观众对商品产生信任感。在直播过程中,观众通过内容制作、分享、交流和互动,不仅满足了自我展示的欲望,还实现了个体社交化需求,提升了自我价值和存在感。

当然,让观众参与直播内容的制作也会存在一些问题和风险,如内容质量参差不齐、版权侵权、侵犯隐私等。对此,企业应采取鼓励和监管相结合的措施,一是通过物质和精神奖励,鼓励有才艺和技术特长的受众持续生产高质量的视频内容;二是加强对直播社群的监管,通过与直播平台合作,共同对观众生产的视频内容质量进行把关;三是改进和完善技术手段,结合大数据和人工智能等先进技术,提高对于受众自制直播视频内容的监管能力。

4. 基于VR/AR应用和场景延伸,提升用户体验

虚拟现实(VR)是指通过计算机创建模拟环境来体验虚拟世界,增强现实(AR)是将虚拟的人物或场景叠加到现实世界中,实现真实世界和虚拟世界的无缝集成。应用VR/AR技术,真实场景和虚拟场景叠加,构建亦幻亦真、真假难辨的空间场景,为用户带来全新的感官体验。

借助于VR/AR技术,通过对直播现场活动的360°全景摄像,能更有效地传达现场内容信息,增强直播的感染力和交互性,为观众分享、参与直播节目带来沉浸式场景体验。目前,由于受带宽成本的限制,VR/AR直播还难以流畅地实现,未来,随着VR/AR技术在直播中的进一步应用、智能终端设备性能的提升和5G网络通信的全面推广,受众将获得更丰富、生动和真实的场景体验,直播营销效果也将得到进一步提升。

企业还可通过实施场景延伸,将直播引入不同场景之中,通过开展与第三方企业的跨界合作,形成多场景式的体验营销,实现直播的价值延伸。

企业可结合产品特色,与社区、商场、医院、学校、图书馆、银行、酒店、旅行社等相关单位和部门合作开展文化公益、居家生活、医疗养老、娱乐教育、投资理财、休闲旅游等线下直播活动,将各种专业化的场景引入直播活动,实现场景的延伸,增强场景的体验效果。

在当前"浸媒体"环境下,场景已成为直达消费者心坎的"超级入口",企业不仅要成为优质直播内容和服务的提供者,也要成为营造美好体验空间的"场景师"。

9.3 直播营销的策划细节

在战略层面对直播营销活动做出整体把控后,还需要对平台与主播选择、内容策划、场景打造、宣传与引流、跟进后续传播、直播复盘及数据分析、粉丝维护等细节进行具体策划,使直播营销活动形成一个完整的闭环。

9.3.1 平台与主播选择

1. 平台选择

直播平台种类繁多,企业在选择平台时需要考虑自己与平台的适配性,选择匹配度高的平台开展直播营销。企业也可以构建自己的直播平台。

例如,出版行业实体书店直播平台的选择可以基于粉丝累计、平台属性、流量规模、平台兼容性4个标准综合考虑。淘宝、京东、一直播、抖音、B站等直播平台较受书店青睐,虽然花椒、斗鱼等也是头部直播平台,但由于其强娱乐性与实体书店的调性不相符,较少被选择。实体书店的网红特质和人文品牌属性也使其受到直播平台的青睐,新冠肺炎疫情防控期间各大直平台针对书店提供优惠政策、降低入驻门槛,刺激了实体书店直播热的产生。2020年3月9日单向街书店和淘宝直播平台发起了"保卫独立书店"直播活动,淘宝直播平台的弹窗广告宣传为直播引流起到了重要作用。2020年4月抖音和西西弗书店联合策划了"♯阅读泰dou♯"系列直播文化活动,以薛兆丰、杨澜、郝景芳等"大咖读书"为口号吸引读者关注,从营销效果看,这对于西西弗书店和抖音是双赢策略,开启了书店和直播平台品牌联合营销的新思路。

在直播平台的选择上,也可有意识地整合多家直播平台资源,在多个平台开展同步直播,实现更大的传播覆盖面。

2. 主播选择

选择主播的依据是产品调性和资源支持。首先,主播风格要与产品调性契合,受目标受众欢迎。其次,看企业能够投入多少资金支持。明星主播和网红达人自带流量,但邀请明星主播和网红达人费用高,如企业资金投入有限,与产品风格一致的主播也是有效的选择。

企业自播时,若选择代播团队,则需要关注整个代播团队的素质。要通过用户画像等信息筛选符合商品调性的主播,分析主播直播带货的综合数据,判断主播的带货能力。对主播进行背景调研有利于选择合适的主播。在直播活动结束后,分析投放后的直播效果,以便调整下次直播的主播人选。主播调研指标如表9-1所示。

表9-1 主播调研指标

投放前的关键指标	投放后的关键指标
ROI	直播间流量/店铺流量
UV	直播间引导成交额/店铺成交额
转化率	回访频次
新客增粉数	复购率

此外,企业还可以构建主播矩阵,采取头部主播(曝光度)+垂类中腰部主播(做实验、测评、提升专业度)+一般中腰部主播(扩散力+覆盖度)的矩阵组合形式,加上投放前、投放后监测使投放更具性价比。

9.3.2 内容策划

目前中国电商市场的竞争格局和运营模式逐渐成形,网民和网购用户渗透率趋近饱和,电商市场进入存量挖掘时代。在阿里巴巴和京东双巨头占领市场的情况下,多元化的细分赛道成为长尾企业的突围方向,同时,内容和社交成为流量瓶颈下电商挖掘存量市场的重要手段。

直播营销取得成功离不开优质的内容,直播电商也是内容电商的一种形式。内容电商是以消费者为中心,通过内容刺激用户消费需求,绑定商品实现销售转化的电商模式。相较于传统交易型电商,内容电商的用户黏性和消费者体验更优,在互联网流量瓶颈和信息过剩的背景下更具发展前景。好的内容策划是直播取得成功的关键。直播内容策划通常从以下方面入手。

1. 主题内容策划

(1)流行文化或热点事件

商家可以借助于当下主流文化圈、流行文化或热点时事策划直播的主题内容,吸引大众的关注并引发爆点。例如,映客在进行"直播+"营销布局时借助于直播平台和主播的影响力采用"直播＋电商＋扶贫"的形式,利用网红效应带动脱贫致富。映客于2018年对扶贫技术、扶贫活动、扶贫故事等进行实时在线直播,向广大用户展现贫困地区真实的模样。直播扶贫让广大用户了解各地农产品,带动农产品的销售,扩大了精准扶贫工作的群众基础。

(2) 主播或嘉宾自带话题

网红主播或明星嘉宾自身有一定的话题度,通过精心设计的内容和互动环节,可满足用户的娱乐需求,甚至可能构成一次电商直播活动的内容爆点。

(3) 与用户自身利益相关的话题

用户一般对与其衣食住行相关的内容感兴趣,可从这个角度策划内容选题,邀请相关领域专家加盟,通过专家讲解以及互动过程中的专业性指导,使用户受益。

(4) 粉丝建议话题

商家还可以听取粉丝的意见,根据粉丝关心的话题来打造直播的主题内容,如"双十一"期间各大主播开展的好物分享直播活动等。

2. 产品内容策划

围绕产品、品牌策划直播内容,如品牌日活动、新品发布等。在直播过程中,可结合产品增加有价值的内容,如普及相关知识、拓展产品用途等,做到内容有料。此外,还需要增加直播内容的趣味性和娱乐性,如在推销产品的间隙,可以分享与行业或产品相关的新闻等,做到内容有趣。

3. 直播环节策划

商家需要在丰富创新直播内容的同时,设置有趣的直播环节,在直播环节上做到精致。直播之前做好环节设计,有张有弛,环节与环节之间衔接得当。所有的互动形式和娱乐化的互动手段都是为了更好地向粉丝诠释品牌理念和形象,展示产品的优点和功效,从而促使粉丝从观看直播的受众向做出购买行为的消费者转化。

通过优质的直播内容吸引了受众是第一步,如何留住受众,并将其转变为消费者才是关键的第二步。直播过程中的互动内容和环节设置都要服务于品牌和产品,服务于产品销售,要与品牌的风格调性及产品的主打功效与诉求相结合。品牌方或者作为内容提供者的第三方的策划需要提前与主播沟通,进行内容的调整和审核,保证电商直播的营销效果能够最大限度地实现。

此外,在直播前商家也需要进行一系列的策划,创造有足够吸引力的话题,通过微信、微博等社会化媒体宣传,让直播信息能够触达更多的受众。

9.3.3 场景打造

直播场景营造直播的气氛,让观众身临其境。场景营造方法如下。

1. 展演模式的场景

为让用户对产品有充分的了解,主播在直播间展示产品,其场景建构带有社交式表演的成分,目的是推动粉丝购买。展演模式的场景可细分为以下几类。

(1) 人设展演

"人设"指人物设定,主播扮演着戈夫曼场景理论里的"前台"形象,以流量、带货量或其他目标为核心,通过策划的"人设"自我呈现。

小案例 9-4

"四实"的好县长

在淘宝直播发布的一份"趣味淘榜单"中,城步苗族自治县原副县长刘书军获得"最拼命直播奖",他在推介灯笼泡椒时,一边吃着泡椒,一边拼命地喝着牛奶解辣;在推介城步土鸡时,他现场直播抓土鸡,跑得鞋带都散了。作为县长,刘书军在直播带货时确立了说实话、做实事、卖实价、求实效的"四实"宗旨,在践行"四实"的好县长形象之下,刘书军要为县里多销售,带货场景设计得很"拼命"。

（2）品味展演

直播带货中常见的场景是通过展示自身拥有的物品来呈现自己的身份、价值观、时尚生活方式。

小案例 9-5

张朝阳的品味展演直播

搜狐董事长兼 CEO 张朝阳的直播带货视频《Charles 的好物分享》以"品质生活,在于细节"为主题,通过日常化的直播空间,以真实姿态分享了个人生活状态,展示了独具特色的生活方式。品味展演场景更强调对用户做价值观和生活方式的传播,用户在新奇、认同中产生购买行为。

（3）产品展演

产品展演通过主播对商品的了解为观看直播的用户层层剖析,给出购买的理由。抖音主播"老爸测评"自身有着专业的检测能力,10多年的检测工作经验使他对推荐的产品严格把关,能够得到粉丝的认可。产品展演如图 9-4 所示。

2. 临场模式的场景

再现真实场景是直播带货场景营造的常用方法。一些网红主播全天直播自己的日常生活场景,将商品植入其中。真实场景能增加用户的临场感和对商品的信任度。田间地头、日常生活等场景再现货物原貌、使用过程,辅以实时发生、零时差对话的交互,可以令用户如临其境,增加购买意愿。临场模式的场景如图 9-5 所示。

图 9-4　产品展演　　　　图 9-5　临场模式的场景

小案例 9-6

副县长的临场直播

鄱阳县副县长沈忠春直接将直播镜头固定在溪水旁、湖水边,田间地头成为直播中的天然场景,现场展示厨艺,在直播过程中,"县长好帅""为民工作的好县长"等弹幕评论不断出现,农特产品销售一空。

3. 陪伴模式的场景

在用户日常媒介使用的研究中,视频被认为有陪伴功能。网络视频的陪伴功能更强,使得视频内容不计较是否有集中表达的意义,观看网络视频的行为更像是一种生活方式。直播带货中的很多场景强调具有轻松娱乐的陪伴式风格。

（1）综艺式场景

小案例 9-7

李佳琦直播的综艺式场景

李佳琦的"OMG,买它,买它"语言风格使他站在直播热议的潮头,初期他与助理在直播间的"打情骂俏"为直播围观者营造了"看戏"的场景,后来与金靖、朱一龙等一众明星艺人的联合直播带货营造了综艺式场景,使得观众在消费的同时也有"戏"可看。综艺式场景如图 9-6 所示。

图 9-6 综艺式场景

（2）剧情式场景

佰草集延禧宫直播间在 2021 年"双十一"期间创下的直播间观看人次峰值是 102.2 万。在佰草集直播间的清宫小剧场中,用户被娘娘和嬷嬷之间活灵活现的"宫斗大剧"逗乐,在愉快轻松的看剧氛围中"剁手",一度引发网络拥挤。没有头部主播和明星引流,仅仅借助于将剧情融入直播的形式,也达到了令人惊讶的带货效果。

上述 3 种场景策略只是举要,主播以及培育主播的 MCN 机构仍在不断设计新的场景,使直播营销更有趣有效。

9.3.4 宣传与引流

直播前期引流的细节执行包括两部分:第一是引流物料的筹备,包括图片、文字、H5、文案等,物料根据直播具体内容来设计,一般需要在引流宣传开始前三天就绪;第二是引流渠道的选择,常见的引流渠道或方法包括硬广、软文、视频、直播、问答、线下等。

1. 硬广引流

企业新媒体团队可利用官方媒体平台,直接进行直播宣传推广。常见的官方媒体平台包括官方网站、认证微博、官方微信公众号等。由于官方媒体平台属于企业的自有媒体,可直截了当地将直播时间、直播账号、参与嘉宾、抽奖与惊喜等详细列出,完整地告知粉丝,并邀请其传达给好友。

2. 软文引流

与硬广相比,软文突出一个"软"字。从用户角度来看,在标题、开头、正文等部分看不出广告的痕迹,阅读到结尾后才发现直播的宣传信息。软文引流需注意两个细节:一是相关性,软文应投放到目标用户活跃的平台或账号,否则推广效果会打折扣;二是目的性,虽是软文,也要在文末引导用户点击直播间网址或下载直播软件。

3. 视频引流

视频比文章更易理解,降低了受众的认知门槛,越来越多的企业利用视频做宣传推广。当今社会生活节奏快,短视频受用户欢迎,引流效果好。在新浪微博、今日头条等平台,优秀的短视频可达到上百万甚至千万级曝光效果。

4. 直播引流

直播平台有"推送""提醒""发布"功能,直播开始时,可将直播消息直接推送给关注直播间的粉丝。直播开始前,企业可在同一直播平台预热,一方面鼓励观众关注直播间,积累原始粉丝;另一方面调试软件与硬件,使其在直播正式开始前达到最佳状态。

5. 问答引流

传统的问答网站包括百度知道、搜索问问等,用户希望在问答网站获得想知道的答案,企业可借助于问答网站,友好地回答网友问题,同时为企业做宣传。除传统的问答网站外,知乎问答、头条问答、果壳问答等也都可以作为企业宣传与引流的渠道。例如,对于手机新品推广的直播,在开始前可以在问答网站回复"请推荐一款好用的手机""哪款手机屏幕比较大"等问题,在友好回复的同时宣传直播,引导网友前往直播间。

6. 线下引流

传统渠道的引流效果不容小觑。如果企业有线下的渠道,如产品体验店、营业厅、线下门店等,可以借助于线下渠道,以海报、宣传单等形式,宣传直播内容,引导线下消费者关注直播。

9.3.5 跟进后续传播

主播与观众告别,直播相关的工作并未结束。企业新媒体团队需要在直播网站以外的微博、微信、论坛等平台继续宣传,将直播效果放大。直播结束后,可对直播进行图片、文字、视频等多维度传播。在进行传播工作前,需要先按照传播步骤,制订传播计划,以保证传播的有效性和目的性。

直播活动的传播计划包括确定传播目标、选择传播形式、组合媒体3部分。

1. 确定传播目标

传播目标的确定是直播后续传播的基础。直播传播的目标通常包括提升产品销量、加强产品知名度、提升产品美誉度、促进品牌忠诚度等。直播传播的目标不是独立的,要与企业整体的市场营销目标相匹配。

2. 选择传播方式

选择传播方式指选择以何种形式出现在网友面前。常见的传播方式包括视频、软文、表情包等。可选择一种或多种方式组合进行传播。

3. 媒体组合

敲定传播方式后,需要对媒体进行组合。不同传播方式所需要的媒体平台不同。视频对应的媒体平台为微博、微信、优酷等组合而成的"自媒体+视频平台"组合;软文对应的媒体平台为知乎、贴吧等组合而成的"媒体+论坛"组合;表情包对应的媒体平台为微博、微信群、QQ群等组合而成的"自媒体+社群"组合。

9.3.6 直播复盘及数据分析

一场直播结束后,团队要对直播及时复盘,分析整个直播活动中出现的问题,结合大数据分析看是否达到预设的营销目标。直播营销能沉淀更深度的用户信息,获得更加清晰的用户画像,对用户的兴趣爱好、关注点进行更准确的分析。这些数据能够帮助企业科学、精准地判断和规划直播活动的各环节,使企业直播营销更加完善。

大数据的全面应用助力直播营销更好的发展,从前期平台匹配、流量推广、平台导流到效果评估等都可以通过大数据分析获得更佳的工作成效。

9.3.7 粉丝维护

在直播进行过程中,运营者可利用直播页面引导观众加入粉丝群组,也可以由主播在开场及结束时说明加群方式。观看同一场直播,或者面对同一个主播,以及一起发出弹幕,有共同体验的观众更容易有共同话题,更容易与主办单位或主播长期互动。直播结束后,运营者可定期维护粉丝群体,与积极互动的粉丝交流、在群内发起活动,实现"观众—粉丝—客户—忠诚客户"的转化。对于通过直播加入的粉丝,在直播结束后,可通过如下方式进行粉丝维护,层层递进。

1. 策划线上活动

线上活动不受地点、天气等因素的限制,发起更便捷,因此运营者可将线上活动作为常规活动,定期举办。

2. 分享最新消息

企业直播粉丝群需要营造的氛围是"好玩""有意思",运营者需要将企业相关信息友好地分享在群内。企业对外发布的广告、购买提示等尽量不要直接发到群里,否则粉丝群演变成广告群,群成员的参与度将降低。可以发布一些群外网友无法第一时间获取的最新资讯,定期在群内分享优惠信息,如专属折扣链接、爆款产品提前购、企业红包口令、新品内购网址等。

3. 邀请粉丝参与直播

激发直播粉丝群参与感的最佳方式是邀请群友当"军师",共同加入下一次直播。这样一方面可以缓解企业的运营压力,从粉丝群发现设计、文案、推广等人才;另一方面可以让粉丝获得荣誉感,更愿意在下一场直播中自觉扮演"自己人"的角色,参与到直播宣传、直播现场秩序维护中。

4. 发起专属线下活动

面对面交流能够产生更多思想的碰撞,企业活动运营也不能拘泥于线上,需要适时发起线下活动,促进粉丝交流。经常在同一个群交流的粉丝可以进行线下聚会。聚会的同时,企业运营团队可借机邀请粉丝试用新品并反馈建议,增加粉丝的归属感与参与感。例如,小米公司每年年终都会组织一个盛大的"爆米花年度盛典",邀请陪伴小米一同成长的"米粉"参加盛典。

延伸阅读 9-3

腾讯智慧零售"直享直播节"

9.4 案例分析——斗鱼TV的营销模式分析

斗鱼 TV 是一家弹幕式网络直播平台,为用户提供视频直播和赛事直播等服务。其前身为 ACFUN 生放送直播,于 2014 年 1 月 1 日正式更名为斗鱼 TV。斗鱼 TV 除主要的游戏直播以外,还包括娱乐、户外等多种直播内容。在斗鱼 TV 的网站页面有直播、分类、视频、游戏和鱼吧 5 个板块。用户可以通过清晰丰富的直播内容划分,快捷地在页面中选到自己感兴趣的内容,还可以在鱼吧中支持自己喜欢的主播,与其他用户讨论。斗鱼 TV 的营销策略如下。

1. 直播+电商

2018 年 6 月 18 日,斗鱼 TV 是京东"618"大促活动"京东电器剁手趴"的直播平台。斗鱼主播呆妹儿小霸王、小苏菲以及妃凌雪等人参与了此次网红直播购物活动。斗鱼通过其平台优势,场景化分享好物和脑洞黑科技,加上创新玩法和真实福利派送,在宣传京东品牌的同时也实现了自身流量的转化,提高了知名度。

2. 直播+品牌企业

斗鱼通过与小米、三星、苹果等国内外知名企业合作,对其新品发布会等品宣活动进行实时网络直播,开启了合作共赢的跨界营销新模式。品牌企业通过斗鱼在受众心中树立良好的新品形象,对新品进行多次有效宣传,斗鱼也借助于这些品牌企业的知名度进一步扩大影响力,提升品牌形象。

3. 直播+IP

随着 IP 的盛行,斗鱼打造自身平台 IP,建立了自己的 IP 矩阵,并对外输出 IP 运作能力。在赛事方面,斗鱼首创的"黄金大奖赛"开创了国内直播平台自制赛事的先河,利用《绝地求生》游戏的火爆程度为自身品牌做宣传,吸引流量,创造商业价值。在线下活动方面,斗鱼打造了"国际武汉斗鱼直播节"这一全新 IP。第三届 2018 斗鱼嘉年华入园总人次高达 52.18 万。斗鱼凭借着对平台 IP 的运作,逐渐拉开与竞争对手的差距。

4. 直播＋个人

斗鱼在 2018 年实施了"主播星计划",旨在发掘和培养更多的优质主播,吸引顾客提升知名度。芜湖大司马是斗鱼打造主播的一个成功案例。斗鱼利用一个月的时间,为其量身定制包装策略,通过多种途径成功让其成为人气主播。斗鱼成熟、完善的造星机制也使主播带动的影响力越来越大。例如,斗鱼旗下的主播周二珂于 2018 年回归斗鱼后,不到 3 个月的时间就借着斗鱼的造星计划,发布了专辑、拍摄《男人装》、参加斗鱼官方嘉年华活动,之后又登上《快乐大本营》开始进入娱乐圈。随后周二珂名声大增,接拍广告成为品牌代言人。这一系列的动作使其热度和知名度飞速上涨,斗鱼正努力将周二珂打造成为另一个走上偶像明星之路的顶级主播。

5. 直播＋游戏

斗鱼直播作为游戏直播平台,为了强化平台的游戏直播属性,独揽了各类电竞赛事直播权。2018 年,斗鱼与《英雄联盟》赛事深度合作,在承揽了 LPL 全部赛事、S8 总决赛和 MSI 赛事的分播版权的基础上,还独家获得了"德玛西亚杯"的独播权。通过将电竞赛事与直播的融合,斗鱼吸引了更多活跃 IP 的流入,展示了平台的实力。

6. 直播＋娱乐

斗鱼平台还发掘除游戏外的其他娱乐直播内容,如户外直播、秀场直播等。通过直播平台丰富的内容吸引更多受众,满足不同口味受众的需求。

延伸阅读 9-4

试探付费边界,B 站直播能否让"后浪"们买单?

9.5 直播营销策划书

1. 策划背景及市场分析

首先,明确策划任务和目标。需要分析行业现状、发展趋势和市场前景,分析当前阶段竞争对手的状况和其采取的新型营销手段,根据企业目标提出相应的应对策略。其次,要分析目标受众的需求,进行直播营销的可行性分析。

2. 宏观把控直播营销策划

首先,策划人员需要根据合作的品牌方要求并结合当下的时事或热点话题来确定活动主题。其次,站在企业整体营销战略的角度引入直播营销方式。最后,选择合适的营销策略组合和营销模式,策划直播营销模式。

3. 微观把控策划细节

从细节上进一步填充直播营销策划。这些细节包括选择平台和主播,根据直播主题和品牌方要求策划直播内容;针对目标客户打造合适的场景;拟定宣传引流和直播后续的传播方案;复盘直播活动,进行数据分析,提出留存客户的方案。

4. 直播营销活动安排与预算

从整个直播营销活动的前期策划到最后活动结束,各阶段推进的时间表、需要调配利用的企业资源和活动资金预算等都需精心规划。

5. 附件

附件包括直播营销市场调研资料、主播背景调研资料、合作伙伴合作意向资料等。

拓 展 资 源

实 训 作 业

1. 实训任务

(1) 直播主题选择实训

分析一个品牌的调性,为该品牌策划一个直播主题,写出大纲。

(2) 主播 IP 打造实训

如何将主播打造成人物 IP?写出策划方案。

(3) 直播营销过程实训

组成代播团队,选择一个直播平台,模拟直播营销的过程(不少于 30 分钟)。其他同学扮演的观众可与主播互动。

(4) 直播营销策划书撰写实训

小组协作撰写一份直播营销策划书,制作 PPT 进行课堂展示。

2. 实训目标

通过实训作业了解和掌握直播营销策划的整个流程和内容,将所学理论更好地应用于实践。

3. 实训要求

① 小组成员合作完成,集中讨论,分工协作。

② 结合课堂实训教学内容与小组创新想法,思路清晰,策划完整。

③ 建议 4 个实训任务在同一主题中深耕。

参考文献

[1] 陈德人.网络营销与策划:理论、案例与实训(微课版)[M].北京:人民邮电出版社,2019.
[2] 孟韬,毕克贵.营销策划:方法、技巧与文案[M].3版.北京:机械工业出版社,2016.
[3] 黄聚河.营销策划理论与实务[M].北京:清华大学出版社,2013.
[4] 谭俊华.营销策划[M].2版.北京:清华大学出版社,2017.
[5] 唐时俊,徐德钰.创新思维与管理[M].北京:机械工业出版社,2018.
[6] 尼克·马洪.创意思维[M].孟刚,译.北京:中国青年出版社,2012.
[7] 迈克尔·G.卢克斯,K.斯科特·斯旺,阿比·格里芬.设计思维:PDMA 新产品开发精髓及实践[M].马新馨,译.北京:电子工业出版社,2018.
[8] 彼得·斯卡金斯基,大卫·克劳斯怀特.创新方法:来自实战的创新模式和工具[M].陈劲,蒋石梅,吕平,译.北京:电子工业出版社,2016.
[9] 谌飞龙.创业营销:创业项目包装与推介[M].北京:机械工业出版社,2017.
[10] 范冰.增长黑客:创业公司的用户与收入增长秘籍[M].北京:电子工业出版社,2015.
[11] 袁国宝.拼多多拼什么:商业模式+店铺运营+爆品打造[M].北京:中国经济出版社,2019.
[12] 姚飞.创业营销:案例与微课[M].北京:中国纺织出版社,2017.
[13] 胡青华,马碧红.营销策划理论与实务[M].北京:清华大学出版社,2018.
[14] 杨凯恩.创业创品牌:创业企业先发制人的9大方法[M].北京:机械工业出版社,2016.
[15] 戴维·阿克.开创新品类:赢得品牌相关性之战[M].杨岱若,译.北京:机械工业出版社,2020.
[16] 唐十三,谭大千,郝启东.品类十三律[M].北京:机械工业出版社,2018
[17] 邝世诚.中国品牌战略闯与创[M].北京:清华大学出版社,2014.
[18] 菲利普·科特勒,凯文·莱恩·凯勒.营销管理[M].15版.何佳讯,洪彦,牛永革,等,译.上海:格致出版社,2016.
[19] 艾·里斯,杰克·特劳特.定位:争夺用户心智的战争[M].邓德隆,火华强,译.北京:机械工业出版社,2021.
[20] 樊登.低风险创业[M].北京:人民邮电出版社,2019.
[21] 吴建.广告大理论[M].成都:四川人民出版社,1994.
[22] 威廉·科恩,托马斯·德卡罗.销售管理[M].10版.刘宝成,李霄松,译.北京:中国人民大学出版社,2017.
[23] 刘国华.品牌形象论:构建独一无二的品牌价值[M].北京:人民邮电出版社,2015.
[24] 杨学成,陈章旺.网络营销[M].北京:高等教育出版社,2014.
[25] 伯恩德·H.施密特.体验营销:如何增强公司及品牌的亲和力[M].刘银娜,高靖,梁丽娟,译.北京:清华大学出版社,2004.
[26] 马成.事件营销[M].北京:中国经济出版社,2005.
[27] 范慧君.网络广告实务[M].合肥:合肥工业大学出版社,2015.
[28] 魏超.网络广告[M].北京:中国轻工业出版社,2014.
[29] 刘光磊.网络广告学[M].哈尔滨:东北林业大学出版社,2016.

[30] 刘勇.网络广告学[M].大连:东北财经大学出版社,2018.
[31] 特蕾西·塔腾,迈克尔·所罗门.社会化媒体营销[M].李季,宋尚哲,译.北京:中国人民大学出版社,2014.
[32] 武咏梅.社群营销[M].天津:天津科学技术出版社,2017.
[33] 秦阳,秋叶.微信营销与运营[M].2版.北京:人民邮电出版社,2019.
[34] 徐林海,林海,等.微信营销[M].北京:人民邮电出版社,2018.
[35] 胡卫夕,宋逸.微博营销:把企业搬到微博上[M].2版.北京:机械工业出版社,2014.
[36] 谭贤.微信公众号运营:数据精准营销+内容运营+商业变现[M].北京:人民邮电出版社,2017.
[37] 曾子默.一本书玩透微信营销[M].北京:清华大学出版社,2019.
[38] 谢雄,勾俊伟.微信小程序策划与运营[M].北京:人民邮电出版社,2018.
[39] 谭静.视频直播营销与运营实战108招[M].北京:人民邮电出版社,2019.
[40] 勾俊伟,张向南,刘勇.直播营销[M].北京:人民邮电出版社,2017.
[41] 赵永胜.互联网背景下企业市场营销创新研究[J].技术经济与管理研究,2020(4):72-79.
[42] 吴寿仁.我国科技企业孵化器建设与发展研究[J].科技进步与对策,2002(4):75-76.
[43] 吴寿仁.企业孵化器与孵化企业间关系的探讨[J].同济大学学报:社会科学版,2002(4):67-72.
[44] 杨晓明,赵彦辉,隋静.创业营销——一场颠覆传统营销的革命[J].清华管理评论,2019(6):28-35.
[45] 许彩国,柳思维.论市场营销策划[J].财贸研究,2003(6):94-97.
[46] 杨学成,徐秀秀,陶晓波.基于体验营销的价值共创机理研究——以汽车行业为例[J].管理评论,2016,28(5):232-240.
[47] 张千城.华为智慧屏X65开启智慧生活新体验[J].计算机与网络,2020,46(14):24.
[48] 倪徐冰.三只松鼠营销策略研究[J].老字号品牌营销,2020(8):12-13.
[49] 田耕.情感价值对品牌利益定位影响的探究[J].经济问题,2010(3):65-67.
[50] 郭国庆,周健明,邓诗鉴.广告诉求与购买意愿:产品类型,产品涉入的交互作用[J].中国流通经济,2015,29(11):87-95.
[51] 杨珊.分析网易云音乐的内容营销策略[J].传媒论坛,2019,2(2):92-93.
[52] 田野,刘昱."互联网+"背景下微博营销的特点和策略分析——以小米公司为例[J].电子商务,2020(7):70-72.
[53] 徐卓昀,郑慧玉,朱烜知,等.科普类微信公众号——"丁香医生"的传播现状及对策分析[J].科普研究,2019,14(6):70-78.
[54] 孟泽云.企业微博营销的价值与策略[J].生产力研究,2012(1):153-155.
[55] 田玉霞.中华文化走出去的路径选择——以"李子柒现象"为例[J].传媒,2020(10):81-83.
[56] 崔亮,黄震.打造直播产业链,出版直播营销迈入3.0时代[J].出版广角,2020(12):15-18.
[57] 冯馨瑶,靖鸣.出版直播营销3.0:体验、情感、沉浸[J].出版广角,2020(12):6-10.
[58] 余娟娟.新媒体营销背景下的网红直播电商模式探析[J].电子商务,2020(5):11-12.
[59] 张晓雯,朱旭丹,李晶,等.网络直播平台的营销策略研究——以斗鱼TV为例[J].中国

商论,2019(14):14-16.

[60] 黄洁滢.直播网红KOL的形成机制及营销策略的研究[J].戏剧之家,2019(18):223-224.

[61] 陈春琴.网红直播营销现状及对策研究[J].新媒体研究,2019,5(19):10-13.

[62] 祁乐乐.新时期直播平台营销创新策略研析[J].传播力研究,2019,3(12):100.

[63] 蔡莹莹.网络直播在社会化媒体营销环境中的应用探究[J].传播力研究,2019,3(24):276.

[64] 王佳航,张帅男.营销模式迁移:场景传播视角下的直播带货[J].新闻与写作,2020(9):13-20.

[65] 洪赛赛.基于竞争定位的BOCOM营销战略研究[D].天津:天津大学,2014.

[66] 刘峰瑞.色彩在品牌形象中的应用与探究[D].沈阳:沈阳师范大学,2014.

[67] 王辰光.基于微博矩阵的企业微博营销研究[D].北京:北京邮电大学,2014.

[68] 郑思远.微信营销模式分析[D].长春:吉林大学,2016.

[69] 中欧国际工商学院.初创企业与大企业的两种合作模式[EB/OL].(2019-03-25)[2021-04-15].https://cn.ceibs.edu/new-papers-columns/15948.

[70] 神译局.如何选择合适的创业孵化器?[EB/OL].(2016-12-20)[2021-04-21].https://36kr.com/p/1721299943425.

[71] 短视频工场.五环外两大巨头终联手,快手拼多多合作主播卖货[EB/OL].(2019-05-18)[2021-04-25].https://36kr.com/p/1723692449793.

[72] 恩美路演公司.从idea到IPO一个项目的完整融资过程(附融资常用词汇)[EB/OL].(2018-10-08)[2021-05-10].https://zhuanlan.zhihu.com/p/46187003?from_voters_page=true.

[73] jyyx069.项目孵化处理流程[EB/OL].(2016-05-24)[2021-05-23].https://www.docin.com/p-1595340628.html.

[74] book00888.孵化器可行性研究报告[EB/OL].(2019-01-05)[2021-06-15].https://www.docin.com/p-2165189816.html.

[75] 时氪分享.低成本获客270万粉丝,月流水超千万,熊猫不走做对了什么?[EB/OL].(2019-04-27)[2021-06-30].https://36kr.com/p/1723578646529.

[76] 水伯.初创团队如何快速获取种子用户,引爆用户核反应堆?[EB/OL].(2017-07-05)[2021-07-07].http://www.woshipm.com/operate/709522.html.

[77] 二毛.2016年优秀的营销案例和广告案例有哪些?[EB/OL].(2016-12-23)[2021-07-22].https://www.zhihu.com/question/53598741/answer/137255338.

[78] 咸宁新闻网.喜茶又有新惊喜!与藤原浩合作跨界玩联名[EB/OL].(2022-05-20)[2022-05-21].http://www.xnnews.com.cn/zxsd25178/zx/202205/t20220520_2632771.shtml.

[79] 亿欧网.排队6小时,国潮点心值不值?[EB/OL].(2022-01-24)[2022-05-21].https://baijiahao.baidu.com/s?id=1722823777476188476.

[80] 达达.从零到300亿美元的Airbnb创业故事(上):两位设计师,毕业就付不起房租[EB/OL].(2018-09-19)[2021-08-27].https://36kr.com/p/1722834092033.

[81] 冯卫东.天图资本CEO冯卫东:品牌起名这件小事攸关生死[EB/OL].(2016-12-26)[2021-07-16].https://t.qianzhan.com/daka/detail/161226-4a81dac5.html.

[82] 张云. 从融合到分化,到底给商业带来什么? [EB/OL]. (2019-08-23) [2021-07-16]. http://www.dingweililun.com/artcle/id/1935.html.

[83] 前瞻产业研究院. 为什么有的大企业会被小企业绊倒? [EB/OL]. (2017-09-19)[2021-07-16]. https://www.sohu.com/a/193006974_473133.

[84] 前瞻产业研究院. 2020年中国互联网广告行业市场现状及发展趋势分析 电商平台成为最主流广告渠道[EB/OL] (2020-12-23) [2021-07-27]. https://bg.qianzhan.com/trends/detail/506/201223-3001b580.html.

[85] 广州市社会创新中心. 社创资讯|中国社会化媒体格局概览2008—2018[EB/OL]. (2018-08-21) [2021-07-13]. https://www.sohu.com/a/249282170_795819.

[86] 姚建平. 浅谈品牌的比附定位[EB/OL]. (2011-06-09) [2021-04-17]. http://blog.sina.com.cn/s/blog_80ff45da0100t16l.html.

[87] 8823. 5分钟,带你了解程序化广告的运作流程[EB/OL]. (2019-04-22) [2021-04-17]. http://www.woshipm.com/marketing/2253238.html.

[88] 艺术与设计. 这些麦当劳创意广告,你一定没看过! [EB/OL]. (2021-04-09) [2021-05-02]. https://xw.qq.com/amphtml/20210409A0CYPA00.

[89] 环球网. 疫情造就美国广告"三巨头":谷歌、脸书、亚马逊[EB/OL]. (2021-03-22) [2021-05-15]. https://news.sina.cn/gj/2021-03-22/detail-ikkntiam6040893.d.html.

[90] vivo. vivo X50系列新机上市微博营销案[EB/OL]. (2020-06) [2021-07-01]. https://hd.weibo.com/senior/view/30902.

[91] GMA-CHINA. 有哪些成功的社会化媒体营销案例? [EB/OL]. (2016-08-18) [2021-07-05]. https://www.sohu.com/a/111086389_467981.

[92] 北京APDR国际广告整理. 企业社会化媒体战略的5种模式——社会化媒体[EB/OL]. (2012-02-07) [2022-08-28]. https://www.docin.com/p-337130021.html.

[93] 叶涛. 一份完整详细的新媒体营销推广策划方案(微信微博等)[EB/OL]. (2018-04-09) [2021-08-28]. https://blog.csdn.net/yetaodiao/article/details/79867925.

[94] 怀化诸格营销策划. 网络营销之视频营销,你不知道的5大势! [EB/OL]. (2017-12-29) [2021-08-15]. https://www.sohu.com/a/213512606_650488.

[95] 芒果设计. 2019你需要知道的8种互联网视频营销思路[EB/OL]. (2019-01-10)[2021-8-16]. http://news.infosws.cn/20190110/16897.html.

[96] 煌羽. 3个方面,解读抖音的城市品牌营销活动[EB/OL]. (2020-02-12) [2021-08-16]. http://www.sohu.com/a/372498507_820218.

[97] 数英原创. 抖inCity,如何持续制造城市流行? [EB/OL]. (2020-12-21) [2021-08-16]. https://www.digitaling.com/articles/386274.html.

[98] 汇琴文化. 在短视频中这样植入广告,才能让用户买单! [EB/OL]. (2020-09-01) [2021-08-17]. https://zhuanlan.zhihu.com/p/210837427?utm_source=qq.

[99] 卡思数据. 干货曝光:短视频创作,需牢记这5个法则[EB/OL]. (2020-08-07)[2021-08-18]. http://www.woshipm.com/operate/4123488.html.

[100] 刘金铭. 自媒体时代的短视频营销模式[EB/OL]. (2018-11-16) [2021-08-18]. http://zhuanlan.zhihu.com/p/50012191.

[101] 狂人报告. 深度解析抖音、快手、小红书、bilibili四大网红平台带货的特点[EB/OL].

(2020-02-10)[2021-08-18]. http://www.toutiao.com/a6791456823003054604/.

[102] 小马识途. 开展视频营销的策略和步骤[EB/OL].(2020-08-03)[2021-08-25]. https://www.globrand.com/2020/615961.shtml.

[103] 搜狐科技快讯. 微博宠粉第一人"何同学":与600万粉丝"合影"[EB/OL].(2020-08-04)[2021-08-20]. http://www.sohu.com/a/411357920_100302690?_f=index_pagefocus_5&_trans_=000013_sjcl_zsmh.

[104] 开心果数智. 在线"求饶"的钉钉,一次成功的借势营销[EB/OL].(2020-02-21)[2021-08-20]. http://www.sohu.com/a/374743231_120220021.

[105] 易试互动整理. 互动广告是什么?互动视频广告概念介绍[EB/OL].(2020-03-24)[2021-08-22]. http://www.1shi.com.cn/bk/3864.html.

[106] 微播易. B站现象级营销《后浪》是怎样炼成的?[EB/OL].(2020-05-07)[2021-08-22]. https://baijiahao.baidu.com/s?id=1665984611669879881&wfr=spider&for=pc.

[107] 科技快报网. 直播营销潜力有多大?看京东、北京卫视玩转"综艺+直播电商"[EB/OL].(2020-08-18)[2021-08-22]. https://www.sohu.com/a/413679391_100082659.

[108] 黄珊花. 风口下的直播到底怎么玩?腾讯智慧零售"730直享直播节"带你一步到位[EB/OL].(2020-07-31)[2021-08-25]. https://www.cndsw.com.cn/shangye/9189.html.

[109] 艾瑞咨询. 人面桃花相映红:中国直播电商生态研究报告2020年[EB/OL].(2020-06-30)[2021-08-25]. http://report.iresearch.cn/report_pdf.aspx?id=3606.

[110] 艾瑞咨询. 中国视频内容电商行业白皮书2020年[EB/OL].(2020-09-27)[2021-08-25]. http://report.iresearch.cn/report_pdf.aspx?id=3657.

[111] 艾瑞咨询. 中国企业直播应用场景趋势研究报告2020年[EB/OL].(2020-08-18)[2021-08-25]. http://report.iresearch.cn/report_pdf.aspx?id=3635.

[112] 黄福特. 直播营销也是信任营销[N/OL].(2020-07-14)[2021-08-25]. https://baijiahao.baidu.com/s?id=1672140965675212377&wfr=spider&for=pc.